유광수 신부의 마르코 복음 묵상 **2**

믿어야 할 예수

마르코 복음 3장 13절-6장 56절

말씀학교

Lord we ought to believe in

Yoo Kwang-su

Copyright ⓒ 2003 by Divine Word School, Seoul, Korea

Divine Word School
103-36 Songjung-dong Gangbuk-gu 142-806 Seoul Korea
Tel 02-9448-300, 02-986-1361 Fax 02-986-1365

국립중앙도서관 출판시도서목록(CIP)

(믿어야 할)예수 / 유광수 지음. -- 화성 : 말씀학교, 2003
  p. ;   cm. -- (유광수 신부의 마르코 복음 묵상 ; 2)

참고문헌수록
ISBN 978-89-89754-02-2 03230 : ₩10000

233.63-KDC4
226.3-DDC21   CIP2003000051

「믿어야 할 예수」를 내면서

저의 가난한 마르코 복음 묵상서로 제1권인 「다가오시는 예수」에 이어 제2권 「믿어야 할 예수」를 출간하게 된 기쁨을 예수님과 독자 여러분과 함께 나누고자 합니다.

제1권 「다가오시는 예수」 편에서 우리는 열병을 앓아 누워 있는 환자, 더러운 영이 들린 환자, 나병환자, 중풍병자, 손이 오그라든 환자가 바로 나의 모습이요, 인류의 자화상이라고 하였습니다. 그래서 "건강한 이들에게는 의사가 필요하지 않으나 병든 이들에게는 필요하다. 나는 의인이 아니라 죄인을 부르러 왔다."(마르 2,17)라는 말씀이 무슨 뜻인가를 알게 되었습니다. 그렇다면 이제 나는 어떻게 해야 할까요? 어떻게 하면 이 중병이 치유될 수 있을까요? 예수님은 어떤 방법으로 병들어 죽어가는 나를 치유해 주시고 살려내실까요? 이제는 이런 물음들에 대한 해답을 찾아야겠습니다.

제2권 「믿어야 할 예수」 편에서는 예수님께서 나에게 구체적으로 그 해답을 제시해 주실 것입니다. 이제 내가 할 일은 예수님을 믿는 일입니다. 나의 믿음은 나의 병을 고쳐 주는 믿음이어야 하고, 죽어가는 나를 살려내는 믿음이어야 합니다. 그런 믿음은 도대체 어떤 믿음일까요? 우리는 이 책에서 그 해답을 얻을 수 있을 것입니다. 그래서 「믿어야 할 예수」라고 제목을 붙였습니다. 이 책을 읽고 묵상하면서 새로운 믿음을 갖게 되기를 바랍니다.

제가 「다가오시는 예수」를 출간한 후 독자들로부터 크게 두 가지 반응을 접하게 되었습니다. 하나는 "책이 너무 어렵다. 몇 번 읽어도 무슨 소리인지 알아들을 수가 없다."라는 것이었고, 또 하나는 "신부님, 어떻게 이런 책을 쓰실 수 있었습니까? 아주 많은 감동을 받았고 복음에 대해 새로운 눈을 뜨게 되었습니다. 시간이 날 때마다 그리고 어려움이 있을 때마다 이 책을 읽고 있으며, 읽을 때마다 새롭고 많은 위로와 힘을 얻습니다."라는 반응이었습니다. 모두 귀중한 말씀들입니다.

맥루한은 "아무도 아무에게 아무것을 가르쳐 줄 수 없다."라고 말했습니다. 즉 누가 누구에게 무엇을 가르쳐 주는 것이 아니며, 각자 자기가 필요한 것을 알아서 취하는 것이지 가르쳐 준 대로 그대로 취하는 것이 아니라는 말이겠지요. 같은 그림을 보고도 각각 느끼는 바가 다르듯이, 결국 어느 책에서 무엇을 취하느냐 하는 것은 독자의 몫이지 저자의 몫은 아니라는 뜻일 겁니다.

한 권의 책이 인생의 행로를 바꾸어 놓는다고 합니다. 좋은 책을 친구로 사귀면 훌륭한 인격자가 되고, 나쁜 책을 친구로 사귀어 가까이 하면 나쁜 길로 떨어지게 됩니다. 그렇다면 어떤 책이 좋은 책이고 어떤 책이 나쁜 책일까요? 좋은 책과 나쁜 책을 선별하는 기준은 무엇일까요? 김영진의 「책 읽기 세상 읽기」에 보면 그 기준이 다음과 같이 제시됩니다.

즉 첫째는 읽은 후에 감동을 불러일으켜 기쁨을 주는 책, 둘째는 어려운 때 나를 바로잡아 주고 바르게 이끌어 주는 책, 셋째는 읽을수록 새로운 맛이 나고 무한한 지혜를 주는 책, 넷째는 삼국지처럼 읽어도 읽어도 물리지 않고 새로움을 발견할 수 있는 책이 자기에게 좋은 책이라고 하더군요. 반면에 어떤 목적을 위해서 거짓으로 위장시켜 꾸며 놓은 책, 말초신경을 자극하여 이성을 마비시키는 책, 황당무계한 줄거리와 잔인한 폭력으로 청소년들을 그릇되게 이끄는 책은 나쁜 책이라고 합니다.

링컨 대통령은 어렸을 때 스토우 부인이 쓴 「톰 아저씨의 오두막 집」을 읽고 크게 감동을 받았다고 합니다. 그래서 그는 대통령이 된 후 '노예해방'을 선언했고 흑인 노예의 자유를 위해 남북전쟁까지도 치렀습니다. 또 유명한 영화배우 찰턴 헤스턴은 성서를 읽고 크게 감명을 받아「벤허」를 불후의 명작으로 만들 수 있었다고 합니다. 이처럼 한 권의 책은 한 사람을 위대하게 만들기도 하고, 세계 역사를 개혁하기도 합니다.

"책 속에 길이 있다."라는 말처럼 좋은 책을 읽으면 길을 발견할 수 있습니다. 가난한 저의 복음 묵상서가 예수님을 만나는 좁은 오솔길이라도 되었으면 합니다. 왜냐하면 저의 가난한 묵상서는 "나는 길이요 진리요 생명이다."(요한 14,6)라고 말씀하신 예수님을 전하기 위한 저의 마음과 기도를 담은 것이기 때문입니다.

그뿐만 아니라, 저의 욕심이 지나친 것은 아닌지 모르겠습니다만, 이 묵상서를 통해서 독자 여러분의 신앙이 자라고 깊어지고 넓어지고 아름다워질 수 있으면 좋겠습니다. 바오로 사도가 "내가 어렸을 때에는 어린이의 말을 하고 어린이의 생각을 하고 어린이의 판단을 했습니다. 그러나 어른이 되어서는 어렸을 때의 것들을 버렸습니다."(1고린 13,11)라고 말씀하신 것처럼 우리의 믿음은 성장해야 합니다. 믿음의 생활을 한다는 것은 믿음이 성장하는 것을 말합니다. 처음 세례를 받았을 때나 10년 20년 동안 신앙생활을 해온 지금이나 변함없이 어린이처럼 말하고 생각하고 판단한다면, 그러한 신앙은 살아 있는 신앙이 아니라 죽은 신앙이거나 성장이 멈추어 버린 병든 신앙일 것입니다. 우리의 믿음은 잎만 무성하고 열매를 맺지 못하는 무화과나무처럼 병든 믿음, 메마른 믿음이어서는 안 되고 서른 배, 예순 배, 백 배의 열매를 맺는 믿음, 활기차고 싱그러운 믿음이어야 합니다. 독자 여러분은 이 묵상서를 통해서 어떻게 하면 많은 열매를 맺는 믿음으로 성장할 수 있는지 그 방법을 알게 될 것입니다. 이 책을 통해서 성장하는 믿음의 은혜를 받으시기 바랍니다.

끝으로, 이 책에 인용된 성서 구절 중 복음서와 구약은 새 번역본(한국천주교중앙협의회)을, 서간은 공동번역본(대한성서공회)을, 시편은 최민순 역본을 사용했음을 밝혀 둡니다.

유홍준 교수가 쓴 「나의 문화 유산 답사기」에 보면 "인간은 아는 만큼 느끼고 느낀 만큼 볼 뿐이다. 종소리는 때리는 자의 힘만큼만 울린다."라는 글이 나옵니다. 참으로 좋고 공감이 가는 대목입니다.

끝으로 어느 자매가 제1권 「다가오시는 예수」를 갖고 함께 묵상 나누기를 할 때 써 온 것을 덧붙입니다. 행복하십시오.

나를 부르신 주님

그토록 애타게 기다리고 부르셨는데,

파아란 잔디 위에서도
잔잔한 호숫가에서도
때로는 떠오르는 아침 태양과 저무는 낙조의 여울 속에서도
그분은 밤낮없이 부르고 손짓하셨는데도……
스쳐 가는 바람소리에서도
노도와 같은 파도 속에서도
당신의 손길 속으로 부르시고 이끌어 주셨는데도……

나는 외면하고 뒤돌아서며 눈길도 마주치지 않았다.

그분은 조금도 섭섭해하거나 노여워하지도 않으셨으며

끊임없이 기다려 주셨고
내가 방황의 끝자락에서 지치고
좌절과 절망 속에 일어설 수 없이 누워 있을 때에
그분은 살며시 내 손을 잡아 주시며
"나다. 일어나거라. 나와 함께 가자." 하고 나를 일으켜 주신 분
"나는 길이요 진리요 생명이다."라는 그 한 말씀으로
내 온 생애의 모든 어둠과 죄를 용서해 주신 분.

아무런 조건도 없이
사랑이라는 한 말씀으로 죽음의 긴 터널에서
생명의 길로 이끌어 주신 내 사랑의 주님이시여,
감사합니다. 감사합니다.

> 2002년 10월 18일 성 루가 축일에
> 미아리 성바오로수도원에서
> 유 광 수(야고보) 신부

차 례

「믿어야 할 예수」를 내면서 | 3

1. 열두 사도를 뽑으시다(3,13-19) | 11
2. 예수님과 베엘제불(3,20-35) | 29
3. 씨 뿌리는 사람의 비유(4,1-12) | 46
4. 씨 뿌리는 사람의 비유 설명(4,13-20) | 69
5. 저절로 자라는 씨앗과 겨자씨의 비유(4,26-34) | 87
6. 풍랑을 가라앉히시다(4,35-41) | 101
7. 마귀들과 돼지 떼(5,1-20) | 121
8. 야이로의 딸을 되살리신 예수님(5,21-23. 35-43) | 141
9. 하혈하는 부인을 고치신 예수님(5,25-34) | 161
10. 나자렛에서 무시를 당하시다(6,1-6) | 179
11. 세례자 요한의 죽음(6,14-29) | 196
12. 오천 명을 먹이시다(6,30-44) | 213
13. 물 위를 걸으시다(6,45-56) | 243

참고 도서 목록 | 262

1. 열두 사도를 뽑으시다 (3,13-19)

예수님께서 산에 올라가신 다음, 당신께서 원하시는 이들을 부르시니 그들이 그분께 나아갔다. 그분께서는 열둘을 세우시고 그들을 사도라 이름하셨다. 그들을 당신과 함께 지내게 하시고, 그들을 파견하시어 복음을 선포하게 하시며, 마귀들을 쫓아 내는 권한을 가지게 하시려는 것이었다. 이렇게 예수님께서 열둘을 세우셨는데, 그들은 베드로라는 이름을 붙여 주신 시몬, '천둥의 아들들'이라는 뜻으로 보아네르게스라는 이름을 붙여 주신, 제베대오의 아들 야고보와 그의 동생 요한, 그리고 안드레아, 필립보, 바르톨로메오, 마태오, 토마, 알패오의 아들 야고보, 타대오, 열혈당원 시몬, 또 예수님을 팔아 넘긴 유다 이스카리옷이다.

오늘 말씀은 그리스도인이란 어떤 사람이고, 어떤 사명을 갖고 있으며 또 어떻게 생활해야 하는가를 제시해 주는 말씀이다. 그리스도 신자의 삶은 세례받은 것으로 끝나지 않는다. 그리스도 신자라면 반드시 신자로서 살아야 할 삶의 형태가 있고, 방법이 있고, 해야 할 사명이 있다. 오늘 복음은 바로 이런 것들을 우리에게 가르쳐 줄 것이다. 따라서 오늘 말씀은 내가 그리스도인으로서 살아야 할 삶의 형태와 방법과 사명에 대한 가장 기본적인 규칙이고 기본적인 틀을 제시해 주는 것이다. 모든 그리스도 신자는 누구나 예외 없이 이 틀 안에서 자리를 잡아야 하고, 발전시켜 나가야 하고, 성화되어야 한다. 그럼, 먼저 본문 내용의 말씀들을 한 구절씩 묵상한 다음 전체적인 묵상을 하자.

예수님께서 산에 올라가신 다음

예수님께서 산에 올라가신다는 것은 무엇을 의미하는가? 두 가지 관점에서 묵상하겠다.

예수님이 앞장서서 산에 오르시고 군중은 그 뒤를 따르고 있는 모습을 지형적인 관점에서 볼 때, 앞에서(마르 3,7-9) 군중에게 에워싸여 있던 모습과는 달리 이번에는 예수님이 앞장서시고 모든 사람들이 예수님의 뒤를 따르고 있다. 이러한 예수님의 모습은 이스라엘 백성을 가나안 땅으로 인도해 가는 모세를 연상하게 한다. 즉 군중을 이끌고 산에 오르시는 예수님의 모습은 그분이 모든 군중을 하느님의 나라로 인도하는 새로운 모세이심을 상징한다(출애 3,7-10 참조). 우리도 하느님의 나라에 들어가려면 인도자이신 예수님을 따라가야 한다.

두 번째 관점은 성서에서 산은 하느님이 계시는 곳, 하느님의 뜻이 밝혀지는 곳을 의미한다. 따라서 산에 오른다는 것은 하느님이 계시는 곳으로 간다는 것이요, 하느님의 뜻을 받으러 간다는 뜻이다. 산에 오른다는 것은 신앙생활을 하는 것을 의미한다. 높은 산에 오르는 것은 하느님께 더욱 가까이 다가가는 것이다. 높은 산에 오를수록 하느님의 현존을 더욱 가깝게 느낄 것이고 하느님의 가르침을 잘 알아들을 수 있을 것이다.

"자, 주님의 산으로 올라가자.
야곱의 하느님 집으로!
그러면 그분께서 당신의 길을 우리에게 가르치시어
우리가 그분의 길을 걷게 되리라"(이사 2,3).

파스칼은 행복을 땅에서 찾지 말고 위에서 찾으라고 하면서 '신음(呻吟)하면서 신(神)을 구(求)하는 자', 이것이 인간의 가장 옳은 자세라고 믿었다.

당신께서 원하시는 이들을 부르시니

예수님은 사람들과 함께 산에 오르신 후 그곳에서 무슨 일을 하셨는가?

산은 하느님이 현존하시는 곳이고 하느님의 뜻이 밝혀지는 곳이라고 했다. 따라서 이제부터 예수님이 산에서 하시는 일은 하느님의 뜻을 드러내시는 놀라운 일이다.

그것이 무슨 일인가?

예수님이 산에 올라가시어 처음으로 하신 일은 '당신께서 원하시는 이들을 부르신 것'이었다. '부름'은 다른 사람과 관계를 맺을 때 제일 먼저 이루어지는 행위이다. 우리도 다른 사람들과 관계를 맺을 때 제일 먼저 그 사람의 이름을 부르는 것으로 시작하지 않는가? 마찬가지로 하느님께서도 우리와 관계를 맺으실 때 항상 부르시는 것으로 시작하신다.

하느님이 원하시는 사람들을 부르시는 것을 성소(聖召)라고 한다. 우리가 성소를 받는다는 것은 예수님의 부름을 받는다는 뜻이다. 예수님께서 "너희가 나를 뽑은 것이 아니라 내가 너희를 뽑아

세웠다."(요한 15,16)라고 말씀하신 것처럼, 성소는 항상 예수님으로부터 시작된다. 내가 신앙생활을 시작하게 된 것도 나를 불러 주신 예수님의 부름이 있었기 때문에 가능했다. 바오로가 "하느님께서는 내가 나기 전에 이미 은총으로 나를 택하셔서 불러 주셨다."(갈라 1,15)라고 고백하였듯이, 예수님은 내가 태어나기 전부터 나를 부르셨다. 다만 그동안 내가 그 부름을 듣지 못했을 뿐이다. 나를 부르시는 분이 예수님이시라면, 그 부름에 응답해야 할 사람은 바로 나다. 즉 나는 예수님의 부름에 응답을 드려야 할 의무가 있는 것이다. 신앙생활은 하나의 성소이다. 성소란 먼저 하느님이 부르시는 것이고 내가 응답을 드리는 것이다.

누구한테 부름을 받느냐 하는 것은 매우 중요하다. 그 부름이 때에 따라서는 부름을 받은 사람의 삶을 바꾸어 놓기도 한다. 대통령한테 부름을 받으면 장관 자리에 오르게 되듯이 말이다. 하물며 내가 하느님의 부름을 받는다는 것은 더할 수 없이 큰 영광이다. 그것도 예수님께서 아무나 부르시는 것이 아니라 '당신께서 원하시는 이들'을 부르시는 것이니 이 부름을 받은 사람은 얼마나 큰 영광이겠는가?

내가 신앙생활을 하게 된 것이 예수님의 부름이 있었기 때문이라고 생각해 본 적이 있는가? 그리고 그 부름에 대해 나는 매일 응답을 드려야 할 의무가 있다는 것을 의식해 본 적이 있는가?

산 위에서 예수님이 제자들을 부르시는 것은 제자들의 영적 여정에서 하나의 출발점이다. 이 부름을 기점으로 해서 예수님은 계속해서 제자들을 부르시고 제자들은 항상 예수님의 부름에 응답을 드려야 하는 관계가 설정되고, 그런 관계 속에서 예수님과 제자들의 생활이 연결되고 발전되고 성숙해질 것이다. 예수님은 계속해서 젖과 꿀이 흐르는 하느님의 나라로 들어가는 길로 제자들을 부르실 것이고, 제자들은 계속해서 예수님의 이 부름을 듣고 따라감으로써 하느님의 나라로 들어갈 수 있을 것이다. 마치 목자는 양들을 싱그러운 풀이 있는 곳으로 인도하기 위해 부르고 양들은 목자의 소리를 듣고 따라가듯이, 예수님과 제자들, 예수님과 신앙인들, 예수님과 나는 부름과 응답의 삶을 살아야 하는 관계로 맺어진 사람들이다. 따라서 이 부름과 응답 사이에는 엄청난 역동성이 있다. 신앙생활은 어제나 오늘이나 같은 자리에 머무는 침체된 생활이 아니라 산으로 올라가는 생활이어야 한다. 예수님은 매순간 높은 산으로 오르도록 나를 부르신다. 이것이 영성생활이고, 그래서 영성생활을 하는 사람은 끊임없이 하느님이 계시는 산으로 올라가는 사람이다.

부름인 성소에 대해 좀 더 묵상하도록 하자

여기에서 "당신께서 원하시는 이들을 부르시니"라는 말은 교회 내에 있는 신분의 성소를 말한다. 제자들의 일차적인 성소, 즉 예수님의 부름을 듣고 모든 것을 버리고 예수님을 따르는 성소에 대해서는 이미 1장 16-20절에서 언급한 바 있다. 우리도 마찬가지로 "나를 따르라."라는 예수님의 부름을 듣고 일차적인 응답을 드린 사람들이다. 그러나 모두 다 똑같은 모습으로 예수님을 믿고 따르는 것은 아니다. 성 바오로가 "하느님께서는 교회 안에 다음과 같은 직책을 두셨습니다. 첫째는 사도요 둘째는 하느님의 말씀을 받아 전하는 사람이요 셋째는 가르치는 사람이요 다음은 기적을 행하는 사람이요 또 그 다음은 병 고치는 능력을 받은 사람, 도와주는 사람, 지도하는 사람, 이상한 언어를 말하는 사람 등입니다."(1고린 12,28)라고 말씀하셨듯이, 교회 안에는 여러 직책이 있고 신분이 있는데, 그것은 성직자, 수도자, 평신도 세 가지 신분으로 구분된다. 성직자, 수도자, 그리고 평신도라는 신분은 내가 원한다고 해서 되는 것이 아니라 성소이다. 그러니까 먼저 각 신분으로 불러 주시는 예수님의 부름이 있고 각자가 그 부름에 응답을 드릴 때 그 신분에 속하게 되는 것이다. 따라서 하느님을 믿고 따르도록 부름을 받은 모든 신앙인은 각자 자기 신분으로 응답을 드려야 한다. 사제나 수도자가 평신도처럼 살아서도 안 되고, 평신도가 사제나 수도자처럼 살아서도 안 된다. 왜냐하면 그것은 자기의 신분이 아니고 예수님이 원하시는 방법이 아니기 때문이다.

모든 성소는 다 귀중한 것이요, 하느님의 선물이며 은총이다. 성소 자체에 더 높고 낮음이 있지는 않다. 그러니까 '사제 성소나 수도자의 성소는 평신도의 성소보다 더 높은 것이고, 평신도의 성소는 더 낮은 성소'라고 생각하는 것은 잘못이다. "성령께서는 각 사람에게 각각 다른 은총의 선물을 주셨는데 그것은 공동이익을 위한 것입니다."(1고린 12,7)라는 말씀처럼, 모든 성소는 교회 공동체의 이익을 위해 봉사하는 것이다. 따라서 내가 어떤 성소를 받았든, 얼마나 자기 성소에서 충실한 응답을 드리는가가 중요하다. 각자 자기 성소에 충실한 응답을 드리면 그만큼 교회 공동체 전체에 이익을 가져오고 자신의 성화에 보탬이 될 것이다.

예수님이 나를 부르신다는 것을 생각해 본 적이 있는가? 내가 신앙생활을 하는 것도 먼저 예수님의 부름이 있었기 때문이라는 것을 생각해 본 적이 있는가? 나의 삶은 오로지 이 부름에 대한 응답이라는 것을 생각해 본 적이 있는가?

그들이 그분께 나아갔다

"그들이 그분께 나아갔다."라는 말씀에서 우리가 주목해야 할 것은 '그분(예수님)께 나아갔다'는 대목이다. 즉 어떤 장소가 아니라 예수님이라는 구체적인 인물에게로 가까이 나아갔다는 점이다. 세례성사 때 사제가 호명을 하면 세례받을 사람이 앞으로 나간다. 또 수도자들이 서원하기 전에, 그리고 사제가 사제품을 받기 전에 먼저 책임자가 호명을 하면 "예, 주님, 여기 있습니다."라고 대답하면서 제대 앞으로 나간다. 이것은 부름에 대한 응답으로서 앞으로 예수님께 가까이 가는 생활을 하겠다는 약속과 그러한 삶을 살겠다는 의지의 가시적 표현이다. 이때부터 우리 모두는 자기의 성소를 충실히 살면서 예수님께 가까이 가는 생활을 시작해야 한다. 어떤 장소 또는 어떤 활동(사도직)이 아니라 예수님께 가까이 가는 생활이어야 한다. 장소 또는 활동은 하나의 수단이지 우리가 가까이 가야 할 목적지는 아니다.

신앙생활을 한다는 것은 예수님께 가까이 나아가는 생활이다. 따라서 나의 생각과 마음, 그리고 몸은 마치 해바라기가 태양을 향해 돌듯이 항상 예수님을 지향해야 하고 예수님께 좀더 가까이 가려고 노력해야 한다. 바오로 사도가 하신 "나에게 유익했던 이런 것들을 나는 그리스도를 위해서 장해물로 여겼습니다. 그뿐만 아니라 나에게는 모든 것이 다 장해물로 생각됩니다. 나에게는 내 주 그리스도 예수를 아는 지식이 무엇보다도 존귀합니다. …… 하느님께서는 그리스도 예수를 통하여 나를 부르셔서 높은 곳에 살게 하십니다. 그것이 나의 목표이며 내가 바라는 상입니다."(필립 3,7-14)라는 말씀이 오늘 나의 목표가 되어야 하고 내가 바라는 상이 되어야 한다.

나는 나를 부르시는 예수님께 가까이 가려고 노력하고 있는가? 아니면 내 앞을 가로막고 있는 장해물은 어떤 것인가? 나의 신앙생활은 역동적인가 아니면 수동적이고 답보상태에 머물고 있는가?

그분께서는 열둘을 세우시고 그들을 사도라 이름하셨다

열두 사람으로 구성된 사도단은 이스라엘의 열두 부족으로 상징되는 하느님의 백성을 가리킨다. 다시 말해서 예수님이 당신을 따라온 많은 사람들 가운데 열두 사람만을 특별히 가려 하나의 사도단을 만드신 것은 그들만 어떤 특혜를 받게 하기 위해서가 아니라 앞으로 구원받게 될 모든 인류를 대표한 것으로, 예수님은 이들을 점차로 하느님의 나라를 확장해 나갈 일꾼으로 사용하실 것이다. 사실 열두 사도들은 예수님이 "때가 차 하느님의 나라가 가까이 왔다."라고 선포하신 '하느님의 나라'를 건설하는 하나의 초석이 될 것이다.

예수님은 이들에게 사도라는 이름을 붙여 주셨다. 사도란 그리스어로 'apostolos(아포스톨로스)'라고 하는데 그 뜻은 '위임받은 자, 파견된 자, 전달자'이다. 즉 사도란 예수님의 죽음과 부활을 증언하기 위해서 부활하신 예수 그리스도로부터 파견된 사람을 가리킨다. 따라서 사도란 말이 예수님 시대에는 사용되지 않았다. 이들은 예수님과 함께 지내는 동안은 '제자'였지 '사도'가 아니었다. 역사상 예수님은 제자를 가리켜 사도라고 부르지 않았다는 것이 오늘날 학계의 통설이다. 그럼에도 마르코가 굳이 '사도'라고 적은 것은 마르코 복음서가 예수님의 부활 이후에 기록되었고, 제자들의 역할이 바로 예수님의 죽음과 부활을 증언하기 위해 예수 그리스도로부터 파견된 이들이라는 점을 강조하고 그런 사명을 가진 열두 제자들의 신원이 바로 예수님의 부름에 기인한다는 것을 염두에 두었기 때문이다.

어찌 되었든 사도란 자기의 뜻을 펼치거나 전하거나 자기의 일을 하는 사람이 아니라, 파견하신 분의 뜻을 전하고, 파견하신 분의 뜻에 따라 일을 하고, 파견하신 분을 증언하는 사람이다. 각자 자기의 성소에서 예수님의 죽음과 부활을 증언하고, 말씀을 전하고, 예수님의 뜻에 따라 행하고, 예수님이 원하시는 일을 하도록 부름을 받고 파견된 사람들이라고 할 때, 성직자 수도자들뿐만 아니라 평신도들도 사도라고 할 수 있다. 우리 모두는 하느님 나라를 전하고 건설하도록 예수님에게서 파견된 사도들이다.

그들을 당신과 함께 지내게 하시고

예수님은 산에 올라가신 다음 당신이 원하시는 이들을 부르셨고, 그들이 예수님께 가까이 나아가자 그들에게 사도라는 이름을 붙여 주시어 하나의 공동체를 만드는 작업을 마치셨다. 그렇다면 이제부터 이들이 어떤 생활을 해야 하는가? 어떤 생활을 통해서 사도로서 자격을 갖추고 사명감을 가질 수 있게 되는가? 이것은 세례를 받고 신앙생활을 하기 시작한 이들이 어떤 생활을 해야 하는가에 대한 가르침이기도 하다.

'그들을 당신과 함께 지내게 하신 것'은 예수님이 원하시는 이들 열둘을 세우시고 사도라 이름하신 후 제일 먼저 하신 일이다. 따라서 열두 제자들이 예수님의 부름을 받고 응답을 드린 이후에 그들의 생활에 가장 큰 변화는 바로 '예수님과 함께 지내는 것'이었다. 그동안 이들이 어떤 생활을 해 왔든, 그것은 그리 중요하지 않다. 부름을 받고 응답을 드린 이상, 이제부터 그들의 생활은 '예수님과 함께 지내는 생활이어야 한다'는 것이 중요하다.

제자들뿐 아니라 세례를 받고 신앙생활을 시작한 모든 신앙인에게 '예수님과 함께 지내는 것'은 가장 기본적인 것이면서 또한 전부일 수도 있다. 이는 마치 남자와 여자가 결혼하면 부모를 떠나 '부부가 함께 지내는 것'이 생활의 가장 큰 변화인 것과 같다. 그들은 네 것 내 것을 구분하지 않고 우리 것으로 함께 공유하고 함께 나누며 산다. 왜냐하면 그들은 남남이 아니라 한 몸이 되었기 때문이다. 따라서 제자들이 '예수님과 함께 지낸다'는 것은 결혼했다는 말과도 같다. 즉 이제부터 예수님과 제자들은 남남이 아니라 부부처럼 모든 것을 함께 공유하고 나누며 살아야 하는 관계이다. '예수님 따로 나 따로' 사는 것이 아니다. 예수님이 계시는 곳에 제자들도 있어야 하고, 예수님이 하시는 일을 제자들도 해야 한다. 따라서 이후부터 열두 제자들의 신원은 '예수님과 함께' 있느냐 그렇지 않으냐로 구분될 것이다.

결혼을 하면 그 사람은 누구의 남편 혹은 누구의 아내라고 부르듯이, 제자들은 예수님과 함께 지내는 사람이라고 낙인이 찍히는 것이다. 그래서 예수님이 의회 법정에서 재판을 받고 있을 때 여종이 멀리서 뒤쫓아가던 베드로에게 "당신도 저 나자렛 사람 예수와 함께 있던 사람이지요?"(마르 14,67) 하고 '예수님과 함께' 했던 사람인가 아닌가를 확인했던 것이다. 또 유다가 예수님의 제자였다가 배반자가 된 것은 그가 더는 예수님과 함께 있지 않고 예수님을 팔아 넘겼기 때문이다. 이와 같이 제자들이 '예수님과 함께 한다'는 것은 예수님의 제자인가 아닌가를 구분하는 가장 기본적인 잣대가 된다. 마찬가지로 우리가 신앙생활을 하는 사람인가 아닌가는 단순히 성당에 다니는가 안 다니는가가 아니라 '예수님과 함께 지내는 사람인가 아닌가'로 구분되어야 한다.

예수님은 왜 사도들을 당신과 함께 지내게 하시는가?
마태오 복음 1장에 "보아라, 동정녀가 잉태하여 아들을 낳으리니 그 이름을 임마누엘이라고 할 것이다."라는 말씀이 있다. 마태오 복음은 "임마누엘은 번역하면 '하느님께서 우리와 함께 계시다'는 뜻이다."(마태 1,23)라는 말씀으로 시작해서 "내가 세상 끝날까지 언제나 너희와 함께 있겠다."(마태 28,20)라는 말씀으로 끝난다. 즉 마태오는 '우리와 함께' 계시는 예수님을 전하고 있다.

그럼 우리는 왜 예수님과 함께 지내야 하는가?
사실 인간은 원래 하느님과 함께 지내도록 창조되었다. 그런데 인간이 죄를 지음으로 해서 하느님과 함께 하지 못하고 에덴 동산에서 쫓겨났다. 그때부터 인간에게 고통이 왔고, 인간은 결국 죽음을 맞이해야 했다. 인간이 근본적인 고통에서 벗어나려면 하느님과 함께 지내도록 창조되었던 본래의 모습으로 돌아가야 한다. 하느님과 함께 지냈던 본래의 자리로 돌아가야 한다. 그런데 인간 스스로는 갈 수도 없고 본래의 모습을 되찾을 수도 없다. 그래서 하느님이신 예수님이 인간과 함께 하시기 위해 이 세상에 오셨고, 당신과 함께 지내도록 인간을 불러 주셨다. 이 얼마나 큰 축복인가? 신앙생활의 가장 큰 축복은 내가 하느님과 함께 지내게 되었다는 것이다. 그것도 내가 잘나서도 아니요 거룩해서도 아니며, 다만 당신과 함께 지내도록 그분이 불러 주셨기 때문에 가능한 것이다. 내가 죄인이라 그분과 함께 있을 수 없기 때문에 하느님이신 예수님이 몸소 우리 가운데 오시고 나를 당신과 함께 지내도록 불러 주신 것이다. 신앙생활은 '예수님과 함께' 지내는 생활이라는 것을 다시 한번 생각하고 그 큰 은혜에 감사드리자.

결국 예수님이 우리를 부르시는 첫 번째 이유는 '당신과 함께 지내게 하기 위함'이라는 것을 명심하자. '예수님과 함께' 지내는 생활은 내 인생에서 새로운 삶의 시작이며 동시에 목표이다. 왜냐하면 예수님께서 "나는 알파와 오메가, 곧 처음과 마지막이며 시작과 끝이다."(묵시 22,13)라고 말씀하신 것처럼, 나의 진정한 삶은 예수님에게서 시작되고 예수님 안에서 끝나기 때문이다. 내가 신앙생활을 한다는 것은 예수님과 함께 지내는 생활이 점점 더 깊어지고 있다는 것이다. 서로 남남이었던 부부가 함께 지내는 것으로 시작해서 서로를 닮아 가듯이 신앙생활이란 예수님과 함께 지내는 것으로 시작해서 점점 더 예수님을 닮아 가는 생활이다.

그렇다면 오늘 내가 '예수님과 함께 지낸다'는 것이 어떻게 가능한가? 좀 더 구체적으로 내가 어떻게 하면 예수님과 함께 지낼 수 있는가?

요한 복음은 "한처음에 말씀이 계셨다. 말씀은 하느님과 함께 계셨는데 말씀 또한 하느님이셨다."(요한 1,1)라고 적었다. 말씀은 곧 하느님이시고 예수님이시다. 내가 오늘 '예수님과 함께 지낸다'는 것은, 베드로가 "주님, 저희가 누구에게 가겠습니까? 주님께는 영원한 생명의 말씀이 있습니다."(요한 6,68)라고 대답한 것처럼, 생명의 말씀으로 살아가는 것을 말한다. 즉 이제부터 나의 모든 삶이 말씀에서 생명을 얻는다는 것을 말한다. 말씀을 통하여 삶의 의미를 깨닫고 말씀에서 빛을 받는 것을 말한다. "당신의 말씀은 내 발에 등불, 나의 길을 비추는 빛이오이다."(시편 118,105)라고 시편 작가가 노래한 것처럼, 항상 말씀을 자기 삶의 등불로, 그리고 자기의 삶을 비추는 빛으로 삼고 그 말씀을 따라 사는 삶을 말한다. 따라서 '예수님과 함께 지낸다'는 것은 단순히 공간적으로 함께 있는 것을 의미하지는 않는다. 예수님과 공간적으로 함께 지냈던 바리사이들이나 율법학자들은 예수님을 알아보지 못했다. 제자들도 처음에는 예수님을 알아보지 못했다. 제자들이 예수님을 알아본 것은 신체적으로 또 공간적으로 함께 지냈기 때문이 아니라 예수님의 가르침을 깨달았기 때문이다.

예수님과 함께 지내는 사람만이 점차로 "내 안에 머무르고, 나도 그 사람 안에 머무른다. 살아 계신 아버지께서 나를 보내셨고 내가 아버지의 힘으로 사는 것과 같이, 나를 먹는 사람도 나의 힘으로 살 것이다."(요한 6,57)라는 말씀을 이해하게 될 것이다.

내가 '누구와 함께 지내느냐'는 것은 매우 중요한 문제이다. '함께 지낸다'는 것은 '물들어 간다, 섞인다'는 뜻이다. 즉 내가 악한 사람과 함께 지내면 악에 물들고, 선한 사람과 함께 지내면 선에 물든다. 욕심이 많은 사람과 함께 지내면 덩달아 탐욕스러워지고, 가진 것을 나누는 사람과 함께 지내면 나누는 사람이 된다. 인간과 함께 지내면 인간의 수준에 머물지만, 하느님이신 예수님과 함께 지내면 하느님이 되어 간다. 인간의 언어 안에만 머물면 인간의 한계를 벗어나지 못하지만, 하느님이신 예수님의 말씀과 함께 지낸다면 인간의 능력을 훨씬 벗어난 하느님의 신비의 세계에까지 이른다. 예수님의 말씀으로 사는 사람만이 하늘이 갈라지며 보여 준 하느님의 세계를 볼 수 있다.

그들을 파견하시어 복음을 선포하게 하시며, 마귀들을 쫓아내는 권한을 가지게 하시려는 것이었다

그리스도인의 사명은 무엇인가? 예수님이 제자들을 부르시고 당신과 함께 지내도록 하신 이유는 "그들을 파견하시어 복음을 선포하게 하시며, 마귀들을 쫓아내는 권한을 가지게 하시려는 것이었다."라고 분명히 밝히셨듯이 그리스도인의 사명은 복음을 선포하고 마귀를 쫓아내는 것이다. 그럼 '복음을 선포하는 일'과 '마귀를 쫓아내는 일'이란 무엇인가?

'복음을 선포하는 일'이란 무엇인가?
예수님이 귀신 들렸던 사람에게 "'집으로 가족들에게 돌아가, 주님께서 너에게 해 주신 일과 자비를 베풀어 주신 일을 모두 알려라.' 그래서 그는 물러가, 예수님께서 자기에게 해 주신 모든 일을 데카폴리스 지방에 선포하기 시작하였다."(마르 5,19-20)라고 하였듯이, 복음을 선포한다는 것은 '예수님과 함께' 지내면서 자기가 듣고 보고 체험한 바를 알리는 것이다. 복음을 선포한다는 것은 내가 체험한 것을 다른 사람들도 체험하도록 예수님을 전해 주는 것이다. 복음을 선포한다는 것은 내가 예수님과 함께 지내면서 누리는 기쁨과 행복을 다른 사람에게 전하는 것이다. 이것이 모든 신앙인이 해야 할 복음선포이다. 그럼에도 불구하고 내가 복음을 선포하지 못하고 마귀들을 쫓아 내지 못하는 이유는 바로 예수님과 함께 지내는 생활을 하지 않기 때문이다. 가장 기본적인 생활, 즉 '예수님과 함께 지내는' 생활을 하지 않는다면 어떻게 복음을 선포할 수 있겠는가?

마귀를 쫓아내는 권한이란 무엇인가?
마귀를 쫓아낸다는 것은 복음을 선포했을 때 오는 결과이다. 복음이 따로 있고 마귀를 쫓아내는 권한이 따로 주어지는 것이 아니라, 복음을 선포하면 아울러 마귀도 쫓아낼 수 있게 되는 것이다. 왜냐하면 마르코 복음에서 마귀(사탄)란 "하느님의 일은 생각하지 않고 사람의 일만 생각하는"(마르 8,33) 존재이기 때문이다. 복음을 몰랐기 때문에 사람의 일만 생각했던 사람이 복음을 전하는 사람을 통해서 복음을 올바로 알아듣고 하느님의 일을 생각하는 사람이 되었다면, 이 경우에 복음을 전하는 사람은 마귀를 쫓아낸 것이다. 이처럼 복음은 마귀를 쫓아내는 힘이다. 따라서 복음을 선포하는 일과 마귀를 쫓아내는 일은 별개의 것이 아닌 하나의 일이다.

예수님께서 열둘을 세우셨는데, 그들은 베드로라는 이름을 붙여 주신 시몬……

예수님은 열둘을 뽑은 후에 그들에게 새로운 이름을 주셨다. 새로운 이름을 붙여 주신 이유는 무엇인가? 이름은 정체성을 표현한다. 세례성사를 받을 때 세례명을 갖는 것은 내 인생의 새로운 시작을 의미한다. 이제부터는 과거의 내가 아니라 하느님과의 관계 안에서 새로이 탄생한 것이며, 새로운 정체성을 갖고 살아야 한다는 것을 의미한다. 세례명의 의미를 다시 한번 생각해 보자.

과연 나는 세례명에 맞갖게 하느님 안에서 새롭게 탄생한 모습으로 새로운 정체성을 갖고 살아가고 있는가? 바오로 사도가 "이제부터 여러분은 이방인들처럼 살지 마십시오. 그들은 헛된 생각을 하고 마음이 어두워져서 하느님께서 주시는 생명을 받지 못할 사람이 되었습니다. 그것은 그들이 무지하고 마음이 완고하기 때문입니다. 그들은 도덕적인 감각을 잃고 제멋대로 방탕에 빠져서 온갖 더러운 짓을 하고 있습니다. 그러나 여러분은 그리스도를 그렇게 배우지는 않았습니다. 그리스도 예수 안에는 진리가 있을 따름인데 여러분이 그의 가르침을 그대로 듣고 배웠다면 옛 생활을 청산하고, 정욕에 말려들어 썩어져 가는 낡은 인간성을 벗어버리고 마음과 생각이 새롭게 되어 하느님의 형상대로 창조된 새 사람으로 갈아 입어야 합니다. 새 사람은 올바르고 거룩한 진리의 생활을 하는 사람입니다."(에페 4,17-24)라고 말했던 것을 기억하자.

　복음을 선포하고 마귀를 쫓아내는 일을 할 수 있는 열두 사도들은 어떤 사람들인가? 도대체 어떤 사람들이 이런 위대한 일을 할 수 있는가? 열두 사도들에게서 남달리 신심이 깊은 사람들이거나 종교적인 의무를 갖고 있는 사제들이거나 또는 성서에 해박한 사람들(율법학자)이거나 힘 있는 사람들(원로들)을 찾아볼 수 없다. 그들은 모두 우리와 같이 평범한 사람이지 특별한 사람이 아니다. 예수님한테 사도로 부름을 받기 이전에는 각자 나름대로 직업을 갖고 일상적인 생활을 하던 보통 사람들이다. 그럼에도 예수님은 이들을 한 사람 한 사람 당신의 사도로 불러 주시어 복음을 선포하게 하고 마귀를 쫓아내는 권한을 주셨다. 우리가 여기서 묵상할 수 있는 것은 복음을 선포하고 마귀를 쫓아내는 위대한 일은 인간적으로 잘나서 하는 것이 아니라는 점이다. 우리는 각자 자기 모습대로 예수님한테 부름을 받은 상태에서 누구나 할 수 있고, 또 그런 일을 하도록 부름받은 것이다. 그렇다면 그런 일을 할 수 있는 힘은 어디에서 나오는가? 그 힘은 나에게서 나오는 것이 아니라 '예수님과 함께 지내는' 데에서 나온다. 그리고 '예수님과 함께 지내는' 생활을 통해서 점차로 복음을 전하고 마귀들을 쫓아내는 사람으로 성숙될 수 있다.

예수님을 팔아 넘긴 유다 이스가리옷

사도로 부름을 받았다고 해서 누구나 다 사도가 되는 것은 아니다. 그 중에는 스승을 팔아 넘긴 제자도 있다. 예수님께서는 똑같이 부르시지만 응답은 각자가 하는 것이다. 어떻게 응답하느냐에 따라서 사도가 될 수도 있고 스승을 팔아 넘긴 배반자도 될 수 있다.

"또 예수님을 팔아 넘긴 유다 이스가리옷이다."라는 말은 수동태가 아닌 능동태이다. 즉 예수님을 팔아 넘긴 일은 유다 스스로 한 행동이지 타인으로 말미암아 저질러진 일이 아니라는 것이다. '유다'라는 말은 '찬미하라'라는 뜻이다(창세 29,35 참조). 이러한 이름을 가진 유다가 자기를 사도로 불러 주신 예수님을 찬미하는 자가 되지 못하고 오히려 팔아 넘긴 배반자가 된 이유는 무엇인가? 그 이유는 여러 가지가 있겠지만 가장 핵심적인 이유는 '예수님과 함께 지내야' 한다는 사도의 첫 번째 의무를 저버렸기 때문이다. 즉 '예수님을 팔아 넘긴다'는 말은 더는 '예수님과 함께 지내지 않겠다'는 것이다. 그것이 '예수님과 함께 지내도록' 부름을 받은 유다가 예수님을 배반한 일이다. 그러기에 나도 '예수님과 함께 지내지' 않을 때 예수님을 팔아 넘긴 유다처럼 될 수 있다.

유다는 예수님을 배반했지만, 그래서 '예수님을 팔아 넘긴 유다 이스가리옷'이라는 불명예스러운 칭호를 받았지만, 지금도 성서에는 열두 사도 중의 한 사람으로 올라 있다. 이 점은 무엇을 말하는가? '하느님의 사랑은 한결같다'는 것이다. 유다는 배반을 했지만, 유다를 사랑하시는 '하느님의 사랑은 변함이 없다'는 것이다. "모든 것을 덮어 주고 모든 것을 믿고 모든 것을 바라고 모든 것을 견디어 내고…… 가실 줄을 모릅니다."(1고린 13,7-8)라고 일컬어지는 예수님의 사랑은 언제까지나 사라지지 않는다는 것이다.

기도합시다

　예수님, 오늘 복음을 통하여 그리스도 신자가 어떤 사람인지, 어떻게 살아야 하고, 어떤 사명을 받은 사람인지를 가르쳐 주셔서 감사드립니다. 오늘 가르침을 통해서 새로운 신앙생활을 할 수 있도록 저를 축복해 주십시오. 무엇보다 '예수님과 함께 지내는' 생활을 할 수 있게 축복해 주십시오. 당신은 저를 사도로 뽑아 주셨지만 저는 제가 당신의 사도인지도 모르고 살았습니다. 예수님, 사도로서 당신과 함께 지내고 거기에서 복음을 선포할 수 있는 힘을 얻고 마귀를 쫓아낼 수 있는 권한을 받을 수 있도록 오늘 다시 한번 저를 축복해 주십시오. 어떤 상황에서도 당신을 팔아 넘긴 유다 이스가리옷이 되지 않게 저를 붙들어 주십시오. 예수님의 이름으로 기도드립니다. 아멘.

2. 예수님과 베엘제불 (3, 20-35)

　예수님께서 집으로 가셨다. 그러자 군중이 다시 모여들어 예수님의 일행은 음식을 들 수조차 없었다. 그런데 예수님의 친척들이 소문을 듣고 그분을 붙잡으러 나섰다. 그들은 예수님께서 미쳤다고 생각하였던 것이다.
　한편 예루살렘에서 내려온 율법학자들이 "그는 베엘제불이 들렸다."고도 하고, "그는 마귀 우두머리의 힘을 빌려 마귀들을 쫓아낸다."고도 하였다. 그래서 예수님께서는 그들을 부르셔서 비유를 들어 말씀하셨다. "사탄이 어떻게 사탄을 쫓아낼 수 있느냐? 한 나라가 갈라서면 그 나라는 버티어 내지 못한다. 한 집안이 갈라서면 그 집안은 버티어 내지 못할 것이다. 사탄도 자신을 거슬러 일어나 갈라서면 버티어 내지 못하고 끝장이 난다. 먼저 힘센 자를 묶어 놓지 않고서는, 아무도 그 힘센 자의 집에 들어가 재물을 털어 낼 수 없다. 묶어 놓은 뒤에야 그 집을 털어 낼 수 있다. 내가 진실로 너희에게 말한다. 사람들이 짓는 모든 죄와 그들이 하느님을 모독하는 어떠한 말도 용서받을 것이다. 그러나 성령을 모독하는 자는 영원히 용서를 받지 못하고 영원한 죄에 매이게 된다." 이 말씀을 하신 것은, 사람들이 "그는 더러운 영이 들렸다." 하고 말하였기 때문이다.

그때에 예수님의 어머니와 형제들이 왔다. 그들은 밖에 서서 사람을 보내어 예수님을 불렀다. 그분 둘레에는 군중이 앉아 있었는데, 사람들이 예수님께 "보십시오. 스승님의 어머님과 형제들과 누이들이 밖에서 스승님을 찾고 계십니다." 하고 말하였다. 그러자 예수님께서 그들에게 "누가 내 어머니이며 내 형제들이냐?" 하고 반문하셨다. 그러고 나서 당신 주위에 앉은 사람들을 둘러보시며 말씀하셨다. "이들이 내 어머니이며 내 형제들이다. 하느님의 뜻을 실행하는 사람이 바로 내 형제요 누이요 어머니이다."

우리는 3장 13-19절을 묵상하면서 예수님한테 부름을 받은 이는 무엇보다도 '예수님과 함께 지내야 한다'는 것을 묵상했다. 오늘 복음은 육적으로 예수님의 친척이라 하더라도, 또 사도로 부름을 받은 제자라 하더라도, 예수님과 함께 지내지 않으면 예수님의 형제 자매가 될 수 없음을 분명하게 말한다. 그렇다면 '예수님과 함께 지내는 사람'은 어떤 사람인가? 그것은 '하느님의 뜻을 실행하는 사람'이다. 우리는 오늘 복음을 묵상하면서 나는 정말 '예수님과 함께 지내는 사람인가 아니면 예수님을 반대하는 사람인가?'를 반성하게 될 것이다. 만일 내가 '예수님과 함께' 지내지 않는 신앙생활을 하고 있다면 예수님을 반대하는 사람이다. 나아가 나 자신이 바로 예수님을 팔아 넘긴 유다 이스가리옷이 될 수도 있을 것이다.

예수님께서 집으로 가셨다

예수님이 산 위에서 사도단을 구성하신 후 사도들과 함께 가신 곳이 집이었다. 그 집은 단순한 집이 아니라 예수님이 복음을 전하시는 장소이고 그 안에는 예수님의 말씀을 듣기 위해 둘러앉아 있는 사람들로 가득 차 있는 곳이다. 분명히 예수님이 계신 집 안과 밖은 구분이 되어 있다. 복음이 선포되고 그 복음을 듣기 위해 사람들이 둘러앉아 있는 그 집은 교회요, 교회 안의 사람들이다.

우리 교회는 소공동체 운동을 전개하고 있다. 소공동체 모임은 본당이 아니라 가정에서 이루어지는 것을 원칙으로 하고 있다. 가정은 또 하나의 작은 교회이기 때문이다. 각 가정을 돌아가면서 반원들이 둘러앉아 복음을 읽고 묵상하고 묵상한 것을 서로 나누는 모습은 바로 교회의 모습이요, 교회 안의 사람들만이 할 수 있는 일이다. 교회 밖의 사람들은 하느님의 말씀을 듣기 위해서가 아니라 일반적으로 세상 이야기를 하기 위해 둘러앉는다. 복음적인 관점에서 볼 때 그들은 분명 집 안에서 이야기를 나누고 있지만 교회 안의 사람들이 아니라 교회 밖의 사람들이다. 왜냐하면 말씀이 중심이 되지 않고 세상 이야기들이 중심이 되기 때문이다. 그렇다고 신자들이 자기들만 하느님의 말씀을 듣기 위해 집 안에 둘러앉아 있어서는 안 되고, 둘러앉아 있는 그 원은 점점 더 커져서 집 밖에 있는 사람들도 들어와서 둘러앉아 하느님의 말씀을 들을 수 있도록 언제나 개방되어 있어야 한다. '우리만'이라는 또 다른 집단이기주의가 되어서는 안 되고 모든 이에게 개방된 공간, 열린 사람이 되어야 한다. 이렇게 신자가 아닌 사람들에게도 개방될 때 말씀을 통해서 이웃 간에 높은 벽을 허물 수 있을 것이다.

오늘 예수님은 우리 집에 복음을 전하러 오기를 원하신다. 소공동체 모임을 통해서 복음 묵상을 하는 우리 집에서 말씀으로 다가오시는 예수님을 만나고 그 말씀이 교회 밖에 있는 사람들에게도 전달될 수 있기를 바란다.

내가 어느 신자 집을 방문했을 때 그 집의 거실과 화장실, 그리고 안방에 똑같은 복음 말씀을 크게 확대해서 붙여 놓은 것을 보았다. "왜 그렇게 했느냐?" 하고 물었더니 "말씀을 묵상하기 위해서"라고 대답하였다. 참으로 놀라운 신앙생활이다. 신앙생활이란 '예수님과 함께 사는 것' 이요, 예수님과 함께 사는 것은 '말씀을 늘 묵상하면서 사는 생활' 이다. 그렇다면 말씀을 늘 묵상하기 위해서 가장 눈에 잘 띄는 곳에 말씀을 붙여 놓고 사는 생활이야말로 바로 '예수님께서 집으로 가셨다' 라는 말씀과 직결되는 삶이 아닌가?

"예수님이 집으로 가셨다."라는 말씀은 나와 무관한 말씀이 아니다. 예수님은 오늘도 말씀으로 우리 집에 오신다. 말씀을 묵상하려고 여기저기 글로 써서 붙여 놓고 그 말씀대로 살려고 노력하는 것이 바로 우리 집에 오시는 예수님을 영접하는 일이요, 그렇게 사는 가정이 바로 예수님과 함께 지내는 가정이다.

우리 집에서는 말씀이 어떤 자리를 차지하고 있는가? 우리 집에 말씀으로 오시는 예수님이 거처할 자리가 마련되어 있는가?

군중이 다시 모여들어 예수님의 일행은 음식을 들 수조차 없었다

예수님이 집으로 가셨을 때 군중이 다시 모여들었다. 얼마나 많이 모여들었는지 예수님의 일행이 음식을 들 수조차 없을 정도였다. 예수님이 계시는 집으로 몰려온 군중이란 어떤 사람들인가? 군중이란 개성이 없는 사람들, 아직까지 확고한 인생관, 가치관, 종교관이 없는 사람들이다.

율법학자들, 바리사이파 사람들, 제자들을 군중이라고 하지 않는다. 왜냐하면 이들은 나름대로 성격이 분명한 사람들이기 때문이다. 그들은 이미 자기들의 삶의 규범이 있고, 원칙이 있으며, 나름대로 확고한 인생관, 가치관, 종교관을 갖고 살아가는 사람들이다. 그래서 그들은 자기들의 생각과 맞지 않을 때 받아들이지 못하며 남을 판단하고 단죄하고 자주 논쟁한다. 율법학자들이나 바리사이들이 자주 예수님과 논쟁을 하고 트집을 잡은 이유는 예수님의 가르침이 자기들의 사상과 맞지 않았기 때문이다.

그러나 군중은 그렇지 않다. 군중은 누가 어떻게 교육하느냐에 따라서 얼마든지 변화될 수 있는 사람들이다. 이들은 정말로 배고픈 사람들이며 목마른 사람들이다. 배고프고 목마르기 때문에 이것저것 요구사항이 많은 사람들이며 행복하지 못한 사람들이다. 그래서 이들은 "그분께서 하시는 일을 전해 듣고 큰 무리가 그분께 몰려"(마르 3,8) 온 것이다. 왜냐하면 예수님께서 "많은 사람의 병을 고쳐 주셨"(마르 3,10)기 때문이다. 사실 교회에 나오는 사람 중에 처음부터 예수님의 말씀을 듣고 하느님의 뜻을 실행하기 위해 나오는 사람은 얼마 되지 않는다. 대부분 자기가 아쉬워서 하느님을 찾아 교회에 나온다. 즉 몸이 아파서, 너무나 사는 것이 힘들고 고통스러워서, 외롭고 허전해서, 삶에 회의를 느껴서, 마음의 평화를 얻기 위해서, 위로받고 싶어서, 그 밖에 여러 가지 이유가 있어서 하느님을 찾고 또 교회에 나오는 것이다.

산 위에서 예수님이 열둘을 세우시고, 그들을 사도라 이름하시고, 곧바로 집으로 데려 가셔서 제자들에게 군중을 돌보시는 모습을 보여 주신 것은 열두 제자들이 바로 이런 일을 하도록 부름을 받은 것임을 가르쳐 주시기 위함이었다.

오늘날 많은 사람들이 교회를 떠나는 이유는, 그리고 군중이 몰려오지 않는 이유는 그들을 진정으로 섬기는 사도(그리스도인)가 없기 때문이다. 우리가 진정한 그리스도인이라면 복음을 선포하고 마귀를 쫓아내는 일을 해야 한다. 사도의 역할을 해야 한다. 오랫동안 교회에 다녔으면서도 자신에게 주어진 사명에 충실하지 못하고 아직까지도 여기저기 몰려다니기나 하고, 자기가 필요로 하는 것만을 청하고 있다면, 우리는 군중의 수준에 머물고 있는 것이지 아직까지 진정한 그리스도인이라 할 수 없다. 그러나 이제부터라도 마르코 복음을 읽고 묵상하면서 열심히 신앙생활을 하려고 노력한다면, 열두 제자들이 군중에서 사도로 변화되었듯이 우리도 반드시 군중에서 사도로 변화될 것이다. 이제 우리는 그 여정을 시작한 것이다. 천천히 그리고 성실하게 한 발짝 한 발짝 예수님께 가까이 다가가도록 노력하자.

오늘도 많은 군중이 길에서 방황하고 있고, 특별한 일도 없이 이리 몰려다니고 저리 몰려다닌다. 별로 중요하지 않은 일로 모여서 힘을 낭비하고 있고 시간을 보내고 있다. 교회는 이런 군중이 몰려오는 곳이어야 한다. 교회는 이런 군중을 잘 교육시켜서 삶의 의미를 일깨워 주고 하느님을 알려 주어 복음을 전하는 예수님의 가족으로 만들어야 한다. 그렇게 되기 위해서는 먼저 교회가 군중이 몰려올 수 있는 일을 해야 한다. 왜냐하면 그들은 '예수님께서 하시는 일을 전해 듣고' 그분에게 몰려온 것이지 어떤 강의나 교리를 듣고 몰려온 것이 아니기 때문이다. 한 마디로 사목자나 수도자나 신자나 할 것 없이 모두 하느님의 말씀을 듣고 하느님의 뜻을 실행하는 모습을 보여 줄 때 군중은 교회로 몰려올 것이다.

예수님의 친척들이 소문을 듣고 그분을 붙잡으러 나섰다

"예수님의 친척들이 소문을 듣고 그분을 붙잡으러 나섰다."라는 말은 무슨 뜻인가? '붙잡다' 라는 말은 그리스어로 'krateo(크라테오)' 라고 하는데 '붙잡다, 소유하다, 손에 쥐다, 제지하다' 라는 뜻이다. 즉 친척들이 '예수님을 붙잡으러 나섰다' 는 것은 '예수님의 활동을 제지하러 나갔다' 라는 뜻이다. 유다가 예수님을 팔아 넘긴 것은 예수님이 하시고자 한 일을 제지하기 위해서였다. 예수님이 수난에 대한 예고를 하셨을 때 "베드로가 예수님을 따로 붙잡고 반박하기 시작하였다"(마르 8,32). 이때 예수님은 베드로를 보시고 "'사탄아, 내게서 물러가라. 너는 하느님의 일은 생각하지 않고 사람의 일만 생각하는구나.' 하며 꾸짖으셨다"(마르 8,33). 이와 같이 예수님의 가까운 친척이요, 제자라 하더라도 예수님의 활동을 제지하기 위해 붙잡는 행위는 예수님을 팔아 넘긴 배반자 유다의 행위요, 하느님의 일을 생각하지 않고 사람의 일만 생각하는 사탄의 행위이다. 예수님이 수난을 당하시고 십자가 죽음을 당하신 것은 예수님을 붙잡는 손에 의해 저질러진 일이다.

예수님은 우리를 부르실 때 '나를 따라오너라' 고 하셨지 '나를 붙잡으라' 고 하지 않으셨다. 그럼에도 우리는 가끔 나의 뜻에 예수님을 붙잡아 두려고 하고, 내가 원하지 않는 길을 가지 않기 위해 예수님을 붙잡아 두려고 한다. 나의 욕망에 예수님을 붙잡아 두기도 하고, 고난과 십자가의 길을 가지 않고 편안한 길을 가기 위해 예수님을 붙잡아 두기도 한다. 지금 내가 갖고 있는 명예와 지위와 부귀를 잃지 않기 위해 예수님을 붙잡아 두려고 하며, 때로는 다른 사람이 잘 되는 것을 방해하기 위해 예수님을 붙잡아 두기도 한다. 예수님을 붙잡는 행위는 사탄의 행위이며, 예수님을 반대하는 이들의 행위이고, 이기적인 생각에서 나오는 행위이다.

우리는 예수님을 내 손아귀에 붙잡아 두려 하지 말고 오히려 예수님이 이끄시는 대로 따라가야 한다. 우리는 예수님을 따라가는 사람이지 붙잡는 사람이 아니다. 우리는 예수님을 붙잡으러 나설 것이 아니라 따라가기 위해 나서야 한다.

"예수님의 친척들이 소문을 듣고 그분을 붙잡으러 나섰다."라는 말씀은 우리가 예수님을 믿고 교회의 일을 열심히 하려고 할 때 가장 큰 반대는 가족들로부터 올 수 있다는 것을 보여 준다. 우리의 활동과 신앙생활을 붙잡는 이는 나와 가장 가까운 가족들이다. 이럴 때 우리가 처신을 잘 해야 한다. 어차피 교회에 다니지 않는 가족들은 우리를 이해하기 어려울 것이다. 예수님을 믿지 않기에 생각이 다르고, 삶의 방식이 다르고, 추구하는 것이 다르기 때문이다. 무조건 그들을 미워하거나 또는 가족간에 불화를 일으키면서까지 교회에 나오려고 하기보다는 그들을 이해시키도록 노력해야 한다. 교회에 다니는 나의 생활 모습을 보고 그들이 감화를 받을 수 있을 때, 군중이 예수님께서 하시는 일을 전해 듣고 그분께 몰려오듯이 가족들도 한 사람씩 예수님께 나오게 될 것이다.

그럼 어떻게 하면 가족들이 예수님을 믿는 나의 생활 모습을 보고 감화받을 수 있을까? 그것은 예수님의 말씀을 잘 듣고 하느님의 뜻을 올바로 실행할 때 가능한 일이다. 우리가 교회에 나가지 못하도록 가족들에게 붙잡히는 경우는 대부분 우리가 좋은 표양을 보여 주지 못하고 올바르게 살지 못하기 때문이다. 즉 복음적인 정신대로 살지 않기 때문이다.

그들은 예수님께서 미쳤다고 생각하였던 것이다

친척들이 예수님을 붙잡으러 나선 이유는 예수님이 '미쳤다'고 생각했기 때문이다. 친척들이 볼 때 분명히 예수님은 미친 사람이었다. 왜냐하면 자기들로서는 도저히 이해되지 않는 말씀만 하셨고, 얻어지는 것이라고는 하나도 없는데도 음식을 들 수 없을 정도로 바쁘게 생활하시면서 온통 그 일에 매달리셨기 때문이다. 예수님의 이런 삶을 보는 친척들의 입장에서는 분명히 자기들이 미쳤든지 아니면 예수님이 미쳤든지 누군가 한쪽이 미쳤다는 생각을 하지 않을 수 없었다. 친척들이 '예수님이 미쳤다'고 생각한 것은 다른 말로 하면 '예수님은 그만큼 복음을 전하는 일에 열중하셨다'는 뜻이다.

우리도 우리가 하는 일에 미쳐야 한다. 단, 올바른 일에 미쳐야 한다. 그러나 좋지 못한 일에 미치는 사람도 있다. 도박에 미치고, 춤에 미치고, 술에 미치는 사람도 있다. 우리는 올바른 일에 미쳐야 한다. 미친다는 것은 전력투구한다는 것이다. 올바른 일에 미친다는 것은 참으로 행복한 일이고 신명나는 삶을 사는 것이다. 우리 생활이 따분하고 무의미한 것은 미쳐야 할 만한 일을 못 찾았기 때문이다.

예수님한테 부름을 받은 사도는 예수님께 미쳐야 하고 예수님이 하신 일을 하기 위해 미쳐야 한다. 예수님과 함께 하는 신앙생활은 예수님께 미치는 생활이다. '예수님을 따라 나선다'는 것은 미치지 않고서는 불가능한 일이다. 우리가 앓고 있는 여러 가지 병에서 치유되려면 예수님께 미쳐야 한다. 주변의 다른 사람들로부터 "저 사람은 교회에 다니기 시작하더니 예수에게 미쳤다."라는 소리를 들어야 한다. 내가 예수님께 미치지 않으면 예수님을 믿기 이전이나 이후에나 하나도 변화되지 못한다. 이리저리 몰려다니는 군중의 모습에서 벗어나 말씀을 전하고 마귀를 쫓아내는 권한을 가진 사도로 변화되는 일은 그냥 되는 것이 아니다. 적어도 예수님께 미쳐야 한다. 즉 미친 듯이 말씀(복음)을 읽고 공부하고 묵상하고 생활해야 한다. 그러지 않고서는 신앙생활의 기쁨을 맛보지도 못할 것이며, 내가 앓고 있는 병도 치유될 수 없으며, 사도로 변화될 수도 없다.

한 번뿐인 인생을 살면서 예수님께 미친 사람만큼 행복한 사람은 없을 것이다. 사실 우리 모두가 행복하지 못한 이유는 아마도 미쳐야 할 예수님께 미치지 못했기 때문이리라. 예수님께 미치기 위해서는 무엇보다도 복음을 묵상해야 한다. 이것이 사실임을 시편에서 "행복한 사람이여, 불신자들이 꾀하는 말을 그는 아니 따르고 죄인들의 길에 들어서지 않으며 망나니들 모임에 자리하지 않나니 차라리 그의 낙은 야훼의 법에 있어 밤낮으로 주님의 법 묵상하도다." (시편 1,1-2)라고 노래하고 있지 않은가!

그는 베엘제불이 들렸다

예수님이 하시는 일을 처음으로 방해한 사람이 친척들이었다면, 두 번째로 예수님의 일을 방해한 사람은 율법학자들이다. 그들은 예수님의 일을 방해하기 위해 두 가지 모함을 꾸몄다.

하나는 예수님이 "베엘제불이 들렸다."라고 헛소문을 퍼뜨리는 것이다. '베엘제불'이란 '집주인'이란 뜻을 지닌 이교도들의 잡신 가운데 하나이다. 예수님이 '베엘제불이 들렸다'라는 말은 예수님이 '더러운 영이 들렸다'라는 말이다. 따라서 예수님이 하시는 모든 일은 더러운 영이 들려서 하는 일이라는 것이다. 즉 예수님을 악령화한 것이다. 우리도 다른 사람들에게 이와 비슷한 소리를 들을 수 있다. 그러나 내가 정말로 열심히 복음을 살려고 노력하는데도 그런 소리를 듣는다면, 그것은 나에 대한 질투나 오해에서 나온 소리일 수도 있다. 또 다른 한편 나는 나름대로 열심히 신앙생활을 한다고 하지만 나의 모습이 복음과 일치하지 않는 잘못된 신앙생활을 하고 있는 것으로 비쳐지기 때문에 그런 소리를 들을 수도 있다. 우리가 이런 소리를 들을 때 무조건 상대방을 미워하지 말고 우리의 생활을 겸허하게 반성하는 것이 훨씬 지혜로운 처신일 것이다. 정말로 우리 주위에는 "너희의 착한 행실을 보고 하늘에 계신 너희 아버지를 찬양하게 하여라."(마태 5,16)라는 말을 들을 정도로 아름답고 착한 모습이 아니라 오히려 역겨움을 느끼게 하는 모습을 보여 주는 사람들이 있다.

두 번째는 예수님이 "마귀 우두머리의 힘을 빌려 마귀들을 쫓아낸다."라고 헛소문을 퍼뜨리는 것이다. 이것은 마귀를 쫓아내는 예수님의 능력을 인정하면서도 그 능력이 하느님이 아닌 마귀 우두머리한테서 오는 것이라고 예수님의 능력을 왜곡시키는 것이다. 이와 같은 모함에 예수님은 "사탄이 어떻게 사탄을 쫓아낼 수 있겠느냐?"라고 반문하심으로써 율법학자들의 모순된 생각을 지적하셨다. 즉 베엘제불이나 마귀의 우두머리나 결국은 다 같은 사탄인데 사탄이 사탄을 쫓아내는 일은 있을 수 없다는 것이다. 예수님이 사탄을 쫓아내는 행위는 하느님으로부터 부여받은 전권에 의한 것이지 사탄의 힘에 의한 것이 결코 아니라는 말이다. 이로써 예수님은 마귀가 아닌 하느님이시며, 그분의 권능은 하느님에게서 온 것임을 분명히 하셨다. 우리가 누구에게 사로잡혀 있느냐 하는 것은 바로 우리의 생활과 직결되어 있다.

예수님에게 사로잡힌 사람은 용서하고, 이해하고, 참아 주고, 교만하지 않으며, 자랑하지 않는다. 예수님에게 사로잡힌 사람은 모든 것을 참아 내고, 믿으며, 남을 존경하고, 겸손하다. 한편 마귀에게 사로잡힌 사람은 사람과 사람 사이를 갈라 놓고, 하느님과 인간의 관계를 갈라 놓으며, 자신을 과시하고, 자기의 영광과 이익을 위해 다른 사람을 희생시킨다. 예수님에게 사로잡힌 사람은 남이 잘되는 것을 보고 함께 기뻐하지만, 마귀에게 사로잡힌 사람은 다른 사람이 잘되는 것을 볼 때 시기하고 질투한다. 예수님께 사로잡힌 사람은 다른 사람에게 착한 일을 하는 사람을 칭찬하고 거들어 주지만, 마귀에게 사로잡힌 사람은 착한 일을 하지 못하도록 오히려 방해하고 모함한다. 율법학자가 예수님을 방해한 방법들은 우리도 흔히 사용하는 것들이다. 남을 모함한다든가 아니면 사실과는 달리 왜곡된 소문을 퍼뜨린다든가 하는 것은 모두 악령들이 하는 짓이다.

나는 무엇에 사로잡혀 있는가? 즉 나의 정신을 지배하는 것은 무엇인가? 일반적으로 나는 무엇에 기준을 두고 생각하고 판단하고 행동하는가?

성령을 모독하는 자는 영원히 용서를 받지 못하고 영원한 죄에 매이게 된다

모독은 "하느님에게 속한 것을 하느님의 것이 아니다."라고 하고 "하느님께 속하지 않는 것을 하느님의 것이다."라고 말하는 것이다.

예수님과 베엘제불은 분명히 구분해야 한다. 베엘제불은 마귀이고 예수님은 하느님이시다. 그런데 이를 혼동하여 예수님을 마귀라 하고 베엘제불을 하느님이라고 한다면, 이것은 분명 하느님을 모독하는 것이다. 그래서 예수님은 당신을 모독하는 이들에게 엄중히 경고하신다. "내가 진실로 너희에게 말한다. 사람들이 짓는 모든 죄와 그들이 하느님을 모독하는 어떠한 말도 용서받을 것이다. 그러나 성령을 모독하는 자는 영원히 용서를 받지 못하고 영원한 죄에 매이게 된다." 이 말은 성령을 모독하는 죄 말고는 그 어떤 죄라도 다 용서받을 수 있다는 말이다. 그러면 왜 성령을 모독하는 사람은 영원히 용서받지 못하는가? 성령은 하느님이시며, 또한 우리 죄를 용서해 주시는 분이시다. 즉 죄를 용서해 주시는 분은 오직 성령뿐이시다. 그런데 성령을 모독하는 사람이란 "성령은 하느님이 아니다. 성령은 죄를 용서해 주는 분이 아니다. 성령은 죄를 용서할 능력이 없다."라고 성령의 능력을 부정하는 사람이다. 따라서 성령을 하느님으로 받아들이지 않는 한 영원히 죄를 용서받을 수 없는 것은 당연한 일이다. 죄를 용서해 주시는 성령을 하느님으로 믿지 않는데 어떻게 죄를 용서받을 수 있겠는가?

예수님의 어머니와 형제들이 왔다
그들은 밖에 서서 사람을 보내어 예수님을 불렀다

"예수님이 미쳤다."는 소문을 듣고 예수님의 어머니와 형제들이 예수님이 계신 집에 와서 예수님을 불러 달라고 사람을 안으로 들여보낸 것은 하나도 이상하지 않다. 이들은 자기 나름대로 예수님을 생각해서 그렇게 했을 것이다. 하지만 결과적으로 그들의 행동은 예수님의 일을 방해하는 행동이었다. 왜 그런가? 예수님의 어머니와 형제들이 밖에 서서 "사람을 보내어 예수님을 불렀다."고 했다. 여기에 사용된 '보내다'와 '부르다'라는 동사는 모두 선교적인 용어이다. 예수님은 복음을 선포하도록 사도들을 부르시고 파견하셨다(보내셨다). 그런데 예수님의 어머니와 형제들은 똑같이 선교적인 용어를 사용하면서 복음을 선포하기 위해서가 아니라 오히려 복음을 선포하시는 예수님의 활동을 저지하기 위해 사람을 보내고 예수님을 불렀던 것이다. 다시 말해서 예수님이 열두 제자들을 부르신 이유는 '당신과 함께 지내게 하기 위해서'였고, 파견하신 것은 '복음을 전하고 마귀를 쫓아내기 위해서'였다. 그런데 예수님의 어머니와 형제들은 반대로 예수님을 자기네들과 함께 있게 하기 위해서 사람을 보내어(파견하고) 복음을 전하시는 예수님을 불렀다. 이것은 복음을 전하시는 예수님의 일을 방해하는 행위이다. 이와 같이 '부르다'와 '파견하다'라는 같은 동사를 사용했지만 사용한 목적에는 근본적으로 차이가 있다. 예수님과 함께 하기 위해서 우리가 예수님께로 가야지 반대로 예수님이 우리에게 오시도록, 또는 우리가 원하는 것을 하기 위해서 예수님이 우리에게로 오시도록 불러서는 안 된다. 즉 주객이 전도되어서는 안 된다. 주객이 전도된 이런 자세로 있는 한, 예수님의 형제요 누이요 어머니라 하더라도 늘 예수님 밖에 머무르게 될 것이다.

누가 내 어머니이며 내 형제들이냐?

예수님은 "누가 내 어머니이며 내 형제들이냐?"라고 물으시고 당신 주위에서 말씀을 듣고 있는 사람들을 둘러보시며 "이들이 내 어머니이며 내 형제들이다."라고 말씀하셨다. 어떻게 이런 말씀을 하실 수 있는가? 어떻게 그들이 당신의 어머니, 형제, 자매들이 될 수 있단 말인가? 우리는 여기에서 예수님의 어머니, 형제, 자매가 된다는 것이 무슨 뜻인지를 알아야 한다. 예수님의 어머니, 형제, 누이가 된다는 것은 어떤 명예직도 아니고, 그렇다고 아무에게나 그냥 주어지는 칭호도 아니다. 거기에는 하나의 기준이 있다. 그것은 하느님의 뜻을 실행하는 사람이다. 혈연으로 예수님의 어머니요 형제요 누이라 하더라도, 또 사도로 부름을 받은 제자라 하더라도 '하느님의 뜻을 실행하지 않을' 때 예수님의 어머니, 형제, 누이라고 할 수 없다.

어떻게 우리가 예수님의 형제, 누이, 어머니가 될 수 있는가? 우리가 예수님의 어머니가 되는 것은 예수님의 말씀을 우리 안에 받아들일 때 가능하다. 어머니란 생명을 잉태하고 그 생명을 낳아 주는 사람이다. 다시 말해서 여자가 한 생명을 낳기 위해서는 남자로부터 정자를 받아야 하듯이, 우리가 말씀의 어머니가 되기 위해서는 오늘도 예수님이 뿌리시는 씨, 즉 복음을 내 안에 받아들여야 한다. 내 안에 뿌려진 말씀이 내 안에서 자라나서 열매를 맺게 될 때, 우리는 말씀의 생명을 낳는 것이다. 즉 말씀을 잉태하고 낳는 어머니가 되는 것이다. 이런 의미에서 당신의 말씀을 듣고 하느님의 뜻을 실행하는 사람이 어머니가 된다는 것이다. 또한 우리가 예수님의 형제요 누이가 되는 것은 같은 아버지를 모시고 있기 때문에 가능하다. 즉 우리는 말씀의 생명을 낳는다는 의미에서는 어머니이지만 말씀이라는 같은 씨에서 태어난다는 의미에서는 형제요 누이인 것이다. 따라서 우리가 정말로 예수님의 어머니, 형제, 자매가 되려면 무엇보다도 하느님의 뜻을 실행하는 사람이 되어야 한다.

우리는 교회에서 서로 형제 자매라고 부른다. 왜 그렇게 부르는가? 그것은 우리 모두 하느님의 말씀을 듣고 하느님의 뜻을 실행하는 사람들이라는 뜻이고, 그런 관계 속에서만 우리 모두는 하느님의 어머니며 형제 자매들이 될 수 있다는 뜻이다. 교회는 직업, 학력, 재능 등이 다양한 사람들이 모이는 곳이다. 그리고 교회 안에서 하는 일도 매우 다양하다. 그럼에도 우리 모두가 한 형제요 자매일 수 있는 것은 하느님의 말씀을 듣고 하느님의 뜻을 실천하려고 노력하기 때문이다. 바로 이것이 예수님이 새롭게 구성한 초대 공동체의 모습이었다.

오늘 복음은 "예수님의 일행이 음식을 들 수조차 없었다."라는 말씀으로 시작해서 당신 주위에 둘러앉아 말씀을 듣고 있는 사람들을 가리키시면서 "이들이 내 어머니이며 내 형제들이다. 하느님의 뜻을 실행하는 사람이 바로 내 형제요, 누이요, 어머니이다."라는 말씀으로 끝을 맺었다.

우리가 진정 예수님의 어머니, 형제, 자매라고 한다면 예수님 주위에 둘러앉아서 말씀을 듣는 것부터 배워야 한다. 예수님 주위에 앉아서 말씀을 들을 때 우리는 점점 더 형제 자매라는 형제애를 느끼고 하나가 될 것이다. 그리고 그곳에 둘러앉아서 빛이고 생명이며 지혜인 말씀을 들을 때 우리 안에 생명력이 흘러 들어오고, 어둠을 몰아내는 빛이 들어오고, 우리의 무지를 깨우쳐 주는 지혜의 빛을 받을 것이다. "손에 손을 잡고 우리 모두 하나 되자."라는 노래처럼 둘러앉아 말씀을 듣고 말씀을 나누는 공동체가 되어갈 때 우리 모두 하늘에 계신 아버지를 모시고 있는 한 형제 자매라는 것을 실감하게 될 것이다. 따라서 말씀을 듣기 위해 둘러앉아 있는 공동체는 언제든지 다른 사람들이 들어와 앉을 자리를 마련해 놓고 기다리는 개방되어 있어야 한다.

기도합시다

 오늘도 음식을 드실 시간조차 없을 정도로 바쁘게 복음을 전하시는 예수님, 당신을 사랑합니다. 당신의 말씀을 듣고 묵상하기 위해 당신 주위에 둘러앉아 있는 형제 자매들을 축복해 주십시오. 오늘 복음을 묵상하면서 저희가 새롭게 깨달은 하느님의 뜻을 실천하는 형제 자매들이 되게 해 주시어 더욱 당신께 가까이 다가가고 당신을 중심으로 우리 모두 하나 되게 해 주십시오. 율법학자들처럼 질투심에서 다른 사람을 모함하거나 비방하는 일이 없게 해 주시고 서로 갈라 놓는 말이나 행동을 하는 일이 없게 해 주십시오. 그리고 당신의 말씀을 읽고 묵상하는 일에 미치게 해 주십시오. 우리 주 예수 그리스도의 이름으로 기도드립니다. 아멘.

3. 씨 뿌리는 사람의 비유(4,1-12)

　예수님께서 다시 호숫가에서 가르치기 시작하셨다. 너무 많은 군중이 모여들어, 그분께서는 호수에 있는 배에 올라앉으시고 군중은 모두 호숫가 뭍에 그대로 있었다. 예수님께서 그들에게 많은 것을 비유로 가르치셨다. 그렇게 가르치시면서 말씀하셨다. "자, 들어 보아라. 씨 뿌리는 사람이 씨를 뿌리러 나갔다. 그가 씨를 뿌리는데, 어떤 것은 길에 떨어져 새들이 와서 먹어 버렸다. 어떤 것은 흙이 많지 않은 돌밭에 떨어졌다. 흙이 깊지 않아 싹은 곧 돋아났지만 해가 솟아오르자 타고 말았다. 뿌리가 없어서 말라 버린 것이다. 또 어떤 것은 가시덤불 속에 떨어졌는데, 가시덤불이 자라면서 숨을 막아 버려 열매를 맺지 못하였다. 그러나 어떤 것들은 좋은 땅에 떨어져, 싹이 나고 자라서 열매를 맺었다. 그리하여 어떤 것은 서른 배, 어떤 것은 예순 배, 어떤 것은 백 배의 열매를 맺었다." 예수님께서는 이어서 "들을 귀 있는 사람은 들어라." 하고 말씀하셨다.
　예수님께서 혼자 계실 때, 그분 둘레에 있던 이들이 열두 제자와 함께 가서 비유들의 뜻을 물었다. 예수님께서 그들에게 대답하셨다. "너희에게는 하느님 나라의 신비가 주어졌지만, 저 바깥 사람들에게는 모든 것이 그저 비유로만 다가간다. '보고 또 보아도 알아보지 못하고 듣고 또 들어도 깨닫지 못하여 저들이 돌아와 용서받는 일이 없게 하려는 것이다.'"

우리는 3장 20-35절을 보면서 '그리스도인은 누구인가? 어떻게 살아야 하고, 어떤 사명을 부여받은 사람인가' 하는 것을 묵상하였다. 그것이 하나의 원칙을 제시한 것이라면, 오늘 복음은 '우리가 그런 삶을 살기 위해 어떻게 해야 하는가' 즉 '어떻게 하면 참된 그리스도인의 정체성을 다지고, 그리스도인의 영성을 발전시켜 나갈 수 있을까?' 하는 물음에 대한 해답을 제시하고 있다. 한마디로 4장 전체는 영적으로 성숙해지기를 원하는 사람이라면 누구나 배우고 실천해야 할 영적 성장의 비결이다.

예수님께서 다시 호숫가에서 가르치기 시작하셨다

4장은 '비유의 장'이라고 할 수 있을 만큼 전체가 비유에 관한 말씀이다. 우선 이 비유를 이해하기 위해서 당시 상황을 이해하는 것이 좋을 것이다.

4장의 비유들은 초기에는 예수님의 활동이 순탄하지만은 않았다는 것을 말해 준다. 즉 예수님이 갈릴래아에서 "때가 차 하느님의 나라가 가까이 왔다. 회개하고 복음을 믿어라."(마르 1,15)라고 선포하신 이후에 어부 네 사람을 당신 제자로 부르셨고, 더러운 영이 들린 사람과 나병환자와 중풍병자들을 낫게 하시고 오그라든 손을 펴 주시는 등 많은 병자들을 고쳐 주셨다. 그러자 사방팔방에서 예수님을 따르는 사람들이 점점 많아졌다(마르 3,7-8 참조). 이것을 보면 복음을 전하시는 예수님의 초기 활동이 매우 빠르게 발전하고 성공을 거두는 것처럼 보이지만, 한편 예수님의 반대세력도 만만치 않음을 볼 수 있다. 예를 들면 예수님께서 안식일에 손이 오그라든 사람을 고쳐 주시기만 하면 고발하려고 지켜보는 사람들이 있었고(마르 3,2 참조), 바리사이들은 헤로데 당원들과 더불어 어떻게 예수님을 없앨 것인지를 모의하였다(마르 3,6 참조). 또 예수님의 친척들은 "예수님께서 미쳤다."(마르 3,21)라는 소문을 듣고 붙들러 나섰고, 예루살렘에서 내려온 율법학자들은 "그는 베엘제불이 들렸다."(마르 3,22)라고도 하고 또는 "마귀 우두머리의 힘을 빌려 마귀들을 쫓아낸다."라고도 하였다. 이것이 예수님이 "때가 차 하느님의 나라가 가까이 왔다. 회개하고 복음을 믿어라."(마르 1,15)라는 복음을 선포하신 이후 나타난 상반된 반응이었다.

이런 상반된 반응이 나타나고 있기 때문에 예수님도 하느님의 나라에 대한 교육 방법을 바꾸셔야 했다. 왜냐하면 예수님이 이 세상에 오신 목적은 "때가 차 하느님의 나라가 가까이 왔다. 회개하고 이 복음을 믿어라."(마르 1,15)라고 선포하신 대로 사람들이 진정으로 회개하고 예수님이 선포하신 복음을 받아들이면서 가까이 다가온 하느님의 나라로 들어가게 하시려는 것이기 때문이다. 그런데도 사람들은 복음에는 관심이 없고 어떤 기적이나 병을 고치는 데에만 관심을 갖고 있기 때문에 교육방법을 바꿀 필요를 느끼신 것이다. 사람들이 복음을 받아들이지 않고 단순히 병만 고쳐 달라는 것만으로는 절대로 근본적인 치유가 될 수 없고, 또 가까이 다가온 하느님의 나라에 들어갈 수가 없다.

"예수님께서 다시 호숫가에서 가르치기 시작하셨다."라는 말은 지금까지와는 달리 새로운 방법으로 '가르치기 시작하셨다.' 라는 말이다. 그 방법이 무엇인가? 그것은 바로 비유를 통해서 가르치시는 것이다.

이제 우리도 신앙생활을 다시 시작해야 한다. 우리의 신앙생활이 많은 열매를 맺기 위해서는, 그리고 우리 공동체와 교회가 열매를 맺기 위해서는 말씀으로 돌아와 하느님의 뜻을 실행하는 사람이 되어야 한다. 그런 의미에서, 여기서 묵상하게 될 '씨 뿌리는 사람의 비유'는 우리가 신앙생활을 잘하기 위해서 어떤 자세를 가져야 하는지를 알려 주는 중요한 가르침이다. 그리고 상처받은 나의 영혼이 치유될 수 있는 비결이 바로 4장의 가르침 속에 있다는 것을 명심하고 새로운 마음가짐으로 읽고 또 읽으면서 깊이깊이 묵상할 것을 당부하고자 한다.

그분께서는 호수에 있는 배에 올라앉으시고
군중은 모두 호숫가 뭍에 그대로 있었다

예수님은 일단 군중으로부터 거리를 두고 배에 오르신다. 호수는 우리의 '삶의 현장'을 가리키고, 배는 교회를 말한다. "배에 올라앉으시고"라는 표현은 예수님의 위엄과 권위를 나타낸다. "너무 많은 군중이 모여들어, 그분께서는 호수에 있는 배에 올라앉으시고 군중은 모두 호숫가 뭍에 그대로 있었다."라는 표현은 "주님의 말씀으로 하늘은 만들어졌고, 만상도 당신 입김으로 이루어졌도다. 자루엔듯 바닷물을 한데 모으시고, 심연을 곳집에다 거두시도다."(시편 32,6-7)라는 말씀과 같이, 이제 우리 마음속의 깊은 상처와 배고픔과 목마름까지 모두 모아서 거두어 가시기 위해 좌정하시는 예수님을 나타낸 것이다. 따라서 배에 올라앉으신 예수님의 가르침을 통해서 호숫가 뭍에 그대로 있는 군중의 마음속 깊은 곳에 쌓여 있는 상처가 치유되고 배고픔과 목마름이 충만하게 채워질 것이다. 그러려면 군중은 다시 시작하시는 예수님의 가르침을 통해서 노예생활을 했던 이스라엘 백성이 젖과 꿀이 흐르는 가나안 땅에서 행복하고 자유로운 생활을 위해 이집트를 떠난 것처럼 새로운 출애굽을 시도해야 한다. 그러면 군중은 거기에서 예수님이 주시는 생명의 빵을 먹게 될 것이다(5-6장 참조).

예수님은 당시 갈릴래아 사람들에게 '호수에 있는 배에 올라앉으셔서' 가르치셨듯이 오늘도 교회라는 배에 앉으셔서 가르치신다. 교회는 매일매일 삶의 현장에서 생활하고 있는 사람들에게 예수님의 가르침이 선포되는 곳이다. 따라서 교회에는 사람들이 예수님의 가르침을 들을 수 있도록 다양한 성서 강의가 마련되어야 한다. 미사 때마다 선포되는 복음과 강론뿐 아니라 아침, 낮, 저녁에도 삶의 현장에서 지친 사람들이 와서 예수님의 가르침을 듣고 다시 힘을 얻을 수 있도록 복음을 배울 수 있는 자리가 마련되어야 한다. 그것이 교회가 세상 한가운데에 존재하는 이유이며 해야 할 사명이다. 호숫가 뭍에 그대로 서 있는 군중은 호수 저쪽으로 건너가야 할 사람들로서 오늘 우리의 모습이기도 하다. 우리는 아직까지 호수 저쪽으로 건너가지 못한 채 호숫가 뭍에 서 있는 사람들인지 모른다. 호숫가를 건너서 평화와 사랑이 넘치는 하느님의 나라로 가고 싶은데 어디로 어떻게 건너야 하는지 모르는 채 그대로 호숫가 뭍에 서 있는 사람들이 바로 우리의 모습일 수 있다. 또한 평화와 사랑이 넘치는 호수 저쪽으로 건너가고 싶은 열망은 있으면서도 예수님의 말씀을 귀담아들으면서 호수 저쪽으로 건너가려고 하지는 않고 그냥 호숫가 뭍에 있으면서 어떤 기적만을 바라고 있거나 아니면 병만 고쳐 달라고 예수님을 붙잡고 있는 모습이 바로 우리의 모습일 수도 있다.

예수님께서 그들에게 많은 것을 비유로 가르치셨다

 예수님은 군중을 호수 저쪽으로 건너가게 하기 위해서 많은 것을 가르쳐 주셨다. 즉 '가르침'은 곧 군중이 호수 저쪽으로 건너가게 하는 하나의 방법이다. 따라서 군중은 기적을 통해서가 아니라 예수님의 가르침을 듣고 그 가르침을 통해서 호수 저쪽으로 건너가는 방법을 배우고 그 방법을 이용하여 스스로 건너가야 한다.

 예수님이 비유로 가르치시는 이유는 무엇인가? 우리는 어떤 경우에 비유를 사용하는가?

 일반적으로 사람들은 무엇을 설명할 때 그 내용을 상대방에게 좀 더 알아듣기 쉽게 전달하기 위해 비유를 사용하기도 하고, 또 어떤 것을 사실대로 말하면 다른 사람들한테 오해를 받게 되거나 아니면 어떤 피해를 입게 될 소지가 있을 때 그런 문제를 피하기 위해 사용하기도 한다. 또 비유는 직설법이 아니기 때문에 그 내용을 알아듣기 위해서는 많은 것을 생각하게 한다. 이 비유가 과연 무엇을 말하는 것인가를 생각하지 않는 사람은 도저히 알아듣지 못한다. 따라서 예수님이 비유로 가르치시는 내용을 알아듣기 위해서는 많은 생각을 해야 한다. 비유를 제대로 알아들으면 비유를 통해서 말하고자 하는 내용을 더욱 확실히 알아들을 수 있지만, 제대로 알아듣지 못하면 본래의 의미와는 전혀 다른 엉뚱한 것으로 알아듣게 될 위험이 있다.

 우리가 성서를 공부해야 하는 이유는, 그리고 복음을 묵상해야 하는 이유는 예수님의 모든 가르침이 하느님의 나라에 대한 비유이기 때문이다. 복음은 밭에 숨겨진 보물과 같기에 곰곰이 생각하지 않고서는 그 내용의 참뜻을 알아듣지 못할 때가 많다. 그리고 비유는 그 것을 알아들을 때 비로소 그 본질이 무엇인지 더욱 명확해진다. 그러나 비유를 알아듣지 못하면 비유는 더욱 모호해지고 수수께끼로 남는다. 우리가 복음을 읽을 때 무슨 뜻인지 잘 모르면 그냥 지나치지 말고 "그분 둘레에 있던 이들이 열두 제자와 함께 가서 비유들의 뜻을 물었"(마르 4,10)듯이 물어야 한다. 그리고 곰곰이 생각해야 한다. 마리아도 천사의 인사를 받고 "이 인사말이 무슨 뜻인가 하고 곰곰이 생각하였다"(루가 1,29). 우리가 말씀을 듣고 그 뜻이 무엇인지를 곰곰이 생각하는 습관을 통해서 그 뜻을 알아들을 때 비로소 우리는 "들을 귀 있는 사람"(마르 4,9)이 될 것이다.

자, 들어 보아라

하느님께서 "이스라엘아, 들어라!"(신명 6,4)라고 말씀하셨듯이, 이스라엘 사람들의 신앙은 '들음'에서부터 시작되었고 발전하였다. 즉 하느님은 말씀하시는 분이시고 이스라엘 사람들은 듣고 따르는 이들이다. 이런 관계를 유지하는 것이 곧 생명이다. 따라서 하느님은 이스라엘 백성에게 "나는 오늘 하늘과 땅을 증인으로 세우고, 생명과 죽음, 복과 저주를 네 앞에 내놓았다. 너와 네 후손이 살기 위해서는 생명을 선택해야 한다. 또한 주 너의 하느님을 사랑하고 그분의 말씀을 들으며 그분께 매달려야 한다. 주님께서 너의 생명이시기 때문이다. 그리고 너의 조상 아브라함과 이사악과 야곱에게 주시겠다고 맹세하신 땅에서 네가 오랫동안 살 수 있게 해 주실 분이시기 때문이다."(신명 30,19-20)라고 말씀하신 것이다. 그래서 시편 작가는 "주님, 내 바위시여. 당신께 부르짖으오니, 내 앞에 말없이 계시지 마옵소서. 당신이 아니 들어 주시면, 나는 구렁 속으로 들어가는 자들과 같으오리다."(시편 27,1)라고 하느님께서 늘 말씀해 주시기를 간청하였다.

하느님은 이스라엘 사람들의 부르짖음을 들으시는 분이시며 이스라엘 사람들은 하느님께 부르짖고 애원하는 이들이다(시편 28,1 참조).

예수님은 무엇보다도 호숫가 물에 그대로 서 있는 군중에게 당신이 가르쳐 주시는 말씀을 들을 것을 강조하신다.

"자, 들어 보아라."라는 말씀은 지금까지의 예수님의 가르침이 나병환자가 깨끗이 낫고, 중풍병자가 일어나 걸어다니고, 손이 오그라든 사람이 손을 펴는 등 눈으로 직접 보고 손으로 만져 보고 확인할 수 있는 것이었다면 이제부터는 단순히 보고 만져서 아는 것이 아니라 지성을 통해서 알아들어야 하는 내용이라는 것이다. 지금까지의 방법보다는 한 단계 차원을 높여서 가르치시는 것이라고 볼 수 있다. 따라서 우리는 하느님 또는 하느님의 나라에 대해서 단순히 눈으로 보고 손으로 만져 볼 수 있는 기적이나 이상한 현상에만 의존하려 할 것이 아니라 그보다 좀더 차원 높은 지성, 즉 생각을 통해서 이해하고 감지할 수 있도록 노력해야 한다. 그러기 위해서는 먼저 잘 들어야 한다.

인간은 '생각하는 갈대'라는 말이 있다. 데카르트는 "나는 생각한다. 그러므로 나는 존재한다."라는 명제를 내놓았다. 생각하는 존재, 그것이 인간이다. 로댕의 '생각하는 사람'이라는 작품은 바로 인간의 위대함을 잘 표현한 작품이다. 생각하는 능력을 갖고 있는 존재는 이 세상에 인간뿐이다. 그 위대한 능력을 하느님의 말씀을 알아듣기 위해, 아니 하느님의 말씀을 더 잘 알아듣기 위해서 사용하는 이는 참으로 행복한 사람이다.

하느님의 말씀을 잘 알아듣기 위해서는 무엇보다 잘 듣는 것이 중요하다. 즉 '들음'은 말씀을 알아듣기 위한 첫 번째 자세이다. 구약성서에는 '듣다'라는 단어가 약 1,100번, 신약성서에는 425번이나 되풀이되고 있다고 한다. 이만큼 '듣다'라는 말이 계시종교, 즉 인류를 향하여 말씀하시는 하느님의 말씀을 알아듣는 데에 핵심이 되고 있다. 사실 복음을 읽는다는 것은 듣는다는 뜻이다. 얼마나 말씀을 잘 듣느냐에 나의 신앙성숙이 달려 있다.

그럼 듣는다는 것이 무슨 뜻인가? 들음의 첫 번째 의미는 하느님의 말씀에 귀를 기울이는 것이다. 경청하는 것이다. 경청한다는 것은 상대방의 마음까지도 알아듣기 위해 온 마음으로 듣는 것이다. 자기의 생각이나 의견을 가감하지 않고, 상대방이 이야기하고자 하는 모든 내용을 충분히 알아들을 수 있도록 상대방의 말에 온 정성을 쏟는 것이다. 천사의 말을 듣고 "보십시오, 저는 주님의 종입니다. 말씀하신 대로 저에게 이루어지기를 바랍니다."(루가 1,38)라고 응답한 마리아의 자세가 바로 경청하는 자세이다.

들음의 두 번째 의미는 들은 것을 마음속에 간직하는 것이다. 한쪽 귀로 듣고 다른 쪽으로 흘려버리는 것이 아니라, 그것을 잊어버리지 않고 마음속에 오래 간직하려고 들은 말을 계속해서 되새기는 것이다. 그리고 그것을 음미하는 것이다. 목자들의 말을 듣고 "이 모든 일을 마음속에 간직하고 곰곰이 되새"(루가 2,19)기신 성모님의 자세는 항상 들음의 모델이 된다. 마리아는 들음을 통해 하느님의 뜻을 올바로 알아듣고 하느님의 구원사업에 전적으로 참여하신 분이다.

들음의 세 번째 의미는 들은 것을 제대로 알아듣는 것이다. 예수님은 "내 양들은 내 목소리를 알아듣는다."(요한 10,27)라고 하셨다. 이와 같이 듣는다는 것은 누구의 목소리인가를 아는 것이요, 무엇을 의미하는지를 알아듣는 것이다. 즉 들음은 서로 통하는 것이다. 말하는 사람은 이런 뜻으로 이야기하는데, 듣는 사람은 전혀 다르게 저런 뜻으로 알아들으면 참으로 곤란하다. 듣는다는 것은 상대방의 의도를 충분히 이해하는 것이다. 이해는 이치(理致)로 푼다는 뜻이요, 원리 원칙을 안다는 뜻이다. '이해하다'를 영어로는 'under-stand'라고 한다. 'under'는 '아래'라는 뜻이고 'stand'는 '서 있다'라는 뜻이다. 그러니까 '이해하다'라는 말은 '말하는 사람 아래 서 있다'라는 뜻이다. 이 말은 겸손한 마음으로 말하는 사람 아래에 서 있어야 한다는 뜻이다. 교만한 마음을 가지면 상대방을 이해할 수가 없다.

들음의 네 번째 의미는 '따름'을 의미한다. "그는 앞장서 가고 양들은 그를 따른다. 양들이 그의 목소리를 알기 때문이다. 그러나 낯선 사람은 따르지 않고 오히려 피해 달아난다. 낯선 사람들의 목소리를 알지 못하기 때문이다"(요한 10,4-5). '순종'을 뜻하는 라틴어 'obedientia'라는 말이 '듣다(audire)'라는 동사에서 유래한다는 사실도 이런 점에서 새겨볼 만하다. '들은 것을 따르는 것'은 곧 '순종한다는 것'이다.

들음의 다섯 번째 의미는 '…와 함께 있다'는 것이다. 요한 복음에서 이 말은 '머물다'는 말로 사용된다. 특히 요한 복음 15장 4-10절에서 집중적으로 사용되는 '머물다'라는 말은 그리스도와 우리의 일체성, 즉 '하나 됨'을 뜻한다. 이를테면, 우리가 사랑하는 사람에게서 어떤 기쁜 말을 들었을 때 그와 함께 기뻐하고 하나가 되는 것과 같다. 즉 듣는다는 것은 상대방이 전달하고자 하는 것을 충분히 깨닫고 함께 느끼는 것이다. 기쁜 소식을 들으면 함께 기뻐하고 슬픈 이야기를 들으면 함께 슬퍼하는 것이다. 즉 공감하는 것이요 함께 나누는 것이다.

"자, 들어 보아라."라는 말씀은 예수님이 이제부터 비유로 가르치시는 내용들을 우리가 무심코 듣고 흘려 버려서는 절대로 안 되고 반드시 경청하는 자세로 들어야 하며, 그 내용들을 우리 마음속에 오래오래 간직하면서 그대로 따라야 한다는 뜻이다. 이 비유를 알아듣는 사람만이 하느님 나라의 신비를 알아들을 수 있고, 이제부터 영성적으로 성숙하기 위해 어떻게 해야 하는지를 알아들을 수 있고, 복음을 어떤 자세로 받아들여야 하는지를 알 수 있기 때문이다.

씨 뿌리는 사람이 씨를 뿌리러 나갔다

"씨를 뿌린다."라는 말이 세 번이나 언급된다. 마치 열심히 씨를 뿌리는 농부의 모습을 연상하게 한다. 그런데 농부가 뿌린 씨가 어떤 것은 길에, 어떤 것은 돌밭에, 어떤 것은 가시덤불 속에, 그리고 좋은 땅에 떨어졌다. 어떻게 씨가 이렇게 떨어질 수 있을까? 우리나라 농사 방법으로는 이해가 되지 않는다. 그러나 '씨 뿌리는 사람의 비유'는 당시 갈릴래아 농부들이 일상적으로 체험하던 현실적인 이야기이다. 우리 나라에서는 먼저 밭을 갈고 나서 씨를 뿌리지만, 팔레스티나에서는 먼저 씨를 뿌리고 밭을 간다고 한다. 따라서 밭을 갈기 전에 씨를 뿌리다 보면 실제로 길이나 돌멩이 위에, 혹은 잡초 속에 떨어질 때도 있다. 여기서 길이란 사람들이 왕래하는 도로가 아니고 밭 가운데로 지나 다니는 사이에 땅이 다져져서 생긴 작은 통로를 말한다. 또 팔레스티나의 토양은 지층이 매우 얇고 그 밑은 암반인 경우가 많으며 자갈도 많다. 그러니까 지형적으로 볼 때 결코 좋은 수확을 기대할 수 있는 땅이 아니다. 이런 악조건 아래에서도 씨 뿌리는 사람이 실망하지 않고 씨를 뿌리는 것은 좋은 땅에 떨어져서 많은 결실을 맺는 씨앗에 대한 기대감 때문이다.

오늘도 예수님은 말씀의 씨를 뿌리신다. 비록 그 씨를 받아들이는 우리의 자세가 좋지 않더라도 좋은 땅에 떨어지는 씨가 있으리라는 기대감으로 뿌리신다. 여자가 남자로부터 정자를 받지 못하면 아이를 낳을 수 없듯이, 우리가 아무리 영적으로 성장하려고 해도 내 안에 뿌려진 씨를 받아들이지 않으면 영적으로 성장할 수 없다. 왜냐하면 나를 영적으로 성장하게 하는 생명은 나에게서 나오는 것이 아니라 뿌려진 씨에서 나오기 때문이다. 내 안에 뿌려진 씨가 싹이 나고 자라서 열매를 맺는 것이지, 나 스스로 그런 능력을 갖고 있는 것이 아니다.

나의 영적 성장은 나에게 달려 있는 것이 아니라 뿌려지는 씨에 달려 있다는 것을 생각해 본 적이 있는가? 내가 오랫동안 신앙생활을 했으면서도 영적으로 성장하지 못하는 이유가 무엇인가? 가톨릭을 비롯하여 예수님의 말씀을 듣는 많은 개신교 신자들이 있는데도 우리 사회가 좀더 복음적으로 변화되지 못하는 이유가 무엇인가?

우리 본당에는 활동을 열심히 하는 신자들도 많은데 왜 본당이 영적으로 성숙하지 못할까? 이런 여러 가지 의문에 대한 해답을 바로 이 '씨 뿌리는 사람의 비유'에서 찾을 수 있을 것이다. 결국 우리가 신앙생활을 하면서 나를 성장시키는 말씀을 듣기는 하지만 길, 돌밭, 가시덤불 같은 상태에서 말씀을 듣기 때문에 결국은 아무런 열매를 맺지 못하는 것이다.

이 말씀은 또한 앞으로 예수님에게 닥칠 운명을 예언하는 것이기도 하다. 즉 예수님은 복음을 전하셨지만 말씀을 듣기는 하지만 받아들이지 않는 사람들에 의해 배척당하실 것이며 결국 한 알의 밀알이 썩어 많은 열매를 맺듯이 당신의 죽음을 통해 구원의 새싹이 나오게 되리라는 사실을 예언하신 것이다.

들을 귀 있는 사람은 들어라

오늘 복음은 "자, 들어 보아라."라는 말로 시작해서 "들을 귀 있는 사람은 들어라."라는 말씀으로 끝난다. 들음의 자세가 얼마나 중요한가를 강조하는 말씀이다. '듣다'는 희랍어로 '아코우오(acouo)'라고 하는데, 이 단어에는 '듣다'라는 뜻 이외에 '이해하다, 말해진 것의 의미를 깨닫다, 알아내다, 경청하다, 순종하다'라는 뜻도 있다는 것을 이미 앞에서 말했다. '들음'은 '아는 것'이라고 하였다. 즉 깨닫는 것이다. '들을 귀 있는 사람'이란 다시 말해서 '말의 의미를 깨닫는 사람, 이해하는 사람, 경청하는 사람, 순종하는 사람'을 가리킨다.

어떻게 깨닫는가? 하느님의 나라는 지금까지 자기가 갖고 있던 지식이나 학문을 통해서 깨닫는 것이 아니라 예수님이 가르쳐 주시는 말씀을 들음으로써 깨닫게 되는 것이다. 복음을 들으면서 인간적인 이해력으로는 도저히 알아들을 수 없는 것을 하느님의 은총과 성령의 도움으로 깨닫게 되는 것이다. 인간의 지식과 학문에만 의존하는 사람은 인간적인 범위 안에서만 알아듣겠지만, 하느님의 말씀을 통해서 깨닫는 사람은 하늘이 갈라지며 하느님이 보여 주시는 신비를 깨닫는다. 가톨릭을 계시종교라고 한다. 결국 그리스도인은 "너희에게는 하느님 나라의 신비가 주어졌지만, 저 바깥 사람들에게는 모든 것이 그저 비유로만 다가간다."(마르 4,11)라는 말씀과 같이, 주어지는 하느님 나라의 신비를 깨달아 가는 사람이다. 이 깨달음은 단순한 깨달음이 아니라 내 온 존재를 환히 비추는 빛으로 다가오는 깨달음이다. 그래서 예수님은 "나를 따르는 이는 어둠 속을 걷지 않고 생명의 빛을 얻을 것이다."(요한 8,12)라고 말씀하신 것이다.

깨달음에 이르는 첫 번째 관문은 우리가 얼마나 잘 듣느냐, 즉 경청하느냐에 달려 있다. 경청하지 않는 사람은 아무리 들어도 무슨 소리인지 알아듣지 못하고 깨닫지 못한다. 듣고 들어도 알아듣지 못하는 귀머거리이다. 비유는 그 내용을 알아들을 귀가 있는 사람만이 알아듣는 것이다. 알아듣지 못하면 모든 말이 다 수수께끼와 같을 뿐이다.

우리의 귀가 예수님의 말씀을 잘 알아들을 수 있을 정도로 숙달되기까지는 얼마나 많은 노력을 해야 하는가? 숙달된 자동차 정비사는 차의 소리만 들어도 어디가 고장났는지를 알아낸다. 훌륭한 지휘자는 수많은 악기 소리 중에서도 잘못된 음을 금방 잡아낸다. 고도의 훈련과 집중력이 없이는 불가능하다. 이처럼 우리의 귀는 무엇에 훈련되어 있느냐에 따라 고도의 들을 귀로 발전할 수 있다. 들을 수 있다는 것은 큰 축복이다. 그 중에서도 하느님의 소리를 알아들을 수 있는 귀를 가지고 있는 사람은 정말로 큰 축복을 받은 사람이고 행복한 사람이다. 이 세상에는 많은 공부를 했어도 하느님의 말씀에 대해서는 한 마디도 알아듣지 못하는 사람들이 있다. 신앙생활을 몇 십 년 했으면서도 하느님의 말씀을 전혀 알아듣지 못하는 사람은 들을 귀를 가지고 있지 않기 때문이다. 영어, 수학, 과학에 관한 말은 잘 알아듣는데 하느님에 관한 이야기나 복음의 말씀에는 문맹인 사람들이 있다. 듣지 않아도 될 소리는 잘 들으면서 정작 들어야 할 하느님의 말씀은 하나도 듣지 못하는 어리석은 사람이 있다. 한편 배우지 못했어도 하느님의 말씀을 줄줄이 외울 뿐 아니라 어디에 어느 말씀이 있는 것까지도 일일이 다 기억하는 사람이 있고 그 뜻을 잘 알아듣는 사람이 있다. 참 놀라운 일이다. 나는 과연 하느님의 말씀을 올바로 알아들을 귀를 가진 사람인가?

너희에게는 하느님 나라의 신비가 주어졌지만

씨 뿌리는 사람의 비유가 무슨 뜻인지를 알아듣지 못했기 때문에 그 뜻을 설명해 달라는 열두 제자에게 예수님은 "너희에게는 하느님 나라의 신비가 주어졌지만"이라고 말씀하셨다. 마태오 복음에서는 "너희에게는 하늘 나라의 신비를 아는 것이 허락되었지만"(13,11)이라고 말씀하셨다. 열두 제자란 누구인가? 하느님 나라의 신비가 주어진 사람들이요, 하늘 나라의 신비를 알 수 있는 사람들이다. 그리스도인이란 누구인가? 마찬가지로 하느님의 나라의 신비가 주어진 사람들이요, 하느님 나라의 신비를 알 수 있는 사람들이다. 그것이 다른 사람들과의 차이점이다. 그렇다면 하느님 나라의 신비는 어떤 이에게 보여지는가? 하느님은 그 신비를 마음이 가난한 사람, 겸손한 사람, 의로움에 주리고 목마른 사람들에게 보여 주신다.

하느님 나라의 신비란 무엇인가? 성서에서 '신비'란 라틴어로 '미스테리움(mysterium)'이라고 한다. '베일에 싸여 있는 것, 감추어져 있는 것'을 말한다. 무엇이 감추어져 있고 베일에 싸여 있는가? 그것은 인간 구원에 대한 하느님의 계획이다. 하느님의 구원 계획은 하느님만이 알고 계시고 인간에게는 베일로 싸여 있다. 그래서 하느님이 알려 주지 않으시면 그 누구도 알 수 없다. 그런데 그 신비를 예수님을 통해서 제자들에게 알려 주셨기 때문에 "너희에게는 하느님 나라의 신비가 주어졌지만 저 바깥 사람들에게는 모든 것이 그저 비유로만 다가간다."라고 말씀하신 것이다. 그렇다. 하느님은 당신의 구원계획에 대한 비밀을 먼저 예수님을 통해서 제자들에게 알려 주셨고, 오늘 우리에게는 복음을 통해서 알려 주신다. 따라서 오늘 우리가 하느님 나라의 신비인 구원 계획에 대해서 알고 싶으면 복음을 알아야 한다. 이에 대해 성 바오로는 다음과 같이 말씀하신다. "지금은 하느님께서 성령의 힘을 빌려 그 심오한 계획을 당신의 거룩한 사도들과 예언하는 사람들에게 나타내 보이셨지만 전에는 지금처럼 인간에게 알려 주시지 않았었습니다. 그 심오한 계획이란 이방인들도 복음을 듣고 그리스도 예수와 함께 살면서 유다인들과 함께 하느님의 축복을 받고 한 몸의 지체가 되어 하느님께서 약속하신 것을 함께 받는 사람들이 된다는 것입니다. 나는 하느님께서 거저 주신 은총을 받고 내 속에서 활동하시는 하느님의 능력에 힘입어 이 복음을 전하는 일꾼이 되었습니다. 이렇게 되어 결국 하늘에 있는 권세의 천신들과 세력의 천신들까지도 교회를 통하여 하느님의 무궁무진한 지혜를 알게 되는 것입니다. 이 모든 것은 우리 주 그리스도 예수를 내세워 이루시려고 작정하신 하느님의 영원한 계획입니다"(에페 3,5-7.10-11).

사실 우리의 삶을 보면, 인간 구원에 대한 하느님의 계획뿐 아니라 모든 것이 신비이다. 이 세상에 신비 아닌 것이 하나도 없다. 하느님이 신비이고 그분이 하시는 일이 또한 신비이다. 그분의 창조사업이 신비요, 구원사업은 더욱 큰 신비이다. 첨단 천문학과 과학기술로 우주를 제아무리 탐사해도 확인되는 것은 결국 신비라는 사실뿐이다. 또한 소우주라 일컬어지는 인체를 아무리 해부하고 분석하고 연구해 봐도 결론은 신비라는 사실뿐이다. 우리는 신비스러운 대우주 속에서 신비스러운 소우주를 지니고 사는 존재이다. 출생도 신비요, 죽음 또한 신비이다. 이 세상에 신비가 아닌 것은 하나도 없다. 아침에 해가 떠오르는 것도 신비요, 저녁에 해가 지는 것도 신비이며, 너와 내가 만나는 것도 신비이다. 오늘 내가 살아 있다는 것도 신비이며, 아직 더 살아야 할 사람이 죽는 것도 신비이다. 이 시대에 내가 한국 땅에 태어났다는 것도 신비이다. 따지고 보면 모든 것이 신비이다. 신비 아닌 것이 하나도 없다. 즉 우리는 신비 속에서 살아가고 있다.

"우리는 당신 빛으로 빛을 보옵니다."(시편 35,10)라고 한 것처럼 모든 것이 신비이지만, 그리스도인은 하느님을 통해서 그 신비의 의미를 깨닫고 그 신비를 살아가는 사람이다. 즉 그리스도인은 내가 어디에서 왔고 어디로 가고 있는지, 어떻게 살아야 하는지, 내가 누구이며, 이 우주만물을 창조하신 분은 누구이신지, 또 나를 구원하기 위한 하느님의 구원 계획은 무엇이고 그 계획을 성취하기 위해서 예수님이 어떤 희생을 치르셨으며, 내가 구원받기 위해서 어떤 삶을 살아야 하는지 온통 알 길 없는 신비를 복음을 통해서 알아들을 수 있는 특권을 받은 사람들이다. 도저히 신앙의 눈으로 보지 않으면 알아들을 수 없는 신비를 우리는 복음을 통해서 신비의 의미를 깨달아 가는 사람이다.

 그런데 오늘의 교회는 창조와 구원에 관한 계시 진리에 대하여 신비 감각이 많이 무뎌져 있다. 신비 감각이 무뎌졌다는 것은 오늘날 교회가 사람들에게 전혀 신비를 전해 주지도 못하고 또 사람들이 교회에 와도 신비를 느끼거나 알아보지도 못하고 있다는 말이다. 교회는 이 신비를 전하고 증거하는 곳이다. 즉 이 세상 모든 것은 우연히 생겨난 것이 아니라 하느님께서 창조하셨으며, 인간은 하느님에 의해 구원받아야 할 존재임을 알려 주는 곳이다. 그래서 교회는 신비를 간직하고 있을 뿐 아니라 그 신비를 드러내야 한다. 교회가 이 신비를 잃어버릴 때 더 이상 교회가 아니고 일반 단체에 불과하게 된다. 교회가 사람들에게 매력을 끌 수 있는 것은 신비를 보존하고 전할 때이다. 그러기에 교회는 신비의 감각이 무뎌지고 세속화되어서는 안 된다. 그리고 그리스도인은 신비가로서 살아가야 한다. 우주만물을 창조하시고 인간을 구원하시는 하느님의 섭리를 신앙의 눈으로 바라볼 줄 알고 감사와 찬미를 드릴 줄 아는 신비가가 되어야 한다. 그리스도인이 신비가가 되어야 하는 이유는 하느님의 창조 사업과 구원의 신비에 동참하고 살아가는 사람들이기 때문이다. 그런데도 오늘날 그리스도인들에게서 이런 신비를 느끼기가 어렵고 또 신비스러운 이야기를 듣기가 어렵다. 과연 나는 신비가인가? 즉 나는 나에게 주어진 하느님의 나라의 신비를 의식하며 생활하고 있는가?

저 바깥 사람들에게는 모든 것이 그저 비유로만 다가간다

그리스도인들은 하느님 나라의 신비가 주어지는 행복한 사람들이라면 모든 것이 그저 비유로만 다가간다는 '저 바깥 사람들'은 정말 불행한 사람들이다. 예수님을 믿는 사람과 믿지 않는 사람과의 차이는 하늘과 땅의 차이만큼이나 크다. 하느님 나라의 신비가 비유로만 다가가는 사람들을 '바깥 사람들'이라고 부른다면, 하느님 나라의 신비가 주어진 사람들은 '안의 사람들'이라 부를 수 있을 것이다. 좀더 구체적으로 마르코 복음에서 '안의 사람들'은 당신 주위에 앉아 당신의 말씀을 귀담아 듣고 실행하는 사람들을 가리키고, '바깥 사람들'은 당신의 말씀을 귀담아 듣지 않는 사람들이다.

여기서 안의 사람과 바깥 사람에 대해 좀더 묵상하자. 오늘날 '안의 사람'은 누구이고 '바깥 사람'은 누구인가? 안과 바깥은 공간적인 구분이지만, 유다인들은 자기 공동체에 속하지 않은 사람을 가리켜 '바깥 사람'이라고 했고, 바오로 사도는 그리스도교에 속하지 않은 사람을 가리켜서 '바깥 사람'이라고 불렀다. "교회 밖에 있는 사람들을(바깥 사람들을) 심판하는 것은 내가 할 일이 아닙니다. 여러분이 심판할 사람들은 교회 안에 있는 사람들이 아닙니까?"(1고린 5,12). 일반적으로 세례받은 사람들은 모두 '안의 사람들'이고 세례받지 않은 사람들은 '바깥 사람들'이라고 할 수 있다. 그렇다고 세례받은 사람들이라 해서 모두 안의 사람이라고 할 수 있는가? 물론 안의 사람이지만 불행하게도 바깥 사람들이라고 할 수 있는 사람들이 있다.

어떤 사람이 바깥 사람인가? 씨 뿌리는 사람의 비유를 들려 주는 오늘 복음에서 일차적으로 그 씨가 길에, 돌밭에, 가시덤불에 떨어진 모습으로 신앙생활을 하는 사람들이 바로 그런 사람들이다. 이들은 세례는 받았지만 하느님 나라에 대해서 전혀 아는 것이 없이 성당에만 왔다갔다 하는 바깥 사람들이다. 즉 안의 사람이면서 바깥 사람들이다. 바깥 사람이란 말만 신자이지 하느님의 구원 계획에 대해서 전혀 아는 바가 없는 사람이다. 겉으로는 신자이지만 내적으로는 전혀 복음적이지 못한 사람이다. 즉 하느님 나라의 신비가 주어졌지만 주어졌는지를 모르는 사람, 하느님 나라의 신비를 알 수 있는 특권을 받았지만 전혀 그 특권을 누리지 못하는 사람이 안의 사람이면서 바깥 사람이다. 이런 사람은 전혀 신앙생활의 기쁨을 느끼지 못하고 오히려 신앙생활을 한다는 것을 무거운 짐으로 느낀다.

'안의 사람'이란 예수님의 말씀을 알아듣고 하느님의 뜻을 실행하는 사람들이다. 하느님께 감사와 찬미를 드리며 기쁘게 신앙생활을 하는 사람이다. 즉 주어진 하느님 나라의 신비를 볼 줄 알고 누릴 줄 아는 사람들이다. 우리가 하느님 나라에 대한 특권을 누리지 못하는 것은 복음을 모르기 때문이다. 복음을 공부하지 않았기 때문에 말씀을 알아듣지 못하고, 또 교리를 잘 모르기 때문에 교회의 여러 가지 성사생활이나 전례의 참 의미를 깨닫지 못한다면, 교회의 모든 예식이나 활동들이 우리에게도 마치 바깥 사람들에게 그러하듯이 수수께끼처럼 보일 것이다. 즉 복음의 말씀도 허무맹랑한 말씀으로 들리고 전례도 알아들을 수 없는 수수께끼와 같이 보이고 느껴질 것이다. 따라서 우리가 참으로 예수 그리스도(하느님 나라의 신비)를 알아보려면 '바깥 사람'처럼 머물렀던 자세에서 '안의 사람'이 되도록 노력해야 한다. 밖에서 구경꾼으로 머물지 말고 안으로 들어와서 직접 참여해야 한다. 그리고 교회 안에 무엇이 있는가를 알고자 적극적으로 노력해야 한다.

복음이 무엇인가? 복음서 안에 무슨 내용이 담겨 있는가? 왜 기도해야 하는가? 기도가 무엇인가? 미사가 무엇인가? 고해성사가 무엇인가? 교회 안에는 이런 많은 신비들이 있다. 이런 신비들을 알아보지 못할 때, 이것들은 모두 수수께끼로 남아 있을 것이다. 신앙생활을 한다는 것은 수수께끼 같은 것들이 하나씩 알아들을 수 있는 신비로 다가오는 것이요, 그리하여 '바깥 사람'에서 '안의 사람'으로 들어오는 생활이다. 바깥 사람에서 안의 사람으로 들어오는 것이 회개의 삶이요 복음을 사는 삶이다. 즉 기적이나 병 고치는 데에만 관심을 보이던 생활에서 하느님의 말씀을 알아듣고 그 뜻을 실행하는 생활로 변화되는 것이 바깥 사람에서 안의 사람으로 들어오는 것이다. 우리가 말씀을 올바로 알아듣게 될 때 그동안 수수께끼같이 애매모호했던 모든 것이 크나큰 은총으로 분명하게 다가올 것이다. 나는 바깥 사람인가 아니면 안의 사람인가? 그 판단기준은 내가 신앙생활을 하는 것이 참으로 기쁘고 감사한가 아니면 아무런 의미도 없고 오히려 짐으로만 느껴지는가에 달려 있을 것이다.

"보고 또 보아도 알아보지 못하고 듣고 또 들어도 깨닫지 못하여 저들이 돌아와 용서받는 일이 없게 하려는 것이다."라는 말은 얼핏 들으면 이해하기 어렵다. 그럼 무슨 말인가? 사람은 각자 자기가 보고 싶은 것만 보고 듣고 싶은 것만 듣는 법이다. 즉 사람은 자기가 관심이 있는 것만 듣고 본다. 아무리 중요한 것이라 해도 관심이 없으면 보여 주고 들려 주어도 보지 못하고 듣지 못한다. '보고 또 보아도 알아보지 못하고 듣고 또 들어도 깨닫지 못하는' 사람들은 누구일까? 길, 돌밭, 가시덤불에 떨어진 씨앗과 같은 사람들이 바로 그런 사람들이다. 한마디로 길, 돌밭, 가시덤불에 떨어진 씨와 같은 사람들이란 복음에 관심이 없는 사람들이다. 그런 사람이 말씀을 듣고 보아도 제대로 보고 알아들을 수 있겠는가? 이런 사람들이 제대로 알아보고 들으려면 어떻게 해야 하는가? 잘못된 자세를 버려야 한다. 즉 자기들 관점으로 복음을 듣고 해석하려 하지 말고 사실을 사실대로 볼 수 있는 눈과 귀를 가지고 보고 들어야 한다. 그렇게 될 때 비로소 복음의 말씀을 제대로 알아듣고 용서받을 수 있을 것이다. 한편 말씀을 듣고 알아들으려고 굶주려 있고 목말라 있는 사람들은 하나를 가르쳐 주면 열을 깨우칠 것이다. 그런 사람이 좋은 땅에 떨어진 씨로서 많은 열매를 맺게 된다. 그래서 예수님은 "너희는 새겨들어라. 너희가 되어서 주는 만큼 받고 거기에 더 보태어 받을 것이다. 정녕 가진 자는 더 받고 가진 것 없는 자는 가진 것마저 빼앗길 것이다."(마르 4,25)라고 말씀하신 것이다.

기도합시다

씨를 뿌리시는 예수님, 당신이 뿌리시는 말씀의 씨가 떨어진 내 마음의 상태가 어떠한가를 볼 수 있게 해 주십시오. 나의 신앙생활에서 무엇이 잘못되었는지를 깨닫게 해 주십시오. 하느님 나라의 신비가 나에게 주어졌다는 이 놀라운 축복을 알아듣게 해 주시고, 바깥 사람에서 안의 사람으로 들어갈 수 있도록 용기를 북돋아 주십시오. 그동안 많은 말씀의 씨가 저에게 뿌려졌지만 저의 탓으로 그 씨가 제 안에 뿌리를 내리지 못하였습니다. 보고 보아도 알아보지 못하고 듣고 들어도 알아듣지 못하는 소경이요 귀머거리인 저의 눈을 뜨게 해 주시고 귀를 열어 주시어 진정으로 당신께 돌아와 용서받을 수 있는 은혜를 허락하소서. 예수님의 이름으로 기도드립니다. 아멘.

4. 씨 뿌리는 사람의 비유 설명 (4,13-20)

예수님께서 또 그들에게 말씀하셨다. "너희는 이 비유를 알아듣지 못하겠느냐? 그러면서 어떻게 모든 비유를 깨달을 수 있겠느냐? 씨 뿌리는 사람은 실상 말씀을 뿌리는 것이다. 말씀이 길에 뿌려지는 사람들은 이러하다. 그들이 말씀을 들으면 사탄이 곧바로 와서 그들 안에 뿌려진 말씀을 앗아가 버린다. 그리고 말씀이 돌밭에 뿌려지는 사람들은 이러하다. 그들은 말씀을 들으면 곧 기쁘게 받는다. 그러나 그들에게 뿌리가 없어서 오래가지 못한다. 그래서 말씀 때문에 환난이나 박해가 일어나면 곧 걸려 넘어지고 만다. 또 다른 이들은 말씀이 가시덤불 속에 뿌려지는 사람들이다. 이들은 말씀을 듣기는 하지만, 세상 걱정과 재물의 유혹과 그 밖의 여러 가지 욕심이 들어가, 그 말씀의 숨을 막아 버려 열매를 맺지 못한다. 그러나 말씀이 좋은 땅에 뿌려진 사람들은 이러하다. 그들은 말씀을 듣고 받아들여, 어떤 이는 서른 배, 어떤 이는 예순 배, 어떤 이는 백 배의 열매를 맺는다."

우선 4장 1-9절의 비유가 씨 뿌리는 사람에 역점을 두었다면, 오늘 우리가 묵상하게 될 13-20절의 말씀은 그 씨가 어떻게 되는지, 즉 씨 뿌린 결과에 대한 설명이라 할 수 있겠다. 즉 4장 1-9절에서 강조하고자 하는 것이 우리의 신앙생활의 성숙은 우리의 능력이나 노력만으로 되는 것이 아니라 씨 뿌리는 사람이 뿌린 씨에서 나오는 것이라는 점이었다면, 오늘 복음에서는 그 씨를 받아들이는 사람의 자세가 어떠해야 하는지를 설명한다. 우리의 영적 성장에는 반드시 두 요소가 필요하다. 하나는 하느님의 은총이요, 또 다른 요소는 인간의 노력이다. 이 두 가지가 합해서 발전하는 것이지 어느 한쪽만으로는 불가능하다. 손바닥도 둘이 마주쳐야 소리가 나는 법이다. 하느님은 오늘도 은총을 뿌리신다. 그러나 그 은총을 받아들이는 것은 우리의 몫이다. 오늘 이 복음을 묵상하면서 은총을 받아들이는 우리의 자세에 따라 이 은총이 그냥 흘러버릴 수도 있고 많은 열매를 맺을 수도 있다는 점을 깨닫게 될 것이다.

너희는 이 비유를 알아듣지 못하겠느냐?

"너희는 이 비유를 알아듣지 못하겠느냐? 그러면서 어떻게 모든 비유를 깨달을 수 있겠느냐?"라는 예수님의 질문은 우리를 당황하게 만든다. 예수님의 질문은 적어도 이 비유는 누구나 알고 있어야 한다는 것을 전제로 하고 있기 때문이다. 우리는 이 질문 앞에서 정말 "나는 이 비유를 알고 있는가?"라고 자문해 보지 않을 수 없다. 오늘 '씨 뿌리는 사람의 비유의 설명'은 우리가 기본적으로 알아야 할 가장 기초가 되는 비유이다. 마치 수학을 할 때 더하기 빼기 곱셈 나누기를 아는 것이 기본이고 영어를 공부할 때 알파벳을 아는 것이 기본이듯이, 오늘 복음은 우리의 신앙생활을 성숙시키기 위해서 반드시 알아야 할 기본적인 비유라는 점을 아무리 강조해도 부족하다. 왜냐하면 이 비유를 알아들어야 다른 비유들도 알아들을 수 있기 때문이다.

씨 뿌리는 사람은 실상 말씀을 뿌리는 것이다

우리는 "씨 뿌리는 사람은 실상 말씀을 뿌리는 것이다."라는 말씀을 들으면서 씨 뿌리는 사람이 무엇을 하는지를 알 수 있다. 즉 씨는 말씀이요, 씨를 뿌린다는 것은 말씀을 전한다는 뜻이다. 그럼 예수님은 왜 말씀의 씨를 뿌리시는가? 우리의 병든 영혼을 치유하고, 우리의 믿음을 크게 자라게 하고, 어린이와 같은 우리의 영적 수준을 성장시키는 일이 바로 말씀을 통해서 이루어지기 때문이다.

우리가 신앙생활을 하면서 말씀을 읽고 깊이 묵상하기를 소홀히 하는 것은 아마도 이 중요한 비유의 뜻을 제대로 알아듣지 못했기 때문일 것이다. 그동안 우리는 신앙생활을 한다고 하면서 복음을 공부하고 읽고 묵상하고 생활하려고 하기보다는 주로 활동을 위주로 하거나 미사에 참례하는 것으로 만족하려고 했는지 모른다.

예수님은 갈릴래아에서 활동하실 때 말씀을 통하여 많은 병자들을 치유해 주셨다. 손이 오그라든 사람에게 "손을 뻗어라." 하시자 그의 손이 펴졌고, 중풍병자에게 "일어나 걸어가라." 하시자 그가 벌떡 일어나 걸었다. 그러니까 예수님이 선포하시는 말씀에는 창조의 능력, 치유의 능력, 죄를 용서하는 능력, 모든 것을 버리고 당신을 따라오게 할 수 있는 능력이 있다는 것을 이미 보여 주셨다. 말씀이 이런 엄청난 능력을 갖고 있다면, 아직까지 우리가 치유되지 못하고 또 영적으로 성장하지 못하는 이유는 무엇인가? 이제부터 예수님은 몇 가지 비유를 통해서 그 이유를 설명해 주신다.

말씀이 길에 뿌려지는 사람들은 이러하다

우리가 치유되지 못하고 영적으로 성숙하지 못하는 첫째 이유는 말씀이 길에 뿌려진 것과 같은 신앙생활을 하기 때문이다. 이는 무슨 뜻인가? 예수님의 설명에 따르면, "말씀이 길에 뿌려지는 사람들은 이러하다. 그들이 말씀을 들으면 사탄이 곧바로 와서 그들 안에 뿌려진 말씀을 앗아가 버린다."라는 것이다. 우리가 이 설명을 잘 알아듣기 위해서는 뿌려진 말씀을 앗아가는 '사탄'이란 무엇을 가리키는가를 알아야 한다.

마르코 복음에서 사탄이란 표현이 사용된 것은 8장 33절에서이다. 예수님께서 "사람의 아들이 반드시 많은 고난을 겪으시고 원로들과 수석 사제들과 율법학자들에게 배척을 받으시어 죽임을 당하셨다가 사흘만에 다시 살아나셔야 한다는 것을 제자들에게 가르치기 시작하셨다"(마르 8,31). 이 말씀을 듣고 베드로가 예수님을 따로 붙잡고 반박하기 시작했다. 그러자 예수님께서는 돌아서서 베드로에게 "사탄아, 내게서 물러가라. 너는 하느님의 일은 생각하지 않고 사람의 일만 생각하는구나."(마르 8,33)라고 꾸짖으셨다. 예수님은 베드로를 보고 '사탄'이라고 하셨다. 마르코 복음에서 '사탄'이란 '하느님의 일은 생각하지 않고 사람의 일만 생각하는 사람'에게 사용된 말이다. '말씀이 길에 뿌려지는 사람들'이란 말씀을 듣고 '하느님의 일은 생각하지 않고 사람의 일만 생각하는 사람들'을 말한다.

대표적인 예를 아담과 하와에게서 볼 수 있다. 에덴 동산에서 하느님이 아담을 데려다가 "이 동산에 있는 나무 열매는 무엇이든지 마음대로 따먹어라. 그러나 선과 악을 알게 하는 나무 열매만은 따먹지 마라. 그것을 따먹는 날, 너는 반드시 죽는다."(창세 2,16-17)라고 말씀하셨다. 그러나 아담과 하와는 그 말씀을 듣기는 하였지만,

곧 사탄인 뱀에게서 "절대로 죽지 않는다. 그 나무 열매를 따먹기만 하면 너희의 눈이 밝아져서 하느님처럼 선과 악을 알게 될 줄을 하느님이 아시고 그렇게 말하신 것이다."(창세 3,4-5)라는 말을 들었다. 여자가 나무를 쳐다보니 과연 먹음직하고 보기에 탐스러울 뿐더러 사람을 영리하게 해 줄 것 같아서 그 열매를 따먹었다. 이들은 "그것(열매)을 따먹는 날, 너는 반드시 죽는다."라는 하느님의 말씀을 듣기는 들었지만 '그 나무를 쳐다보니 과연 먹음직하고 보기에 탐스러울 뿐더러 사람을 영리하게 해 줄 것 같았다.' 라고 사람의 일만 생각했기에 그 열매를 따먹었다. 말씀을 듣기는 들었지만 '하느님의 일은 생각하지 않고 사람의 일만 생각' 했기에 사탄의 꾐에 넘어가 버린 것이다. 말씀이 길에 뿌려지는 사람은 하느님의 말씀을 듣기는 듣지만 하느님의 말씀으로 듣지 않는 사람이요, 말씀을 듣기는 듣지만 자기 생각에 더 중점을 두고 하느님의 말씀을 잊어버리거나 소홀히 하는 사람이다.

한 가지 더 묵상할 수 있는 것은, '말씀이 길에 뿌려지는 사람들'이란 말씀을 듣기는 듣지만 아무런 준비 없이, 또 진지함 없이 건성으로 듣는 사람을 말한다는 점이다. 흔히 '길'에서 듣는 말에는 진지함이 없다. 길에서 듣는 말이란 그냥 길을 오가던 사람들이 만나서 단순하게 떠들고 지껄이다 헤어지면 금방 잊어버리는 이야기이다. 중요한 이야기는 조용한 곳에서 진지하게 듣고 나누는 법이다. 그러나 길이란 진지한 이야기를 나누기에는 너무나 주위가 산만한 장소이고, 길에서는 오가다 만나게 되기 때문에 이야기를 나눌 시간도 충분하지 못하다. 그래서 잠깐 인사 정도나 하고 헤어지기 마련이다. 하느님의 말씀을 이런 식으로 대한다면 결코 열매를 맺을 수가 없다는 것이다.

우리가 적어도 매일의 독서와 복음을 미리 읽어 보고, 나름대로 묵상하고, 또 강론을 통해서 새롭게 알아들은 말씀을 다시 한번 음미하면서 묵상하고 그 말씀을 살아가려고 노력한다면, 우리의 영적 수준은 훨씬 성숙해질 것이다. 그러나 현실을 보면, 우리가 하느님의 말씀을 듣기는 듣지만 일반적으로 하느님의 일보다는 사람의 일에 마음 쓰기에 더 바쁘다. 방금 말씀을 듣고도 무슨 내용이었는지 전혀 기억하지 못하는 경우도 있다. 말씀을 대하는 이러한 모습이 바로 '말씀이 길에 뿌려지는 사람들'이다. 이런 신앙생활을 통해서는 절대로 우리의 병이 치유될 수도 없고, 또 우리의 신앙이 성장할 수도 없다.

말씀이 돌밭에 뿌려지는 사람들
믿음이 자라지 못하고 영적 수준이 성숙하지 못하는 두 번째 이유는 말씀이 돌밭에 뿌려지는 경우이다. 말씀이 돌밭에 뿌려지는 사람들이란 "그들은 말씀을 들으면 곧 기쁘게 받는다. 그러나 그들에게 뿌리가 없어서 오래가지 못한다. 그래서 말씀 때문에 환난이나 박해가 일어나면 곧 걸려 넘어지고 마는" 사람들을 말한다.

'말씀 때문에 환난이나 박해가 일어나면 곧 넘어지는 사람들'이란 어떤 사람들인가? 하느님의 말씀을 열광적으로 듣기는 하지만 자신의 나약함으로 그 말씀을 끝까지 신뢰하지 못하는 사람들을 말한다. 즉 조그마한 어려움 앞에서도 쉽게 넘어지는 사람이며, 의지가 약해서 결심을 하고서도 실천하지 못하는 사람이며, 말씀대로 살려고 했다가도 자신이 손해를 보게 되거나 또는 고통을 겪게 되는 것이 두려워 말씀을 실천하지 못하는 사람들을 말한다. 즉 말씀을 피상적으로 들을 뿐이지 귀담아 듣지는 않는다. 사실 말씀은 우리에게 많은 위로와 평화를 가져다주고 기쁨을 주기도 하지만, 때로는 엄청난 희생을 요구하기도 한다. 그런 희생을 각오하면서까지 말씀 대로 살려고 한다는 것은 여간 힘든 일이 아니다. 여러 가지 희생을 감수하면서까지 신앙을 지키고 심지어는 자기 목숨을 내놓으면서까지 신앙을 증거할 수 있는 사람이 되는 것은 하루 아침에 이루어지지 않는다.

어느 농부가 죽기 전에 세 아들을 불러 다음과 같은 유언을 했다.
"나는 이제 하느님께로 간다. 그 전에 너희들에게 전해 줄 것이 있다. 나는 굉장히 비싼 보화를 저 뒷밭에 파묻어 두었다. 내가 죽거든 너희들 셋이서 파내어 나누어 갖거라!"
"어디쯤입니까?"
"그건 파 보면 알 것이다."
"깊이 묻으셨어요?"
"아니, 두어 자 깊이밖에 안 될걸."
아버지의 장례를 마친 다음, 한 아들이 말했다.
"자, 우리 보물을 찾으러 갑시다."
"그래 그래."
아들들은 괭이와 삽을 가지고 밭으로 달려갔다. 하루 종일 여기 저기 보물이 있을 만한 곳을 모두 파 보았으나 보물은 발견되지 않았다. 다음날도 그 다음날도 쉬지 않고 땅을 파 보았지만, 보물은 발견되지 않았다.

"우리 이럴 것이 아니라 이편에서 저편까지 모조리 파 나갑시다."

"그래 그래. 그게 좋겠군."

그러나 밭을 아무리 파헤쳐 보아도 보물은 보이지 않았다.

"이상하다. 아버님이 우리에게 거짓말을 하셨을 리는 없는데……. 그러나저러나 이제 씨를 뿌릴 때가 되었으니 우선 밭을 고르고 씨부터 뿌리도록 하자."

보물은 가을 추수를 한 뒤에 또 찾아보기로 했다.

"그런데 웬 돌이 이렇게 많담!"

"그럴 수밖에요. 우리가 이렇게 깊이 파헤쳤잖아요."

삼 형제는 돌을 주워 내고 풀뿌리를 없애고 씨를 뿌렸다. 그 해 가을에는 전보다 세 배나 더 많은 소출이 났다. 삼 형제는 마당에 추수한 것을 쌓아놓고 바라보았다. 이때 생각이 깊은 큰형이 말했다.

"아우들아, 우리는 벌써 보물을 찾았구나!"

"어, 어떤 보물이요?"

"자, 우리가 거두어들인 저 곡식이 아버지께서 말씀하신 보물이다."

그 후로도 삼 형제의 밭에서는 해마다 풍년이 들었다.

말씀은 절대로 피상적으로 들어서는 안 된다. 마치 밭을 깊이 갈듯이 말씀이 내 마음속에 뿌리가 내리도록 읽고 묵상해야 한다. 어디까지 내려가야 하는가? 내 마음 가장 깊은 곳까지 내려가야 한다. 그래야 거기에 생명수가 흘러 들어가고 다시 생기를 되찾을 수 있게 될 것이다. 돌밭에 뿌려진 씨가 쉽게 넘어지는 것은 깊이 뿌리를 내리지 못하기 때문이다.

말씀이 가시덤불 속에 뿌려지는 사람들

믿음이 자라지 못하고 영적 수준이 성숙하지 못하는 세 번째 부류는 '말씀을 듣기는 하지만, 세상 걱정과 재물의 유혹과 그 밖의 여러 가지 욕심이 들어가, 그 말씀의 숨을 막아 버려 열매를 맺지 못하는 사람들'이다.

바오로 사도는 "나는 여러분이 근심 걱정을 모르고 살기를 바랍니다. 결혼하지 않은 남자는 어떻게 하면 주님을 기쁘게 해드릴 수 있을까 하고 주님의 일에 마음을 쓰지만 결혼한 남자는 어떻게 하면 자기 아내를 기쁘게 할 수 있을까 하고 세상일에 마음을 쓰게 되어 마음이 갈라집니다. 남편이 없는 여자나 처녀는 어떻게 하면 몸과 마음을 거룩하게 할 수 있을까 하고 주님의 일에 마음을 쓰지만 남편이 있는 여자는 어떻게 하면 자기 남편을 기쁘게 할 수 있을까 하고 세상일에 마음을 씁니다."(1고린 7,32-34)라고 말했다. 근심걱정 없이 살 수만 있다면 얼마나 좋겠는가? 그러나 근심 걱정 없이 사는 사람은 이 세상에 한 사람도 없다. 문제는 무엇 때문에 근심 걱정을 하느냐 하는 것이다. 바오로의 말씀대로 '주님을 기쁘게 해 드릴 수 있을까?' 하는 걱정인가, 아니면 '남편이나 아내를 기쁘게 할 수 있을까?' 하는 문제와 세상일에 관한 걱정인가?

"가시덤불 속에 씨가 뿌려지는 사람"이란 하느님을 생각하는 삶은 전혀 살지 않고 모든 시간을 자기 위주로 짜놓고 사는 사람을 말한다. 이런 사람은 항상 남을 지배하려는 삶과 안일함만을 추구하면서 산다(판관 9,14-15 참조). 온 세상을 지배하려는 마음으로 가득 차 있는 사람에게 말씀이 어떻게 뿌리 내릴 수 있겠는가?

우리가 이 세상에서 살아가면서 세상일을 걱정하지 않을 수는 없다. 그러나 그리스도인은 세상 걱정보다는 어떻게 하면 주님을 기쁘게 해드릴 수 있을까 하는 문제를 걱정해야 하는 사람이다. '말씀이 가시덤불 속에 뿌려지는 사람'은 한 세상 살면서 어떻게 하면 주님을 기쁘게 해드릴 수 있을까 하고 주님의 일에 대해서 생각하는 대신에 오직 세상일에만 마음을 쓰는 사람이다. 그리고 "그 말씀의 숨을 막아 버려"라는 말은 주님의 일에 대해서는 단 한 번도 생각해 본 적이 없는 상태를 가리킨다.

걱정이라는 말은 늘 우리 마음에 있는 것, 우리 마음에서 떠나지 않는 것, 그래서 우리의 모든 생각과 기억과 활동까지 지배하고 조종하는 것, 마침내 걱정이 바로 우리의 우상이 되고 우리의 모든 생활을 지배하게 놔두는 것을 뜻한다. 기도할 때나 미사 참례할 때도 하느님을 생각하는 것이 아니라 한결같이 집안을 생각하고 사업을 생각하는 것을 말한다. 이렇게 걱정이 바로 그 사람의 우상이요, 그 사람을 지배하는 하느님이 되면, 결국 그 사람은 '걱정'의 노예가 되어 살아가게 되고 만다. 온통 걱정으로 가득 차 있는데 하느님의 말씀이 그 사람의 마음속에 들어갈 수 있겠는가?

인생은 끊임없이 전진하는 삶이다. 내가 도달해야 할 목적지를 향해 계속해서 걸어가야 한다. 따라서 우리는 바오로처럼 "내가 바라는 것은 그리스도를 알고 그리스도의 부활의 능력을 깨닫고 그리스도와 고난을 같이 나누고 그리스도와 같이 죽는 것입니다. 그러다가 마침내 죽은 자들 가운데서 다시 살아나기를 바랍니다. 나는 이 희망을 이미 이루었다는 것도 아니고 또 이미 완전한 사람이 되었다는 것도 아닙니다. 다만 나는 그것을 붙들려고 달음질칠 뿐입니다. 그리스도 예수께서 나를 붙드신 목적이 바로 이것입니다."(필립 3,10-12)라는 신앙여정을 걸어가야 한다.

　가시덤불의 특징은 무엇인가? 금방 자란다는 것이다. 우리가 어디에서 무엇을 하고 있든, 내 안에서 뽑고 또 뽑아도 자꾸 나오며 쑥쑥 자라고 있다는 것이다. 이 가시덤불이란 바로 우리의 소유욕, 권력욕, 명예욕이라는 욕망들이다.
　"여러분은 세상이나 세상에 속한 것들을 사랑하지 마십시오. 세상을 사랑하는 사람에게는 그 마음속에 아버지를 향한 사랑이 없습니다. 세상에 있는 모든 것, 곧 육체의 쾌락과 눈의 쾌락을 좇는 것이나 재산을 가지고 자랑하는 것은 아버지께로부터 나온 것이 아니고 세상에서 나온 것입니다. 세상도 가고 세상의 정욕도 다 지나가지만 하느님의 뜻대로 사는 사람은 영원히 살 것입니다"(요한 1서 2,15-17).
　왜 '재물의 유혹'이라고 하는가? 재물 자체는 나쁜 것이 아니다. 다만 재물은 우리를 유혹한다. 왜냐하면 재물은 현세의 삶을 보장해 줄 수 있고 우리 육신이 필요로 하는 모든 것을 쉽게 채워 줄 수 있기 때문이다. 따라서 재물은 우리를 안주하게 하고 교만하게 만든다. 재물은 우리의 마음을 하느님에게서 떠나게 하고 하느님 대신 재물을 신뢰하게 만든다. 재물은 결코 우리를 영원히 행복하게 해 줄 수 없는 것인데도 마치 영원히 행복하게 해 줄 것처럼 보인다. 그래서 재물의 유혹이라고 한 것이다. 재물은 그 밖에 여러 가지 욕심을 갖게 한다. 왜냐하면 재물은 내가 좋아하는 것 즉 사치, 명예, 권력, 영광 등을 쉽게 갖게 해 주기 때문이다. 따라서 재물이 많은 사람은 이것저것 갖고 싶은 욕심이 생기게 마련이다.

세상 걱정과 재물의 유혹, 그리고 여러 가지 욕심들도 모두 불태워 버려야 할 가시덤불이다. 우리가 그토록 자나깨나 걱정하는 세상의 것들은 결국 사라지는 것들이다. 인간은 누구나 영원히 살고 싶어한다. 따라서 밤낮으로 우리가 걱정해야 하는 것은 하느님의 말씀이지 세상의 것들이 아니다. 그런 것들은 바람에 흩날리는 겨와도 같다. 세상 것들은 하느님 나라에 가기 위한 수단이지 목적은 아니다. 그런데도 마치 세상 것을 위해서 살아야 하는 것처럼 한 평생을 살아간다는 것은 참으로 어리석은 삶이다.

말씀이 좋은 땅에 뿌려진 사람들은

"말씀이 좋은 땅에 뿌려진 사람들"이란 하느님의 은혜를 받아들인 사람들을 말한다. 하느님의 은혜를 받아들이면 풍요로워지고 아름다워진다. "주님 집안에 심어진 그들은 하느님의 뜰에서 꽃피리이다. 늙어서도 그들은 열매를 맺으며 진기 있고 싱싱하오리니 그들은 주께서 얼마나 바르심을 내 바위, 당신께는 하자 없으심을 널리 알리리이다"(시편 91,14-16).

"말씀이 좋은 땅에 뿌려진 사람들"이라는 표현에 주목하자. 즉 우리를 자라게 할 말씀은 이미 우리 안에 뿌려져 있다는 것이다. 그래서 예수님은 "하느님의 나라는 눈으로 볼 수 있는 모습으로 오지 않는다. 또 '보라, 여기에 있다.' 또는 '저기에 있다.' 하고 사람들이 말하지도 않을 것이다. 보라, 하느님의 나라는 너희 가운데에 있다."(루가 17,21)라고 하셨다. 즉 하느님의 나라는 씨 뿌리는 사람이 이미 우리 안에 뿌려 놓은 말씀이다. 문제는 우리 안에 뿌려진 씨를 얼마나 정성스럽게 가꾸느냐에 따라 말씀이 우리 안에서 조금씩 자라나거나 아니면 자라지 못하거나 할 것이다. 내가 내 안에 뿌려진 씨를 잘 가꾸면 하느님 나라를 체험할 것이고 가꾸지 않으면 아무것도 체험하지 못할 것이다.

'말씀이 좋은 땅에 뿌려진 사람'이란 예수님 주위에 앉아 말씀을 듣고 하느님의 뜻을 실행하는 사람이다. 말씀이 좋은 땅에 뿌려진 사람이란 말씀을 단순히 읽기만 하는 사람이 아니라 묵상하는 사람이다. 묵상을 하면 할수록 말씀을 받아들이는 사람의 마음 상태는 더욱 기름지고 비옥해질 것이다. 오늘날 성서를 읽고 쓰는 사람들이 조금씩 불어나고 있지만, 묵상하는 사람들은 아직도 그리 많지 않은 것 같다. 말씀을 묵상하는 사람은 참으로 행복한 사람이다. "행복한 사람이여. 불신자들이 꾀하는 말을 그는 아니 따르고 죄인들의 길에 들어서지 않으며 망나니들 모임에 자리하지 않나니 차라리 그의 낙은 야훼의 법에 있어 밤낮으로 주님의 법 묵상하도다. 마치도 시냇가에 심어진 나무인 양 제때에 열매 내고 잎이 아니 시들어 그 하는 일마다 잘되어 가도다"(시편 1,1-3).

임산부가 아이를 잉태한 후 태아를 위해서 얼마나 노력하느냐에 따라서 태아는 건강하고 바른 아이로 태어날 수도 있고, 또는 기형아로 태어날 수도 있으며, 심지어 유산될 수도 있다. 성모 마리아는 가브리엘 천사의 말을 듣고 "보십시오. 저는 주님의 종입니다. 말씀하신 대로 저에게 이루어지기를 바랍니다."(루가 1,38)라고 말씀하신 후 여러 가지 모함과 비난, 또 생명의 위험 앞에서도 잉태된 아이를 잘 보살피시고 지키셨기 때문에 마침내 예수님을 탄생시키실 수 있었다. 그와 같이 우리 안에 뿌려진 말씀을 신뢰하고 잘 가꾸면 우리도 예수님을 탄생시킬 수 있다. 이렇게 내 안에 뿌려진 말씀이 탄생

될 수 있도록 온갖 정성을 쏟는 것이 서른 배, 예순 배, 백 배의 열매를 맺는 비결이다. 열매를 맺는 것은 땅이 아니라 씨앗이다. 그러나 열매를 맺을 수 있는 씨앗이 많은 열매를 맺으려면 반드시 좋은 땅에 뿌려져서 자라야 한다. 좋은 땅이란 말씀을 듣고 받아들이는 우리의 마음 상태를 말한다. 따라서 우리가 얼마나 좋은 땅이냐에 따라서 서른 배, 예순 배, 백 배의 열매를 맺게 될 것이다.

"서른 배, 육십 배, 백 배의 열매를 맺는다."라고 했는데, 이 열매란 어떤 열매인가? 말씀을 듣고 받아들이는 자세에 따라 그 결실도 다양하지만, 이런 사람들이 맺는 열매란 바로 성령께서 맺어 주시는 열매이다. "성령께서 맺어 주시는 열매는 사랑, 기쁨, 평화, 인내, 친절, 선행, 진실, 온유, 그리고 절제입니다. 이것을 금하는 법은 없습니다"(갈라 5,22).

열매란 하루 아침에 얻어지는 것이 아니라 씨를 뿌리고 물을 주고 거름을 주고 정성껏 가꾼 후에 얻어지는 결실이다. 씨를 뿌리지 않는다면, 또 씨를 뿌려 놓고 아무 정성을 들이지 않는다면 열매를 맺지 못할 것이다. 따라서 누구든지 성령께서 맺어 주시는 열매를 맺으려면 먼저 뿌려진 씨를 정성껏 가꾸는 노력을 해야 할 것이다. 노력하지 않고 열매만 맺게 되기를 바라는 어리석은 신앙생활을 해서는 안 되겠다. 성령께서 맺어 주시는 열매는 아무 노력도 하지 않는데 거저 주어지는 것이 아니다. 성령께서 어떻게 열매를 맺게 해 주시는지를 알아야 한다. 성령께서 하시는 일이란 "진리의 영께서 오시면 너희를 모든 진리 안으로 이끌어 주실 것이다. 그분께서는 스스로 이야기하지 않으시고 들으시는 것만 이야기하시며, 또 앞으로 올 일들을 너희에게 알려 주실 것이다."(요한 16,13)라고 하신 것처럼 진리를 알아듣게 하시는 것이다. 진리를 알아들으려면 말씀을 알아들어야 한다. 그리고 알아들은 진리를 생활하면 많은 열매를 맺게 해 주신다.

여기서 열매를 맺는 것과 맺지 못하는 것의 차이는 무엇인가? 열매를 맺지 못한다는 것은 '말씀을 듣기는 하지만' 다른 이유로 해서 말씀을 뒷전으로 제쳐 두는 것이고, 열매를 맺는다는 것은 '말씀을 듣고 받아들이는' 것이다. 그러니까 우리 신앙생활의 성숙 여부는 말씀을 듣는 우리의 자세에 달려 있다. 그래서 예수님은 "자, 들어 보아라. 들을 귀 있는 사람은 들어라." 하고 말씀하신 것이다.

우리는 1장 21절부터 3장 6절에서 병든 인간의 모습, 망가진 인간의 모습, 죽어가고 있는 인간의 모습을 묵상했다. 그러면 그러한 인간이 어떻게 치유될 수 있는가? 어떻게 살아날 수 있는가? 어떻게 건강을 회복할 수 있는가? 어떻게 아름답게 가꿀 수 있는가? 이에 대한 해답이 바로 4장의 비유들을 통해서 제시된다. 그것은 뿌려지는 말씀의 씨앗을 내 안에 받아들여 정성껏 가꿈으로써만 가능하다는 것이다. 다른 방법이 없다. 이것이 예수님께서 제시해 주신 방법이다. 그러기에 "너희는 이 비유를 알아듣지 못하겠느냐? 그러면서 어떻게 모든 비유를 깨달을 수 있겠느냐?"라고 말씀하신 것이다. 즉 예수님이 제시해 주신 이 방법을 알아듣지 못하고서는 아무리 다른 비유를 이해한다 하더라도, 아무리 다른 노력을 한다 하더라도 해결책이 될 수 없다는 말씀이다. 그러기에 씨 뿌리는 비유는 우리가 신앙생활을 한다고 할 때, 또 영성생활을 한다고 할 때 누구나 기본적으로 알아들어야 할 원리요 방법이라는 것이다.

신앙생활은 그저 성당에나 왔다갔다하면 되는 생활이 아니다. 적당히 기도하고, 적당히 선하게 살고, 적당히 자선을 베풀고, 적당히 봉사하면 되는 생활이 아니다. 신앙생활은 그 이상의 것이다. 그리스도교는 하느님의 아드님이신 예수 그리스도께서 세우셨고, 그분이 가르침을 주셨고, 그분이 인도하시는 교회이다. 그렇다면 하느님이 세우신 교회가 그토록 엉성하게, 막연하게, 적당히 세워졌겠는가? 그렇게 엉성하게 세워진 교회가 오늘날까지 존재할 수 있겠는가? 그런 엉성한 교회가 세상의 빛이 되고 소금이 되고 누룩이 될 수 있겠는가? 아니다. 예수 그리스도는 "나의 반석 나의 성채, 내 구원자시오니 내 주여, 이 몸 숨겨 주시는 바위여, 나의 방패, 내 구원의 뿔, 나의 산성"(시편 17,3)이시다. 예수 그리스도는 "우리의 피난처"(시편 89,1)요 "나의 힘"(시편 27,7)이시다. 예수 그리스도는 "나의 기업, 내 잔의 몫"(시편 15,5)이시며 "나의 빛, 내 구원"(시편 26,1)이시다. 그분이 세우신 교회에는 이 세상 마칠 때까지 그 누구도 허물 수 없는 튼튼한 틀이 있고, 삶의 방법이 있고, 주어진 사명이 있다. 우리가 그리스도인이라고 말할 수 있는 것은 그 틀 안에 들어오고, 길이요 진리요 생명이신(요한 14,6 참조) 그분이 가르쳐 주신 삶의 방법을 따라 살고, 그분이 우리에게 주신 사명을 위해서 사는 것이다. 그렇지 않을 때 우리는 늘 바깥 사람이다. 바깥 사람은 안의 사람으로 탈바꿈해야 한다.

그 길이 복음에 있다. 그래서 "당신의 말씀은 내 발에 등불, 나의 길을 비추는 빛이오이다."(시편 118,105)라고 시편 작가는 아뢴 것이다. 예수 그리스도께서 만들어 놓으신 틀 안으로 들어오고 싶은가? 예수 그리스도께서 가르쳐 주신 그 길을 걷고 싶은가? 예수 그리스도께서 나에게 무슨 사명을 맡기셨는지 알고 싶은가? 그렇다면 복음을 읽고 묵상하라. 특히 마르코 복음 3장과 4장을 깊이깊이 묵상하라. 그러면 "생명의 샘"(시편 35,10)이신 예수 그리스도께서 그대에게 빛을 비추어 주실 것이며 푸른 풀밭으로 인도해 주시리라.

그것을 깨달을 때 비로소 나도 "주님은 나의 목자, 아쉬울 것 없노라. 파아란 풀밭에 이 몸 뉘어 주시고, 고이 쉬라 물터로 나를 끌어 주시니 내 영혼 싱싱하게 생기 돌아라. 주께서 당신 이름 그 영광을 위하여 곧은 살 지름길로 날 인도하셨어라. 죽음의 그늘진 골짜기를 간다 해도 당신 함께 계시오니 무서울 것 없나이다. 당신의 막대와 그 지팡이에 시름은 가시어서 든든하외다. 내 원수 보는 앞에서 상을 차려 주시고 향기름 이 머리에 발라 주시니 내 술잔 넘치도록 가득하외다. 한평생 은총과 복이 이 몸을 따르리니 오래오래 주님 궁에서 살으오리다."(시편 22)라고 노래하리라. 찬미하리라. 기도하리라. 외치리라.

한문에 '심전경작(心田耕作)'이란 말이 있다. "마음의 밭을 간다."라는 뜻이다. 밭을 가는 것을 '농경'이라고 하고 마음의 밭을 가는 것을 '심경'이라고 한다. 농부는 봄에 밭을 갈고 씨앗을 뿌린다. 긴 여름 동안 여러 번 김을 매고 물을 주고 거름을 주면서 논농사 밭농사를 짓고 가을이 되면 추수를 하게 된다. 열매를 거둘 때는 한없는 기쁨과 보람이 있다. 우리는 저마다 인생이라는 농장에서 농사를 짓는 농부이다. 사람은 자기가 심는 것을 거둔다. 많이 심고 잘 가꾸는 이는 많이 거두고, 적게 심고 가꾸지 않는 이는 적게 거두며, 아무것도 심지 않는 이는 아무것도 거두지 못한다. 속담에 "콩 심은 데 콩 나고 팥 심은 데 팥 난다."라고 하였다. 콩을 심는데

팥이 나오는 법이 없고 팥을 심는데 콩이 나오는 일이 없다. 밥을 안 먹는데 배 부르는 일이 없고, 공부를 안 하는데 성적이 좋아질 리 없다. 우리는 심지 않고 가꾸지 않는 데서 결실을 거두려는 어리석은 사람이 되어서는 안 된다. 우리는 노력하지 않고 행복해지려는 뻔뻔스러운 사람이 되어서는 안 된다. 산다는 것은 심전경작을 하는 것이다. 우리는 날마다 인생의 밭을 갈면서 살아가야 한다.

기도합시다

주님, 저는 지금까지 신앙생활을 하면서 내 안에 뿌려진 말씀의 씨앗을 가꾸려는 노력은 하지 않고, 병을 고쳐 달라거나 어떤 기적을 통해서 저를 변화시켜 달라고만 하였습니다. 얼마나 안일한 신앙생활이었으며 또 얼마나 잘못된 영성생활이었는지를 깨닫게 해 주셔서 감사드립니다. 이제부터 자세를 바꾸어 제 안에 뿌려진 말씀의 씨앗을 정성껏 가꾸는 노력을 다시 시작해 보렵니다. 주님, 제가 많은 열매를 맺을 수 있도록 저를 축복해 주시고 용기를 주십시오. 그리고 마르코 복음서 묵상을 중단하는 일이 없도록 저를 이끌어 주십시오. 오늘도 저에게 말씀의 씨앗을 뿌리시는 예수님의 이름으로 기도드립니다. 아멘.

5. 저절로 자라는 씨앗과 겨자씨의 비유(4,26-34)

예수님께서 또 말씀하셨다. "하느님의 나라는 이와 같다. 어떤 사람이 땅에 씨를 뿌려 놓으면, 밤에 자고 낮에 일어나고 하는 사이에 씨는 싹이 터서 자라는데, 그 사람은 어떻게 그리 되는지 모른다. 땅이 저절로 열매를 맺게 하는데, 처음에는 줄기가, 다음에는 이삭이 나오고 그 다음에는 이삭에 속이 찬 낟알이 맺힌다. 곡식이 익으면 그 사람은 곧 낫을 댄다. 수확 때가 되었기 때문이다."

예수님께서 다시 말씀하셨다. "하느님의 나라를 무엇에 비길까? 무슨 비유로 그것을 나타낼까? 하느님의 나라는 겨자씨와 같다. 땅에 뿌릴 때에는 세상의 어떤 씨앗보다도 작다. 그러나 땅에 뿌려지면 자라나서 어떤 풀보다도 커지고 큰 가지들을 뻗어, 하늘의 새들이 그 그늘에 깃들일 수 있게 된다."

예수님께서는 그들이 알아들을 수 있을 정도로, 이처럼 많은 비유로 말씀을 하셨다. 비유를 들지 않고는 그들에게 말씀하지 않으셨다. 그러나 당신의 제자들에게는 따로 모든 것을 풀이해 주셨다.

예수님이 공생활을 시작하시면서 처음으로 선포하신 말씀은 "때가 차 하느님의 나라가 가까이 왔다."(마르 1,14)라는 것이었다. 그때부터 예수님의 모든 여정은 사람들에게 가까이 와 있는 하느님의 나라를 알려 주고 보여 주는 것이요, 정말 하느님의 나라가 왔음을 사람들이 체험하도록 하는 것이었다. 그러나 사람들은 예수님이 선포하시는 하느님의 나라를 이해하지 못했다. 하느님의 나라가 가시적으로 보이지 않았기 때문이다. 하느님의 나라는 외부에서부터 이루어지는 변화가 아니라, 예수님이 선포하시는 복음을 듣고 받아들여 안으로부터, 즉 회개를 통해서 이루어지는 나라이다. 따라서 하느님의 나라는 눈으로 금방 확인할 수 있을 만큼 급성장하는 나라가 아니다. 농부가 가을에 수확을 거두기 위해 봄에 씨를 뿌리고 뿌린 씨가 잘 자라도록 온갖 정성을 다해 가꾸듯이 하느님의 나라는 우리 안에 뿌려진 말씀의 씨를 정성껏 가꿀 때 비로소 건설될 수 있는 나라라는 것을 오늘 복음을 통해서 알 수 있다. 따라서 이제 막 시작한 우리의 영적 여정도 절대로 서두르지 말고, 겨자씨가 싹이 나서 자라면 크게 되는 것처럼 많은 인내와 노력을 통해서 점차로 발전시켜 나가는 지혜를 가지고 꾸준히 노력하도록 하자.

하느님의 나라는 이와 같다

오늘 복음은 다시 한 번 하느님의 나라에 대해 설명해 준다. 그동안 내가 생각하고 있던 하느님의 나라와 복음에서 가르쳐 주는 하느님의 나라는 어떤 차이점이 있는가를 비교해 보자. 사실 우리의 모든 관심은 하느님의 나라에 가 있어야 한다. 우리가 가야 할 목적지가 하느님의 나라이기 때문이다. 그러나 우리는 아직도 하느님의 나라가 무엇인지, 또 하느님의 나라가 어디에서 어떻게 건설되어야 하는지에 대해서 잘 모른다. 그만큼 하느님의 나라는 우리에게 낯선 나라이며 이해하기 어려운 나라이다. 우리가 하느님의 나라에 대해 올바로 이해할 수 있을 때 비로소 하느님의 방법으로 영적 여정을 시작할 수 있을 것이다.

4장 전체는 하느님의 나라에 대한 설명이다. 앞에서 묵상했던 '씨 뿌리는 사람의 비유'와 함께 오늘 복음을 읽고 묵상하면서 하느님의 나라에 대한 속성을 올바로 이해하도록 하자.

오늘 우리가 묵상하게 될 '저절로 자라는 씨앗의 비유'에서는 좋은 땅에 뿌려진 씨앗이 어떻게 많은 열매를 맺게 되는지가 설명된다. '씨 뿌리는 사람의 비유'(4,1-9)에서는 씨를 뿌리는 사람의 역할, 즉 좋지 않은 상황임에도 불구하고 복음을 전하시는 예수님의 모습을 강조했고, '씨 뿌리는 사람의 비유에 대한 설명'(4,13-20)에서는 씨가 떨어진 땅의 상태, 즉 말씀을 받아들이는 이의 자세에 대해서 강조했다. 그리고 오늘 '저절로 자라는 씨의 비유'는 좋은 땅에 떨어진 씨앗이 어떻게 자라는지, 씨(말씀)가 가지고 있는 능력에 대해서 말하고 있다. 우리는 무엇보다 씨앗이 가지고 있는 능력을 알아야 하고 믿어야 한다. 그래야 씨앗을 신뢰할 수 있고 정성껏 가꿀 수 있다. 과연 씨는 어떤 능력을 가지고 있는가?

사람이 땅에 씨를 뿌려 놓으면

우리는 "어떤 사람이 땅에 씨를 뿌려 놓으면"이라는 말씀을 두 가지 관점에서 묵상할 수 있겠다.

하나는 오늘도 우리에게 복음의 씨앗을 뿌리시는 예수님의 관점에서이다. 오늘 복음에서는 씨 뿌리는 사람이 "어떤 사람"이라고 익명으로 소개되고 있다. 우리 안에 복음의 씨앗을 뿌리는 사람은 우리가 아니라 예수님이시다. 우리는 복음의 씨앗을 가지고 있지 않다. 마르코가 이 복음을 시작하면서 "하느님의 아드님 예수 그리스도의 복음의 시작"이라고 하였고 "요한이 잡힌 뒤에 예수님께서 갈릴래아에 가시어 하느님의 복음을 선포하시며"(마르 1,14)라고 하였듯이, 복음은 하느님의 아드님 예수 그리스도께서 시작하시는 것이고 선포하시는 것이지, 우리가 시작하는 것이 아니요 우리의 복음을 선포하는 것이 아니다. 우리는 다만 예수님이 시작하시고 선포하신 복음을 우리의 것으로 받아들이고 그것을 선포하는 것이다.

예수님은 오늘도 나에게 하느님의 복음을 선포하신다. 즉 말씀의 씨를 뿌리신다. 내가 해야 할 일은 내 안에 뿌려진 씨를 잘 가꾸는 일이다. 내 안에 어떤 씨가 뿌려졌는지 또 그 씨가 어떻게 자라고 있는지 전혀 관심을 두지 않는다면 어떻게 내 안에 뿌려진 씨앗이 자랄 수 있겠는가?

내가 하느님의 복음을 시작하지 않고 받아들이지 않는다고 해서 하느님의 아드님에 관한 복음이 시작되지 않고 하느님의 복음이 선포되지 않는 것은 아니다. 예수님은 오늘도 하느님의 아드님에 대한 복음을 시작하시고 하느님의 복음을 선포하신다. 다만 그 복음을 받아들이는 사람에게서만 복음이 시작되고 성장할 것이다. 예수님께서 이미 시작하신 복음을 받아들임으로써 내 안에서도 그 복음이 시작되도록 하는 것은 전적으로 나의 몫이다.

두 번째, "어떤 사람"이란 말은 오늘날 '복음을 전하는 사람들'을 가리키고 "씨를 뿌려 놓으면"이라는 말은 '복음(말씀)을 전하면'이라는 뜻이다. 예수님이 계실 때는 예수님이 복음을 선포하셨지만, 그 후로는 사도들이, 그리고 복음을 믿고 받아들이는 모든 사람이 복음의 씨앗을 뿌려야 한다. 그래서 어떤 사람이 땅에 씨를 뿌렸듯이, 오늘 우리는 복음의 씨앗을 뿌려야 한다. 그것이 곧 복음을 전하는 것이다.

밤에 자고 낮에 일어나고 하는 사이에 씨는 싹이 터서 자라는데, 그 사람은 어떻게 그리 되는지 모른다

"밤에 자고 낮에 일어나고 하는 사이에 씨는 싹이 터서 자라는데, 그 사람은 어떻게 그리 되는지 모른다."라는 말씀은 씨를 자라게 하는 것은 씨 뿌리는 사람의 능력에 달려 있는 문제가 아니라 '뿌려진 씨 자체에 자랄 수 있는 능력이 있다는 것'을 강조한다. 산골짜기의 물이 굽이굽이 흘러서 바다로 가듯이 씨는 자기가 가지고 있는 생명력과 생명의 리듬을 가지고 성장해 가는 것이지, 사람이 성장하게 하는 것은 아니다. 생명에 관한 한 인간이 할 수 있는 것은 아무것도 없다. 자라고 열매 맺는 생명력은 인간에게 주어진 것이 아니라 창조주께서 주관하시는 것이다.

뿌려진 씨앗이 잘 자라려면 두 가지 요소가 필요하다. 하나는 씨 자체가 자랄 수 있는 능력을 갖고 있어야 하고, 두 번째는 씨가 뿌려진 땅이 비옥해야 한다. 이 두 가지 중 어느 하나라도 갖추어지지 않으면 씨앗은 많은 열매를 맺을 수 없다. '씨 뿌리는 사람의 비유'가 씨앗이 떨어진 땅의 중요성을 강조한 것이라면, 오늘 비유는 '씨'의 속성을 강조한 것이다.

그러면 씨는 어떻게 싹이 나고 자라나는가? "밤에 자고 낮에 일어나고 하는 사이에 씨는 싹이 터서 자라는데"라는 표현은 죽음과 부활을 의미한다. 즉 '밤에 자고'는 죽음을 말하고 '낮에 일어나고'는 부활을 상징한다. 내가 말씀대로 성장하려면 내 안에 뿌려진 말씀의 씨가 먼저 썩어야 하듯이 말씀에 맞지 않게 살았던 잘못된 삶에서 죽어야 하고 말씀에 합당한 삶을 통해서 다시 부활해야 한다. 이것이 내가 말씀으로 다시 태어나는 비결이다.

땅이 저절로 열매를 맺게 하는데

"저절로"라는 말은 그리스어로 '아우토마테(automate)'라고 하는데 '스스로 흥분하는, 자발적으로 행동하는'이라는 뜻이다. 그러니까 '저절로'라는 말은 자발적으로 행동하는 것이지 행동하게 하는 원인은 아니다. 수동식이 아닌 자동식 자동차(오토 자동차)가 있다. 그런데 자동식 자동차라고 해서 그 자동차 자체가 스스로 시동을 걸고 끄는 등 처음부터 모든 것이 자동으로 되는 것이 아니라 일단 사람이 조정해 두면 그 다음부터 자발적으로 움직이게 되어 있다. 자동차를 자동으로 가게 만든 사람이 있고 자동으로 갈 수 있게 운전하는 운전자가 있듯이, 땅이 저절로 열매를 맺게 하는 것이 아니라 저절로 자라고 열매를 맺게 하는 분이 계시다. '저절로'라는 말은 겉으로는 그럴 만한 원인이 없는 듯하지만 실제로는 하느님의 섭리가 작용하고 있다는 것을 표현한 것이다. 내가 아무 노력을 하지 않는데도 저절로 영적으로 성숙되는 것이 아니라, 말씀에 합당하지 않은 삶에서 죽고 다시 말씀에 합당한 삶으로 부활할 때 비로소 나의 영적 생명은 저절로 자라나기 시작한다는 것이다.

곡식이 익으면 그 사람은 곧 낫을 댄다. 수확 때가 되었기 때문이다

수확 때가 언제인지에 대해서는 밝히지 않기 때문에 그 시기를 알 수가 없다. 분명한 것은 씨에서 처음에는 싹과 줄기가, 다음에는 이삭이 나오고, 그 다음에는 이삭에 속이 찬 낟알이 맺히는 성장과정을 통해서 마침내 수확 때에 이른다는 것이다. 따라서 씨 뿌리는 것으로 시작해서 수확 때가 되어 낫을 댄다는 이야기로 끝나는 이 비유는 하느님의 나라가 이미 현재 안에 들어 와서 수확 때를 향하여 진행 중에 있음을 말한다. 모든 역사는 하느님이 주관하신다. 그분이 씨를 뿌리시고, 그분이 자라게 하시고, 그분이 열매를 보장하신다. 우리는 다만 그분의 섭리에 순응하는 것이다.

 사실 말씀의 씨가 우리 안에 뿌려지면 그것이 어떻게 우리를 변화시키고 또 어떻게 믿음을 성장시키는지에 대해서는 잘 모른다. 우리가 할 수 있는 것은 자기 안에 뿌려진 말씀의 씨를 잘 가꾸기만 하면 된다. 내 안에서 말씀의 줄기가 나오고 이삭이 나오고 낟알이 맺히고 하는 것은 말씀 자체가 하는 일이라는 것이다.

 이 비유는 어떻게 우리가 말씀으로 변화되고 영적으로 성장할 수 있는지를 설명한 것이지만, 또한 예수님이 복음을 전해야 할 제자들을 격려해 주기 위해 하신 말씀이기도 하다. 온 세상에 나아가 복음을 전해야 할 제자들이 만나게 될 여러 가지 어려움 앞에서 용기를 잃지 말고 복음을 선포하라는 것이다. 왜냐하면 제자들이 선포한 복음은 스스로 싹이 트고 자라서 열매를 맺을 수 있는 능력을 지니고 있기 때문이다. 즉 복음 전파가 열매를 맺는 것은 제자들의 능력에 달린 것이 아니라 말씀 자체가 가지고 있는 능력에 달려 있다는 것을 설명한 것이다.

 이는 또한 오늘날 복음을 전하는 모든 사람을 위한 말씀이기도 하다. 복음을 전하는 일은 결코 쉬운 일이 아니다. 그리고 금방 어떤 결실이 뚜렷하게 나타나는 일도 아니다. 복음을 전하는 사람들이 할 일은 열심히 씨앗, 즉 복음을 전하는 일이다. 그러면 나머지는 뿌려진 복음이 저절로 결실을 맺게 할 것이다.

나는 가끔 전혀 낯모르는 사람들한테서, 때로는 일본 미국 등 외국에서도 감사하다는 편지나 전화를 받을 때가 있다. 사연인즉 내가 마르코 복음을 강의한 테이프나 책을 통해서 많은 은혜를 받았다는 것이다. 그럴 때마다 어떻게 그 사람들에게까지 테이프나 책이 전달되었고, 또 그런 은혜를 전해 주게 되었는지 깜짝 놀라곤 한다. 그것은 뿌려진 복음만이 갖고 있는 능력이다. 내가 할 수 있는 것, 우리가 할 수 있는 것은 열심히 복음을 전하는 것뿐이다. 마치 농부가 정성껏 씨를 뿌리듯이 말이다.

하느님의 나라는 겨자씨와 같다

유다 문학에서 겨자씨는 '작은 것'의 전형적인 상징으로 사용되곤 했다. 예수님은 하느님의 나라를 왜 작은 겨자씨에 비유하셨을까?

우선 당시 사람들이 갖고 있던 하느님 나라에 대한 개념을 이해할 필요가 있다. 이스라엘인들이 기대하고 있던 메시아(구세주)는 힘 있고 위대하고 거창한 모습이었다. 따라서 그들은 메시아가 오시면 로마 제국의 지배를 받으며 살고 있는 비참한 처지에서 해방되어 그 옛날 다윗 왕국 시절에 누렸던 부귀와 영화를 다시 누릴 수 있으리라는 기대를 갖고 있었다. 그러려면 자기들을 해방하러 오실 메시아는 당연히 거창하고 화려하고 능력 있는 모습으로 오셔야 한다고 생각했다. 그러나 예수님은 메시아(하느님 나라)가 그렇게 거창하고 화려한 모습으로 오지 않는다고 가르치셨다. 오히려 그들의 생각과는 정반대로 가장 작은 모습으로 오신다는 것이다. 어떤 씨앗보다도 더 작은 이 겨자씨는 바로 예수님 자신이시다. "때가 차 하느님의 나라가 가까이 왔다." 하고 선포하신 하느님의 나라란 다른 것이 아니라 바로 예수님 자신이시다. 이 세상에 하느님의 나라를 가지고 오신 예수님은 겨자씨와 같은 작은 존재이시다. 그러나 예수님으로부터 시작된 이 하느님의 나라는 겨자씨와 같이 작은 나라이지만, 어떤 풀보다도 더 커지고 큰 가지들을 뻗어서 하늘의 새들이 그 그늘에 깃들일 수 있게 될 나라이다.

예수님은 왜 이렇게 작은 모습으로 오셨는가? 사랑에 빠진 사람은 자기가 사랑하는 이 앞에서 가장 작은 자로 머무는 법이다. 부모가 자식 앞에서 자신의 어떤 직위나 지식을 자랑하지 않듯이, 사랑에 빠진 사람은 자기가 사랑하는 이 앞에서 자신의 명예로운 직분이나 화려한 신분을 자랑하지 않는다. 모든 것을 벗어 놓고 오로지 사랑하는 이를 위해 봉사한다. 하느님이신 예수님이 가장 작은 모습으로 이 세상에 오신 이유는 인간을 사랑하셨기 때문이다. 사랑하는 사람은 자기가 사랑하는 이 위에 군림하지 않고 그를 위해 봉사한다. 그것이 사랑하는 방법이고 사랑의 질서이고 사랑의 길이기 때문이다.

예수님은 최초로 이 세상에 하느님의 나라를 가져오신 분이시다. 아니 이 세상에 세워진 하느님의 나라이시다. 겨자씨와 같이 작은 존재인 예수님은 이 세상에 오셔서 하느님이 어떤 분이신지, 하느님의 뜻이 무엇인지, 하느님의 법이 무엇인지, 어떻게 하면 하느님과 함께 생활할 수 있는지, 어떻게 하면 하느님께 가까이 다가갈 수 있는지를 사람들에게 가르쳐 주셨다. 그 당시 많은 사람들은 아니지만, 그래도 제자들은 모든 것을 버리고 예수님이 가르쳐 주시는 새로운 삶의 방법을 배우고 그렇게 살기 시작했다. 그렇게 해서 예수님에게서 시작된 하느님의 나라는 조금씩 확장되기 시작했다. 예수님에게서 시작된 이 하느님의 나라는 열두 제자들만이 아니라 열 두 제자들을 통해서 다른 사람들에게 전파되었고 오늘 우리에게까지 전파되었다. 이제는 우리가 하느님의 나라를 선포할 차례이다.

하늘의 새들이 그 그늘에 깃들일 수 있게 된다

에제키엘 예언서는 장차 이루어질 하느님의 나라에 대해 다음과 같이 말했다. "물이 그 나무를 크게 하고 심연이 그 나무를 치솟게 하였다. 심연은 제 강들을 그 나무가 심긴 주위로 흐르게 하면서 들의 모든 나무에게 물줄기들을 내보냈다. 그리하여 그 나무의 키가 들의 모든 나무보다 더 높이 솟았으며 그 뿌리에 물이 많아 가지가 많아지고 줄기가 길어져 하늘의 모든 새가 그 가지들에 보금자리를 틀고 들의 모든 짐승이 그 줄기들 밑에 새끼를 낳았다. 많은 민족이 모두 그 나무 그늘에서 살았다"(에제 31,4-6). 이 말씀은 모든 민족을 다 끌어안으시는 하느님 나라의 모습이며 이 하느님의 나라는 예수님의 십자가의 죽음으로 완성되었다. 따라서 십자가는 오늘날 모든 인류를 끌어안는 큰 나무가 되었다. 오늘날 십자가는 인류를 구원하는 나무요, 사랑의 샘이 흘러나오는 큰 나무로 이 세상에 우뚝 솟아 있다. "하늘의 새들이 그 그늘에 깃들일 수 있게 된다."라는 말은 하느님께서 인간이 거처할 수 있는 자리를 마련해 주신다는 뜻이다. 인간이 거처할 수 있는 그 자리가 바로 십자가이다. 모든 인류는 하느님이 거처하시는 바로 이 구원의 십자가를 통해서 안식을 취하고 구원된다.

 꽃을 피우기 위해서는 밭을 갈고 씨앗을 심고 거름을 주고 물을 주고 잡초를 뽑고 벌레를 잡아야 한다. 사람이 저마다 심고 가꾸는 대로 거둔다는 것은 하나의 진리이다. 콩을 심으면 콩을 거두고 팥을 심으면 팥을 거둔다. 우리는 적게 심고 많이 거두려 하거나 심지도 않고 수확만을 기대하는 어리석은 사람이 되어서는 안 된다.
 우리의 신앙생활도 마찬가지이다. 우리 안에 뿌려진 말씀의 씨를 정성껏 가꾸는 노력을 하지 않고서는 결코 우리의 신앙이 성장할 수 없다. 정성이 들어가지 않는 신앙생활, 투자하지 않고 희생을 바치지 않는 신앙생활, 땀흘려 가꾸며 성장시키는 신앙생활이 아니라 쉽고 편안한 방법으로 영적 성장을 기대하거나 하느님을 체험하려고 하는 생각은 너무나 어리석고 안일한 신앙생활이다.

 이제 이 겨자씨는 바로 우리 자신이 되어야 한다. 가정에서, 직장에서, 공동체에서 우리 한 사람 한 사람은 작은 겨자씨로 존재해야 한다. 작은 겨자씨이지만 썩어서 바로 그곳에서 주위에 있는 모든 사람이 와서 깃들일 수 있도록 크게 자라나야 한다. 내가 자라지 않으면 내 주위의 그 누구에게도 안식을 취할 수 있는 자리를 제공할 수 없다. 내 안에 뿌려진 말씀이 내 안에 차지하는 부분은 겨자씨와 같이 아주 작을 수도 있다. 그러나 내가 그 말씀을 잘 가꾸면, 그 말씀이 내 안에서 나를 점점 더 영적으로 성장시켜 줄 것이다. 하루아침에 모든 것이 이루어지기를 바라는 조급함에서 조금은 자유로워야 한다. 다른 사람들이 내 주위에 와서 쉴 수 있을 만큼 큰 나무로 자라려면 시간이 필요하다. 겨자씨와 같이 작은 말씀이 내 안에 뿌려져서 어떤 풀보다도 커지고 큰 가지를 뻗을 수 있을 만큼 자라는 것은 하루 아침에 가능한 일이 아니다.

우리는 예수님의 말씀 가운데 어느 한 말씀이라도 우리 안에 뿌려져서 자라도록 정성껏 가꾸는 노력이 필요하다. 성인이라고 해서 복음 전체를 실천하며 산 것은 아니다. 그보다는 예수님의 말씀 중에 하나를 온몸으로 산 것이다. 성 프란치스코는 '가난한 예수님'을 살았다. 마더 데레사는 "보잘것 없는 이에게 해 준 것이 곧 나에게 해 준 것이다."라는 말씀의 씨앗을 정성껏 가꾸며 키웠다. "얻어 먹을 수 있는 힘만 있어도 그것은 하느님의 은총입니다."라는 겨자씨와 같은 작은 말씀으로 시작된 꽃동네, 그 그늘에 지금 얼마나 많은 사람들이 와서 깃들이고 있는가?

하느님의 나라는 "겨자씨 한 알과 같다."라는 말씀은 늘 우리에게 용기와 희망을 불러일으킨다. 하느님의 나라가 "크고 웅장한 나무와 같다."라고 했다면 아마도 우리는 지레 겁부터 먹을 것이다. 하느님의 나라는 작은 것 중에서도 가장 작은 겨자씨와 같기 때문에 누구나 시작할 수 있다는 희망을 가질 수 있고, 실제로 시작할 수 있다. 우리가 복음을 읽고 묵상할 때, 처음부터 모든 말씀을 다 이해할 수 있고 묵상할 수 있는 것은 아니다. 그 중에 한 말씀이라도 이해가 되고 묵상이 된다면, 겨자씨와 같은 그 말씀이 자라도록 가꾸자. 그러면 그 말씀에서부터 시작된 묵상이 조금씩 이해되어 나중에는 복음 전체를 이해하게 되고 깨달음에 도달하게 될 것이다.

예수님은 "당신의 제자들에게는 따로 모든 것을 풀이해 주셨다."라고 하셨다. 그렇다. 예수님은 공개적으로도 가르쳐 주시지만 사적으로도 말씀하신다. 우리는 말씀을 묵상하면서 나에게 사적으로 모든 것을 따로 풀이해 주시는 예수님의 가르침을 들어야 한다. 나의 문제에 대한 해답은 나에게만 말씀해 주실 것이기 때문이다. 이렇게 예수님이 나와 사적으로 관계를 맺는 것은 많은 경우에 개인적으로 말씀을 묵상할 때 이루어질 것이다.

마르코 복음은 첫 번째 '씨 뿌리는 사람의 비유'를 통해서, 두 번째 '등불의 비유'를 통해서, 세 번째 '자라나는 씨의 비유'를 통해서, 네 번째 '겨자씨의 비유'를 통해서 하느님의 나라의 특성을 설명해 준다. 이런 비유들을 통해서 하느님의 나라인 예수님이 어떻게 행동하시는가를 보여 주고, 또 오늘날 우리가 하느님의 나라가 어떤 것인가를 식별할 수 있는 기준을 제시한다.

마르코가 제시하는 하느님의 나라의 속성을 알지 못할 때, 우리는 하느님의 방법에 순응하고 의존하기보다는 세속적인 방법으로 어떤 힘에 의존하려는 조급함을 앞세우게 될 것이고, 겨자씨와 같이 작은 모습으로 존재하고 작은 것에서 시작하기보다는 크고 웅장하고 거창한 모습으로 하느님의 나라를 건설하려는 어리석은 방법을 이용하려고 할 것이다.

이스라엘 백성이 이집트에서 탈출하여 나올 때 뒤에서는 파라오의 군대가 뒤따라오고 앞에는 홍해 바다가 가로막고 있었다. 이스라엘인들은 질겁을 하고 야훼께 부르짖으며 모세를 원망하였다. 그때 모세가 백성들에게 소리쳤다. "두려워하지들 말아라. 똑바로 서서 오늘 주님께서 너희를 위하여 행하실 구원을 보아라. 오늘 너희가 보는 이집트인들을 다시는 영원히 보지 않게 될 것이다. 주님께서 너희를 위하여 싸워 주실 터이니, 너희는 잠자코 있기만 하여라"(출애 14,13-14). 이 말씀대로 우리의 영적 성장도 하느님의 섭리에 맡기면 된다. 우리가 말씀을 잘 받아들이기만 하면 말씀은 나를 큰 나무로 성장시켜 줄 것이다. 왜냐하면 우리는 하느님께서 주시는 평온과 그분에 대한 신뢰에서 힘을 받기 때문이다(이사 30,15 참조). 이 평온과 신뢰가 바로 우리 구원의 비결이요 성장의 비결이다.

기도합시다

하느님 나라가 제 안에서 자랄 수 있도록 말씀의 씨앗을 뿌려 놓으신 주님, 이 씨앗을 정성껏 가꿀 수 있게 도와주십시오. 이 씨앗은 저의 힘이 아니라 씨앗이 가지고 있는 능력으로 싹을 틔우고 자라는 것임을 알게 해 주십시오. 하루하루 자고 일어나고 하는 사이에 싹이 트고 자라나는 생명의 신비 앞에 겸허하게 해 주시고 순응하게 해 주십시오. 또한 겨자씨와 같이 작은 저의 존재가 말씀을 잘 받아들이고 정성껏 가꾸어 하늘의 새들이 그 그늘에 깃들이듯이 가난하고 소외되고 버림받고 사랑받지 못하는 외로운 이들이 찾아와서 평화로이 쉴 수 있는 큰 나무로 성장할 수 있도록 저의 영적 성장을 축복해 주십시오. 여러 가지 비유로 하느님 나라의 속성을 가르쳐 주신 이 신비를 깨달을 수 있도록 이끌어 주십시오. 우리 주 예수 그리스도의 이름으로 기도드립니다. 아멘.

6. 풍랑을 가라앉히시다 (4, 35-41)

그 날 저녁이 되자 예수님께서 제자들에게, "호수 저쪽으로 건너가자." 하고 말씀하셨다. 그래서 그들이 군중을 남겨 둔 채, 배에 타고 계신 예수님을 그대로 모시고 갔는데, 다른 배들도 그분을 뒤따랐다. 그때에 거센 돌풍이 일어 물결이 배 안으로 들이쳐서, 물이 배에 거의 가득 차게 되었다. 그런데도 예수님께서는 고물에서 베개를 베고 주무시고 계셨다. 제자들이 예수님을 깨우며, "스승님, 저희가 죽게 되었는데도 걱정되지 않으십니까?" 하고 말하였다. 그러자 예수님께서 깨어나시어 바람을 꾸짖으시고 호수에게, "잠잠해져라. 조용히 하여라!" 하고 이르시니 바람이 멎고 아주 고요해졌다. 예수님께서는 그들에게, "왜 겁을 내느냐? 아직도 믿음이 없느냐?" 하고 말씀하셨다. 그들은 두려움에 사로잡혀 서로 말하였다. "도대체 이분이 누구시기에 바람과 호수까지 복종하는가?"

오늘 복음은 예수님이 4장에서 하느님 나라에 대해서 여러 가지 비유로 설명해 주신 것을 열두 제자들이 얼마나 알아들었는지 시험하시는 장면이다. 그러나 그들의 믿음은 아직도 멀었다. 열두 제자들의 모습을 보면서 우리가 예수님의 말씀에 따라서 변화된다는 것이 얼마나 어려운 일인가를 볼 수 있다. 우리의 믿음이 성장하기 위해서 때로는 고통이 필요하기도 하다. 왜냐하면 우리는 감당할 수 없는 고통을 통해서 비로소 하느님께 매달리게 되고 그분의 방법에 순응하게 되기 때문이다. 우리가 "도대체 이분이 누구시기에 바람과 호수까지 복종하는가?"라는 질문에 답할 수 있을 때 비로소 진실한 믿음을 고백할 수 있을 것이다. 우리는 이 복음을 묵상하면서 우리의 믿음이 어떤 수준에 있는지를 확인할 수 있을 것이다.

그 날 저녁이 되자 예수님께서 제자들에게, "호수 저쪽으로 건너가자." 하고 말씀하셨다

"그 날 저녁이 되자"라는 말씀에서 '그 날'은 열두 제자들이 예수님께 와서 비유의 뜻을 물었을 때 예수님께서 비유에 대해 자세히 설명해 주신 날이다. 바로 그 날 저녁에 예수님께서 제자들에게 "호수 저쪽으로 건너가자."라고 말씀하셨음을 강조하는 것이다.

교육은 이론과 실기가 병행되어야 한다. 예수님은 씨 뿌리는 사람이 뿌린 씨가 많은 열매를 맺으려면 좋은 땅에 떨어져야 하고, 좋은 땅에 떨어졌다는 것은 그 말씀을 듣고 잘 받아들이는 것이라고 가르치셨다. 오늘 말씀은 과연 제자들이 당신의 말씀을 듣고 잘 받아들이고 있는지를 확인해 보시는 것이다.

예수님은 왜 하필이면 어둠이 시작되는 저녁에 제자들에게 "호수 저쪽으로 건너가자."라고 하셨을까? 이것은 무엇을 상징하는가? 이스라엘 백성이 이집트를 탈출하던 때가 저녁이었다. 어두운 저녁에는 앞이 잘 보이지 않는다. 길을 잘 아는 누군가의 인도를 받지 않고서는 앞으로 갈 수 없다. 이스라엘 백성이 모세의 인도를 받았듯이, 제자들이 호수 저쪽 즉 하느님의 나라에 도달하기 위해서는 예수님의 인도를 받아야 하고 예수님을 철저히 믿고 따라야 한다. "저녁이 되자 호수 저쪽으로 건너가자."라고 하신 것은 일종의 출애굽을 시도하시는 것이며, 호수 저쪽으로 노를 저어 가는 제자들의 모습은 마치 이스라엘 백성이 광야를 지나가는 과정과 같다.

인생은 호수 이쪽에서 저쪽으로 건너가기 위해 노를 저어 가는 과정이다. 죽음에서 생명으로, 어린이에서 어른으로, 어른에서 노인으로, 죄인에서 의인으로, 미성숙함에서 성숙함으로, 불완전함에서 완전함으로, 얕음에서 깊음으로, 낮음에서 높음으로, 높음에서 낮음으로, 밖에서 안으로 건너가는 것이 인생이다. 그 과정에서 우리는 많은 어려움을 만나게 된다. 오늘 복음에서처럼 생명을 잃을 위험까지 당하는 어려움도 있다. 주위를 둘러봐도 온통 희망이라고는 보이지 않는 어둠만이 짙게 깔려 있는 상황을 만날 때도 있다. 이럴 때 믿음으로 그 어두운 순간을 벗어난 경험이 있는가? 나는 지금 어디에서 어디로 건너가고 있는가? 육적인 생활에서 영적인 생활로, 초보적인 믿음에서 성숙하는 믿음으로, 죄인에서 의인으로, 교만함에서 겸손함으로, 소유하는 생활에서 나누는 생활로, 봉사를 받으려는 자세에서 봉사하려는 자세로, 낮은 곳에서 높은 곳으로 등등 어디에서 어디로 건너가고 있는지 잠시 나의 생활을 뒤돌아보자.

그들이 군중을 남겨 둔 채, 배에 타고 계신 예수님을 그대로 모시고 갔는데

호수 저쪽으로 건너가기 위해 "그들이 군중을 남겨 둔 채, 배에 타고 계신 예수님을 그대로 모시고 갔는데"라는 말씀에 유의하자.

중요한 것은 제자들이 예수님을 '그대로 모시고 갔다'는 것이다. 열두 제자들은 자기들이 원하는 모습으로 예수님을 모시고 간 것이 아니다. 이때까지만 해도 예수님께 대한 제자들의 믿음은 순수했다.

배는 호수 저편으로 건너갈 수 있는 하나의 수단으로서 교회를 상징한다. 교회만이 우리가 도달해야 할 호수 저쪽, 즉 영원한 피안의 세계로 건너가게 해 줄 수 있다. 교회는 예수님이 타고 계시는 배이고 예수님이 선장이시기 때문이다. 그러나 우리는 배에 타고 계시는 예수님을 그대로 모시고 가려고 하지 않고 내 마음대로 모시고 가려고 할 때가 많이 있다. 즉 예수님을 배의 선장으로 인정하려 하지 않고 내가 선장이 되려고 할 때가 있다. 교회의 선장은 사제, 수도자, 반장, 구역장이 아니라 예수님이시고, 내 인생의 선장도 예수님이시다. 예수님이 어디로 나를 데려가시든 또 어떤 모습으로 계시든 예수님을 그대로 모시고 가는 것이 신앙인의 자세이다.

많은 신앙인들이 교회라는 배를 타고 있으면서도 각자 또 다른 배를 타고 있다. 어떤 사람은 권력이란 배를 타고 있고, 어떤 사람은 재물이라는 배를 타고 있고, 어떤 사람은 쾌락이라는 배를 타고 있다. 세상에는 방향을 잃고 이리저리 표류하는 배들이 많다. 우리가 타야 할 배는 예수님이 타고 계시는 배여야 한다. 그리고 그분이 데려가는 대로 가는 배라야지 내가 선장이 되어 내 마음대로 예수님을 태우고 가는 배여서는 안 된다.

"씨가 좋은 땅에 떨어졌다."라는 말씀에서 '좋은 땅'이란 어떤 상황에서라도 그 씨를 받아들인다는 것이다. 믿음은 내가 어떤 상황에 처해 있든지 그 상황을 받아들이는 것이며, 그 상황에서 싹이 나고 자라게 하는 것이다. 내가 원하는 모습으로 예수님을 만들어 가는 것이 아니라 '예수님을 그대로 모시고' 가고, 그분이 원하시는 대로 이루어지게 놔두는 것, 이것이 제자들이 가져야 할 믿음이며 우리가 가져야 할 믿음이다. 아니 그러한 모습으로 우리의 믿음이 성장해야 한다.

그때에 거센 돌풍이 일어 물결이 배 안으로 들이쳐서, 물이 배에 거의 가득 차게 되었다

'밤, 거센 돌풍, 물결이 배 안으로 들이치다' 라는 말은 모두 제자들의 삶을 위협하는 단어들이다. 희망이라고는 보이지 않는 깊은 절망의 늪으로 빠져 들어가고 있음을 표현하는 단어들로서 제자들이 예수님과 함께 배를 탔을 때와는 전혀 다른 상황에 처했음을 말해 준다. 과연 이런 상황에서 제자들은 어떻게 대처하는지, 그들의 믿음을 시험할 수 있는 좋은 기회이다. 그리고 앞에서 설명해 주신 '씨 뿌리는 비유'를 제대로 알아들었는지를 시험해 볼 수 있는 좋은 기회이다. 즉 "환난이나 박해가 일어나면 곧 걸려 넘어지고 마는" 돌밭에 뿌려진 믿음인가 아니면 어떤 상황이라도 그대로 받아들이는 좋은 땅에 떨어진 믿음인가를 시험해 볼 수 있는 기회이다.

우리의 인생도 그렇지만 우리의 신앙생활 또한 전혀 예기치 못한 위기를 만날 때가 있다. 외부에서 몰아치는 거센 돌풍은 우리 믿음을 뿌리째 흔들어 버리는 경우가 있다. 특히 갑작스러운 사업의 실패로 하루 아침에 생존의 위협을 느끼게 될 때, 사랑하는 부모나 자식, 애인, 가족이 갑자기 죽음을 당할 때, 건강하게 잘 자라던 아이가 불치의 병에 걸려 하늘이 무너지는 듯한 깊은 슬픔과 절망을 맛보게 될 때에도 과연 제자들이 배에 타고 계시는 예수님을 그대로 모시고 가듯이 우리의 믿음이 흔들림 없이 그대로 유지될 수 있는가? 길가, 돌밭, 가시덤불 속에 뿌려진 씨와 같은 믿음의 상태에서는 도저히 불가능하다. 오직 어떤 상황도 다 받아들일 수 있는 좋은 땅으로 다듬어지고 성숙해진 믿음의 상태에서만 가능하다. 모든 것이 순조로운 상황에서 믿음의 생활을 한다는 것은 어려운 일이 아니다. 믿음은 순조로운 상황에서만이 아니라 감당할 수 없는 고통과 깊은 절망 속에서도 흔들림이 없어야 한다. 아니 오히려 믿음은 깊은 절망에서 나에게 용기를 주고 희망을 잃지 말게 하고, 나를 구출해 주어야 한다.

성 바오로는 "우리는 아무리 짓눌려도 찌부러지지 않고 절망 속에서도 실망하지 않으며 궁지에 몰려도 빠져나갈 길이 있으며 맞아 넘어져도 죽지 않습니다. 이렇게 우리는 언제나 예수의 죽음을 몸으로 경험하고 있지만 결국 드러나는 것은 예수의 생명이 우리 몸 안에 살고 있다는 사실입니다. 우리는 살아 있는 동안 언제나 예수를 위해서 죽음의 위험을 겪고 있습니다. 그것은 우리의 죽을 몸에 예수의 생명이 살아 있음을 드러내려는 것입니다."(2고린 4,8-11)라고 말했다. 우리는 이런 믿음으로 성숙해져야 한다.

그런데도 예수님께서는 고물에서 베개를 베고 주무시고 계셨다

지금 제자들이 만난 어려움은 주변 상황에서만이 아니라 예수님의 모습에서도 찾아볼 수 있다. 어쩌면 제자들의 믿음을 송두리째 흔들어 놓는 원인은 예수님이 제공하고 계시는 것인지도 모른다. 곤경에 처한 제자들을 도와주시기는커녕 베개를 베고 주무시고 계시다니 도저히 이해할 수 없는 일이다. 마르코는 이런 예수님의 모습을 통해서 무엇을 전하고자 하는가?

"예수님께서는 고물에서 베개를 베고 주무시고 계셨다."라는 말씀은 마르코 복음에서 유일하게 주무시는 예수님의 모습을 표현한 것이다. 어떻게 예수님은 제자들과 똑같은 상황에서 태연하게 주무실 수가 있을까? 고물(선미)은 배가 침몰할 때 가장 먼저 가라앉는 부분이다. 그럼에도 불구하고 가장 위험한 곳에서 주무시는 예수님의 모습은 안절부절못하는 제자들의 모습과는 달리 아주 평온한 모습이다.

"잠을 자다."라는 표현은 "자리에 들자마자 단잠이 깊사오니 든든히 살게 하심 홀로 주님 덕이오이다."(시편 4,9)라는 말씀처럼 하느님께 대한 전적인 신뢰심을 나타내는 말이다. 엄마의 품에 안겨 있는 어린아이는 아무리 위험한 상황에서도 아랑곳하지 않고 쌔근쌔근 잠을 잔다. 엄마를 신뢰하기 때문이다. 예수님이 주무시고 계시다는 것은 전적으로 하느님을 신뢰하시고 모든 것을 내맡기시는 평화스러운 모습을 나타낸다. 주무시고 계신 예수님의 모습은 "밤에 자고 낮에 일어나고 하는 사이에 씨는 싹이 터서 자라는데"(마르 4,27)라는 표현대로 하느님께서 활동하시도록 모든 것을 하느님께 맡겨 드린 상태를 말한다. 따라서 예수님의 잠은 하나의 상징적인 대비를 나타낸다. 똑같은 상황이지만, 제자들은 바다를 잠재우시는 전능하신 하느님이신 예수님과 함께 있으면서도 그분을 신뢰하지 못하기 때문에 두려움과 불안에 떨고 있다면, 예수님은 하느님께 대한 믿음, 즉 하느님을 전적으로 신뢰하는 모습을 보여 주시는 것이다.

베개를 베고 주무시고 계시는 예수님은 위험한 상황에 있는 제자들을 "나 몰라라." 하시는 것이 아니라, 제자들이 어떤 믿음으로 성숙되어야 하는지를 보여 주신 것이다. 우리가 믿는 예수님은 나보다 더 나를 잘 아시는 분이시다. 내가 믿어야 할 예수님은 나보다 더 나를 사랑하시는 분이시다. 내가 믿는 예수님은 나보다 더 나를 살펴 주시는 분이시다. 따라서 예수님에 대한 나의 믿음은 "살든지 죽든지 나의 생활을 통틀어 그리스도의 영광을 드러내는"(필립 1,20) 믿음이어야 하고, 나에게 있어서 그리스도는 "생의 전부"(필립 1,21)이신 분이 되어야 한다.

예수님이 이 복음을 통해서 제자들에게 요구하는 것은 그들도 당신이 보여 주신 믿음을 가져야 한다는 것이다. 죽음까지도 받아들일 수 있는 믿음, 죽음의 상황에서도 평온함을 유지할 수 있는 주님께 대한 신뢰심을 갖는 것이 제자들이 가져야 할 믿음임을 가르치고자 하신 것이다.

제자들이 예수님을 깨우며
"스승님, 저희가 죽게 되었는데도 걱정되지 않으십니까?"

성숙하지 못한 믿음을 갖고 있는 제자들이 베개를 베고 주무시는 예수님을 보고 어떤 반응을 보였는가? 어떤 상황에서든 사람은 누구나 자기 수준에 맞게 반응을 보이는 법이다. 마르코는 "제자들이 '예수님을 깨우며, 스승님 저희가 죽게 되었는데도 걱정되지 않으십니까?'"라고 말했다고 전해 준다. 제자들이 보인 반응은 믿음에 대한 교육을 받지 않아도 누구나 취할 수 있는 태도이다. 따라서 지금 제자들의 믿음은 초보적인 단계의 믿음이든가 아니면 믿는다고 하지만 믿음을 갖지 않은 사람과 별다른 차이가 없는 믿음이라는 것을 확인시켜 주고 있다. 모든 것이 순조로운 상황이었다면 제자들의 믿음의 상태가 어떤 정도인지 잘 나타나지 않았을 것이다. 어쩌면 제자들의 믿음이 바로 우리 믿음의 수준이 아닐까? 오랫동안 신앙생활을 했으면서도 이 정도 수준의 믿음이라면 왜 나의 믿음은 성숙되지 못하는 것일까? 그 이유는 씨 뿌리는 비유에서 설명하였듯이 길가, 돌밭, 가시덤불 속에 뿌려진 씨앗처럼 말씀을 듣기는 하지만 받아들이지 않아서 말씀의 씨앗이 내 안에 뿌리내리지 못했기 때문이다. 좋은 땅에 떨어진 씨앗처럼 뿌리 깊은 나무는 비바람이 불어도 넘어지지 않는 법이다.

"제자들이 예수님을 깨우며"라고 했는데, 사실 깨어나야 할 사람은 예수님이 아니라 제자들이다. 제자들은 '씨 뿌리는 비유에 대한 설명'에 대해서 정말 깨어 있어야 한다. 그런 면에서 아직까지 제자들이 걸어가야 할 신앙의 여정은 멀기만 하다. 정말로 잠을 자고 있는 것은 예수님이 아니라 제자들이며, 제자들은 예수님과 함께 있으면서도 예수님을 신뢰하지 못하는 신앙의 잠을 자고 있다. 그것도 아주 캄캄한 한밤중의 깊은 잠을 자고 있다.

우리도 마찬가지이다. 이제는 예수님을 깨울 것이 아니라 우리 자신이 먼저 깨어나야 한다. 우리는 그동안 너무 잠만 자고 있었다. 마르코 복음을 묵상하면서 그동안 깊은 잠에 빠져 있던 우리의 믿음을 흔들어 깨어나게 해야 한다.

우리의 믿음이 성숙하지 못할 때 우리도 하느님께 울부짖을 때가 있다. "하느님, 어떻게 우리 아이가 이런 불치의 병으로 죽게 놔두십니까? 무슨 죄가 있기에 우리에게 이런 재앙을 내리십니까? 왜 우리 엄마 아빠를 데려가셨나요? 하느님, 당신이 정말 계시기는 한

겁니까? 네가 이토록 간절히 기도하는데 왜 저의 기도를 들어주지 않으십니까?"

마치 하느님이 계시지 않는 것처럼 느껴질 때가 있다. 마치 하느님이 우리의 급박한 상황을 전혀 모르는 채 주무시고 계시는 것같이 느껴질 때가 있다. 하느님은 늘 우리와 함께 계시지만, 우리를 외면하시는 분, 무능력하신 분, 우리와는 무관하신 분, 우리의 부르짖음을 들어주지 않으시는 분으로 생각될 때가 있다. "신은 죽었다."라는 외침은 오늘도 우리 주위에서 얼마든지 들려오고, 또 우리가 바로 그런 소리를 외치고 있다. "스승님, 저희가 죽게 되었는데도 걱정되지 않으십니까?"라는 제자들의 원망어린 부르짖음은 제자들만의 외침이 아니라 우리의 외침이기도 하다.

오늘 복음을 통해서 우리에게 말하고자 하는 메시지는 분명하다. 예수님은 제자들과 멀리 따로 떨어져 계시는 분이 아니라 그네들과 함께 계시고 그네들이 당하는 어려움이 어떤 것인지도 더 잘 알고 계시는 분이라는 것이다. 예수님이 누워 계시는 고물은 배가 가라앉을 때 가장 먼저 물에 빠지는 곳이다. 그러니까 예수님은 제자들이 죽게 되었는데도 돌보지 않으시는 분이 아니라 배가 물에 가라앉는다면 누구보다 먼저 물에 빠지실 분이다. 예수님은 제자들이 죽게 된 것을 보면서도 돌보지 않으시는 것이 아니라, 과연 제자들이 씨 뿌리는 사람의 비유를 얼마나 알아들었는가를 시험하고 계시는 것이다. 왜냐하면 씨 뿌리는 사람의 비유를 알아듣지 못하면 다른 비유도 알아듣지 못할 것이기 때문이다. 지금 제자들의 모습은 '씨가 돌밭에 떨어져 있는 모습'이다. 즉 "말씀을 듣고 기꺼이 받아들이기는 하지만 마음속에 뿌리가 내리지 않아 오래 가지 못하고 그 후에 말씀 때문에 환난이나 박해를 당하게 되면 곧 넘어지는 사람"의 모습이다. 비록 모든 것을 버리고 예수님을 따라 나선 제자들이지만, 그들도 예수님의 말씀을 듣고 받아들이는 좋은 땅이 되지 못할 때 믿음은 절대로 성숙되지 못한다는 것을 가르쳐 주는 것이다.

잠잠해져라. 조용히 하여라!

제자들의 믿음의 상태를 확인하신 후 이제 다시 예수님이 움직이신다. 예수님은 당신이 언제 어떤 방법으로 움직이셔야 하는지를 잘 알고 계시는 분이시다. 예수님은 잠을 주무시고 계시는 분이 아니라 늘 깨어 계시는 분이시다. 그래서 잠에서 깨어나신 예수님께서는 잠자는 제자들의 믿음을 깨어나게 하시려고 마치 더러운 영이 들린 사람에게 "조용히 하고 그 사람에게서 나가라."(마르 1,25) 하고 꾸짖으시며 더러운 영을 쫓아내셨던 것처럼, 거센 돌풍이 일고 있는 바람과 호수를 향해 "잠잠해져라. 조용히 하여라!"라고 말씀하심으로써 바람과 바다를 잠재우신다. 이는 당신이 바로 하느님이심을 드러내는 말씀이다. 즉 "만군의 주 하느님이여, 누가 당신 같으리이까? 주는 능하시고 진실에 싸여 계시오니 뒤끓는 바다를 호령하시고 솟구치는 물결을 겉잡으시나이다."(시편 88,9-10)라는 말씀처럼, 자연을 다스리시는 분은 오직 하느님 한 분뿐이시며 예수님이 바로 하느님이심을 보여 주는 말씀이다. "잠잠해져라. 조용히 하여라!"라는 말씀으로 예수님은 "곤경 속에서 그들이 주님께 부르짖을 때, 당신은 그 고생을 면하여 주셨도다. 광풍을 순풍으로 가라앉히사 바다의 물결이 잔잔해지니 잔잔해져 좋아라 날뛰는 그들을 희망의 포구로 이끄셨도다. 주님께 감사하라, 그 자비하심을, 중생에게 베푸신 그 기적들을."(시편 106,28-31)이라고 시편에서 노래하는 하느님의 모습을 재현하신 것이다. 결국 제자들이 예수님을 신뢰하지 못한 것은 아직까지 그분을 하느님으로 알아보지 못했기 때문이다. "도대체 이분이 누구시기에 바람과 호수까지 복종하는가?"라는 말이 그들의 무지를 드러낸다. 예수님이 "잠잠해져라. 조용히 하여라."라는 말씀으로 거센 돌풍을 잠재우시는 것은 당신을 하느님으로 알아보지 못하는 제자들의 무지를 깨우쳐 주시기 위해서였다.

예수님은 "잠잠해져라. 조용히 하여라!"라고 말씀하셨다. 무슨 뜻인가?

"주님께서 지나가시는데 크고 강한 바람이 산을 할퀴고 주님 앞에 있는 바위를 부수었다. 그러나 주님께서는 바람 가운데 계시지 않았다. 바람이 지나간 뒤에 지진이 일어났다. 그러나 주님께서는 지진 가운데에도 계시지 않았다. 지진이 지나간 뒤에 불이 일어났다. 그러나 주님께서는 불 속에도 계시지 않았다. 불길이 지나간 뒤에 조용하고 부드러운 소리가 들려왔다. 엘리야는 그 소리를 듣고 겉옷자락으로 얼굴을 가린 채 동굴 어귀로 나와 섰다."(1열왕 19,11-13)라는 말씀과 같이 잠잠함과 조용함은 하느님의 현존을 의미한다.

"잠잠해져라. 조용히 하여라!"라는 말씀은 또한 오늘 내 주위에서 일어나는 모든 거센 돌풍들을 향해서 명령하시는 말씀이기도 하다. 잠잠함은 정적이고 아무 힘이 없는 것 같지만 모든 것을 포용하는 힘이다. 우리 주위에서 일어나고 있는 온갖 잡다한 소리들을 잠재우시는 하느님이 안 계신다면 인간이 그 소음 속에서 살아갈 수 있겠는가? 십자가의 성 요한은 "하느님 아버지께서는 모든 영원으로부터 한 말씀을 하시며, 이 말씀을 침묵 속에서 하신다. 그리고 우리는 이 침묵 속에서 그 말씀을 듣는다."라고 말했다. 잠잠함은 하느님께서 모든 것을 창조하시기 전부터 있었다. 그 잠잠함 속에서 모든 것이 생겨났다. 따라서 모든 존재의 바탕은 잠잠함이다. 잠잠함은 평화롭다. 모든 것이 제자리에 있을 때, 즉 질서를 유지하고 있을 때는 잠잠하다. 소란은 본래의 자리에서 이탈했을 때 일어난다. 그들이 조용히 주무시고 계시는 예수님을 깨우며 "스승님, 저희가 죽게 되었는데도 걱정되지 않으십니까?"라고 소란을 피운 것은 제자들이 가져야 할 성숙한 믿음에 도달하지 못했기 때문이다. 그들이 처음에 배를 타고 계시는 예수님을 그대로 모시고 갔을 때처럼 순수한 믿음만 갖고 있었다면 이런 소란을 피우지 않았을 것이다. 처음에 가졌던 그 순수한 믿음을 잃어버렸기 때문이다.

하느님이 조용함 속에서 창조사업을 하셨듯이 우리도 질서가 파괴된 소란스러움이 아니라 조용함 속에서 모든 일을 이루어 나가야 한다. 그러기 위해서 우리는 하루 일과를 시작하기 전에 아침 일찍 일어나 묵상, 즉 고요 속에 머물러야 한다. 하루를 평화롭게 지내기 위해서, 그리고 우리의 일상생활에서 흔히 일어날 수 있는 모든 거센 돌풍을 잠잠함 속으로 포용하기 위해서 우리가 먼저 고요 속에 머물러야 한다.

예수님께서 이른 새벽에 산에 가시어 조용히 기도하신 이유도 바로 이 고요 속에 머물고 그 고요와 평온 속에서 하루의 일과를 다시 시작하시기 위해서였다. 신앙이 성숙한 사람일수록 잠잠하고 조용하다. 신앙이 없는 사람일수록 소란을 피우고 혼란스럽다. 어떤 거센 돌풍 앞에서도 평정을 유지하고 잠잠함과 조용함 속에 머무는 사람이야말로 성숙한 신앙인의 모습이다. 그러한 모습은 하느님께 대한, 어머니의 품에 안겨 있는 어린아이와 같은 절대적인 신뢰심에서 나오기 때문이다.

오늘날 우리에게 필요한 것은 좀더 잠잠함 속에 머무는 훈련이다. 우리는 언제부터인지 모르지만 잠잠함과 조용함을 잃어버렸다. 아니 주위가 잠잠하고 조용하면 오히려 불안해한다. 그래서 일어나자마자 텔레비전을 켜고 음악을 틀어 놓는다. 사람을 만나도 조용함 속에 만나지 못하고 떠들고 큰 소리로 말을 한다. 모였다 하면 누구의 소리가 더 큰가를 경쟁이나 하듯이 목청을 높인다. 성당 안에서도 잠잠하고 조용한 가운데 하느님을 만나지 못하고 옆 사람과 잡담하거나 왔다갔다하면서 부산을 떤다. 기도할 때도 잠잠하고 조용하게 바치면 기도를 하지 않는 것같이 느끼고 이방인들처럼 말을 많이 하고 큰소리로 바쳐야 들어주시는 줄로 여긴다. 이제 우리의 일상생활에서 잃어버렸던 잠잠함과 조용함을 되찾도록 하자. 모든 것을 포용하는 잠잠함과 조용함을 사랑하자. 허공을 맴도는 잡다한 소리보다는 하느님을 닮은 깊은 침묵으로 우리의 마음을 채우면서 하루에 단 10분만이라도 침묵 속에 머무르고 그 맛을 느껴 보자.

왜 겁을 내느냐?
아직도 믿음이 없느냐?

"왜 겁을 내느냐? 아직도 믿음이 없느냐?"라는 말씀은 "나와 함께 죽는 것을 왜 두려워하느냐?"라는 질문이다. 사실 물이 배 안에 들어차서 죽게 되었는데 무서워하지 않을 사람이 어디 있겠는가? 그렇지만 예수님의 꾸짖음은 단호하다. "왜 겁을 내느냐? 아직도 믿음이 없느냐?"라고 나무라신다. 이 질문은 '아직도 너희들은 나를 알아보지 못하느냐, 나를 전적으로 신뢰하지 못하느냐'라는 물음이다. 두려움은 믿음과 반대되는 것이다. 우리의 믿음이 성숙해지려면 가장 낮은 밑바닥 즉 죽음에까지 내려가야 한다. 가장 낮은 밑바닥에서 하느님을 체험한 사람만이 그 어떤 돌풍이 거세게 불어와도 당황하거나 소란을 피우지 않고 잠잠하고 조용하게 받아들일 수 있다. 두려워한다는 것은 예수님과 함께 잠을 자는 것(죽는 것)을 두려워하는 것이요, 그분의 말씀을 받아들이기 위해 밑바닥까지 내려가는 것을 두려워하는 것이다. 믿음은 우리의 생명과 죽음까지도 주님께 맡기는 것이다. 제자들이 예수님께 대한 절대적인 믿음을 갖고 있다면, 예수님이 자기들과 함께 계시는데 무엇이 무섭겠는가? 그러나 제자들은 아직까지 "죽음의 그늘진 골짜기를 간다 해도 당신 함께 계시오니 무서울 것 없나이다."(시편 22,4)라고 할 수 있는 성숙한 믿음의 상태에 도달하지는 못했다.

믿음이란 무엇인가? '믿는다'를 라틴어로 '크레데레(credere)'라고 하는데, 이 말은 'cor'(마음, 심장)와 'dare'(주다, 넘겨 주다)의 합성어이다. 따라서 믿는다는 것은 '내가 믿는 대상에게 내 마음(심장)을 넘겨 주는 것'이다. '내 마음을 넘겨 준다'는 것은 나의 전부를 넘겨 주는 것이다. 그러니까 내가 하느님을 믿는다는 것은 하느님께 나의 모든 것을 넘겨 드리는 것이다. 하느님께 모든 것을 넘겨 드리고 나면 나에게 남는 것은 하나도 없다. 넘겨 주지 못한다는 것은 믿지 못하는 것이다. 지금 예수님이 제자들에게 요구하시는 믿음은 바로 이런 믿음이다. 예수님을 하느님으로 믿는다면 왜 예수님께 모든 것을 다 넘겨 드리지 못하는가? 예수님이 하느님이심을 믿는다면 나의 모든 것, 즉 나의 생명과 죽음까지도 다 넘겨 드려야 한다. 나의 모든 것을 하느님께 다 넘겨 드린다는 것은 무슨 뜻인가? 그것은 복음의 세계로 들어가는 것이다. 즉 믿는다는 것은 복음을 믿는 것이다. 복음이 제시하는 세계를 받아들이는 것이요, 복음이 말하는 내용을 믿는 것이다. 믿는다는 것은 나의 가치를 버리고 복음이 제시하는 가치를 받아들이는 것이요, 복음을 통해서 빛을 받고 새로운 세계로 들어가는 것이다. 따라서 우리는 복음을 이해하는 만큼 복음의 세계 안으로 들어가고, 그만큼 믿음이 성숙해진다. 즉 나의 가치관과 세계관이 복음의 가치관과 세계관으로 바뀌는 것이다. 그것이 나의 세계에서 복음의 세계로 넘어가는 것이요, 나의 믿음이 성숙하는 것이다.

도대체 이분이 누구시기에 바람과 호수까지 복종하는가?

제자들은 "도대체 이분이 누구시기에 바람과 호수까지 복종하는가?"라며 놀란다. 지금 제자들은 자기들이 타고 온 배에 대해서 말하지 않고 있다. 또 거센 돌풍이 일어 배 안에 물이 들어찬 것에 대해서도 말하지 않고 "도대체 이분이 누구시기에 바람과 호수까지 복종하는가?"라며 오로지 예수님에 관해서 말한다. 제자들의 절망적인 상황을 바꾸어 놓은 것은 배도 아니고 바람도 아니었다. 오직 "잠잠해져라. 조용히 하여라!"라고 이르신 예수님의 말씀이었다. 말씀이 새로운 환경을 만들었다. 말씀이 절망적인 상황에서 기쁨에 가득 찬 분위기로 바꾸어 놓았다. 말씀이 사람들을 놀라게 했다. 창세기에서 하느님이 말씀으로 모든 것을 창조하셨듯이, 말씀만이 우리의 상황을 새롭게 만들 수 있다. 말씀만이 상황을 바꾸어 놓을 수 있다. 창조의 말씀, 상황을 바꾸어 놓으시는 예수님의 말씀이 우리 안에 울려 퍼져서 우리 안에 일고 있는 여러 가지 거센 돌풍을 잠재워 주도록 말씀에 신뢰하자.

"도대체 이분이 누구시기에 바람과 호수까지 복종하는가?"라는 이 질문은 마르코 복음 전체가 던지는 질문이며, 오늘 우리를 향해 던지고 있는 질문이다. 이 물음에 대한 대답은 우리가 마르코 복음을 통해서 찾아야 할 우리의 몫이다.

"도대체 이분이 누구시기에 바람과 호수까지 복종하는가?"라는 말은 예수님이 누구신지 모르는 사람들한테서 자연스럽게 나오는 질문이다. 예수님이 누구신지 알았다면, 제자들이 거센 돌풍 앞에서도 두려워하지 않았을 것이고 "스승님, 저희가 죽게 되었는데도 걱정되지 않으십니까?"라고 불평하지도 않았을 것이다. 도대체 이분이 누구신지 몰랐기 때문에 그분을 믿지 못했던 것이다. 모든 것이 '도대체 이분이 누구시기에' 라는 무지에서 일어난 것이다. 우리에게 예수님은 도대체 누구이신가? 도대체 이분이 누구신데, 나는 그분을 주님이라고 믿고 있는가?

제자들이 자기들 앞에서 일어난 놀라운 현상을 보고 "도대체 이분이 누구시기에 바람과 호수까지 복종하는가?"라며 서로 말했듯이, 우리도 우리 주위에서 일어나는 놀라운 일들을 보면서 그냥 지나칠 것이 아니라 질문을 던져야 한다. 아침에 떠오르는 태양을 보면서 우리는 "저 아름다운 태양은 누가 만드셨는가? 이토록 아름다운 자연을 창조하신 분은 누구신가?"라고 질문을 던질 줄 알아야 한다. 또한 "나에게 눈에 넣어도 아프지 않을 사랑스러운 아이를 주신 분은 누구신가? 나에게 생명을 주신 분은 도대체 누구신가? 오늘도 '나를 따라오너라' 라고 하시며 나를 부르시는 이분은 도대체 누구신가?"라고 질문을 던질 줄 알아야 한다. 그것이 곧 묵상이요, 주님께 더 가까이 나아가는 방법이요, 주님을 만날 수 있는 방법이다.

　필자는 1981년 6월 28일 로마에서 한국으로 오는 비행기를 탔다가 납치된 적이 있었다. 즉 어떤 젊은이가 내가 타고 있던 비행기를 방콕에서 납치한 것이다. 영화나 뉴스에서나 보았던 비행기 납치사건이 나에게 일어나리라고는 상상도 하지 못했던 상황이 현실로 나타났다. 우리는 약 33시간 동안 인질로 잡힌 채 비행기 안에 갇혀 있어야 했다. 그 비행기 안에는 모두 2백여 명의 승객이 타고 있었는데 그 중에 한국인은 나를 포함하여 7명이었다. 처음에는 비행기가 납치되었다는 것이 실감나지 않았고, 또 설령 납치되었다 하더라도 곧 문제가 해결되리라고 생각하여 아무도 당황하거나 동요하지 않았다. 그러나 시간이 흐르면서 현실은 점점 긴박하게 돌아갔으며, 승객들은 불안해하고 동요하기 시작했고, 만일에 대비해 비상탈출할 준비를 하며 구명조끼를 입었다. 시간이 흐를수록 비행기 안에는 여러 가지 소문이 떠돌았다. 납치범의 요구조건이 받아들여지지 않으면 제3국으로 갈 것이라든가, 아니면 비행기를 폭파시킬지도 모른다는 말도 들렸다. 그리고 어쩌면 북한으로 갈 것이라는 말도 들렸다. 비행기 안에 인질로 잡혀 있는 시간이 점점 길어지면서 사람들은 안절부절못했다. 지옥이 따로 없고 연옥이 따로 없는 것 같았다. 긴장과 불안과 초조, 공포와 두려움의 시간이었다. 결국 납치범의 요구조건이 받아들여져서 33시간만에 우리는 모두 다 비행기에서 무사히 내릴 수 있었다. 그런데 그때 나는 참 이상한 체험을 했다.

사람들은 두려움에 떨며 당황하고 안절부절못하는데, 나는 전혀 동요되는 바가 없었다. 이상하게도 그렇게 마음이 편안할 수가 없었다. 나는 한쪽 구석에서 강론 준비를 하고 있을 정도로 편안했다. 지금 생각해도 참 이상한 일이었다. 한 가지 분명한 것은 모든 것이 은총이었다는 점이다. 무슨 은총이었는가? 하느님을 전적으로 신뢰하는 믿음의 은총이었다. "죽음의 그늘진 골짜기를 간다 해도 당신 함께 계시오니 무서울 것 없나이다."(시편 22,4)라는 믿음의 은총이었다. 나는 정말 죽는다는 것에 대해 무서워하지 않았다. 그 급박한 상황에서도 "스승님, 저희가 죽게 되었는데도 걱정되지 않으십니까?"라는 불평보다는 잠잠함과 조용함이 나를 지배했다. 참으로 믿음이란 위대한 힘이다. 우리가 호수 이편에서 저편으로 건너가는 짧은 인생을 살면서 어두운 밤에 건너갈 때가 있다. 그러한 어두움 속에 건널 때 일어날 수 있는 거센 돌풍을 잠재우고 잠잠함과 조용함을 지닐 수 있는 것은 오직 믿음의 힘이라는 것을 나는 그때 온몸으로 체험했다.

마르코 복음 4장은 믿음을 어떻게 성장시킬 수 있는가에 대한 가르침이다. 그 믿음은 하루 아침에 갖게 되는 것이 아니라 우리 안에 뿌려지는 씨(말씀)를 정성껏 가꿀 때 조금씩 성장해 가는 것이다. 이런 성숙한 믿음은 예수님이 첫 번째 활동에서 병을 고쳐 주시고 기적을 일으켜 주시는 것을 보고 믿는 믿음이 아니라, '씨 뿌리는 사람의 비유'에서 보았듯이 말씀을 잘 듣고 받아들여 그 말씀을 정성껏 가꾸는 노력을 통해서 서른 배, 마흔 배, 예순 배, 백 배의 열매를 맺게 되는 믿음이다.

기도합시다

거센 돌풍을 잠재우시는 예수님, 제 주위에서 불고 있는 불신과 고통, 슬픔과 좌절의 거센 돌풍을 잠재워 주십시오. 당신은 저와 함께 계시면서 늘 제 주위에서 일어나는 거센 돌풍을 잠잠하고 조용하게 해 주셨지만 저는 늘 저의 기도를 들어주지 않으신다고 불평하고 원망만 했습니다. 이런 나약한 저의 믿음을 성장시켜 주십시오. 그동안 당신께 울부짖었던 저의 불평과 원망과 투정을 감사와 찬미로 바꿀 수 있게 해 주십시오. 아직도 제 안에는 잠잠함과 고요 속에 잠길 수 없는 많은 불안과 두려움이 있습니다. 예수님께서 제 안에서 일어나고 있는 거센 돌풍을 향해 "잠잠하고 조용히 하여라!"라고 호령해 주십시오. 그리하여 제 마음이 잠잠해지고 고요해지게 해 주십시오. 우리 주 예수 그리스도의 이름으로 기도드립니다. 아멘.

7. 마귀들과 돼지 떼(5,1-20)

　그들은 호수 건너편 게라사인들의 지방으로 갔다. 예수님께서 배에서 내리시자마자, 더러운 영이 들린 사람이 무덤에서 나와 그분께 마주 왔다. 그는 무덤에서 살았는데, 어느 누구도 더 이상 그를 쇠사슬로 묶어 둘 수가 없었다. 이미 여러 번 족쇄와 쇠사슬로 묶어 두었으나, 그는 쇠사슬도 끊고 족쇄도 부수어 버려 아무도 그를 휘어잡을 수가 없었다. 그는 밤낮으로 무덤과 산에서 소리를 지르고 돌로 제 몸을 치곤 하였다. 그는 멀리서 예수님을 보고 달려와 그 앞에 엎드려 절하고, 큰 소리로 "지극히 높으신 하느님의 아들 예수님, 당신께서 저희와 무슨 상관이 있습니까? 하느님의 이름으로 당신께 말합니다. 저를 괴롭히지 말아 주십시오." 하고 외쳤다. 예수님께서 그에게 "더러운 영아, 그 사람에게서 나가라." 하고 말씀하셨기 때문이다. 예수님께서 그에게 "네 이름이 무엇이냐?" 하고 물으시자, 그가 "제 이름은 군대입니다. 저희 수가 많기 때문입니다." 하고 대답하였다. 그리고 나서 예수님께 자기들을 그 지방 밖으로 쫓아 내지 말아 달라고 간곡히 청하였다.
　마침 그 곳 산 쪽에 큰 돼지 떼가 풀을 뜯고 있었다. 그래서 더러운 영들이 예수님께, "저희를 돼지들에게 보내시어 그 속으로 들어가게 해 주십시오." 하고 청하였다. 예수님께서 허락하시니 더러운 영들이 나와 돼지들 속으로 들어갔다. 그러자 이천 마리쯤 되는 돼지 떼가 호수를 향해 비탈을 내리달려, 호수에 빠져 죽고 말았다.

　돼지를 치던 이들이 달아나 그 곳 고을과 여러 촌락에 알렸다. 그러자 사람들은 무슨 일이 일어났는지 보려고 왔다. 그들은 예수님께 와서 마귀 들렸던 사람, 곧 군대라고 불리는 마귀가 들렸던 사람이 옷을 입고 제정신으로 앉아 있는 것을 보고는 그만 겁이 났다. 그 일을 본 사람들이 마귀 들렸던 이와 돼지들에게 무슨 일이 일어났는지 그들에게 이야기해 주었다. 그러자 그들은 예수님께 저희 고장에서 떠나 달라고 청하기 시작하였다. 그리하여 예수님께서 배에 오르시자, 마귀 들렸던 이가 예수님께 같이 있게 해 주십사고 청하였다. 그러나 예수님께서는 허락하지 않으시고 그에게 말씀하셨다. "집으로 가족들에게 돌아가, 주님께서 너에게 해 주신 일과 자비를 베풀어 주신 일을 모두 알려라." 그래서 그는 물러가, 예수님께서 자기에게 해 주신 모든 일을 데카폴리스 지방에 선포하기 시작하였다. 그러자 사람들이 모두 놀랐다.

　마르코 복음 3장이 그리스도인이란 어떤 사람이고 어떻게 살아야 하며 어떤 사명을 갖고 있는가를 가르쳐 주었고, 4장이 그리스도인의 믿음을 어떻게 성장시켜 나가야 하는가를 가르쳐 주었다면, 5장에서는 믿음의 모델을 제시한다. 그러나 우리가 성숙한 믿음의 생활을 하게 되기까지는 많은 어려움이 뒤따른다. 한마디로 성숙한 믿음의 생활을 한다는 것은 과거의 삶을 청산하고 완전히 새로운 삶을 사는 것이다. 따라서 오늘 복음은 믿음을 갖기 이전과 이후의 삶에 어떤 차이가 있는가를 제시해 주는 것이다.

예수님께서 첫 번째 더러운 영이 들린 이를 치유해 주신 이야기가 율법학자들과는 달리 권위 있는 가르침을 베푸신 이야기 다음에 나오고(마르 1,21-28), 두 번째 더러운 영이 들린 사람을 고쳐 주시는 오늘 말씀도 4장에서 여러 가지 비유에 대한 긴 가르침이 있은 다음에 나온다. 오늘 복음에서 더러운 영이 들린 사람이 예수님을 만났을 때 보여 주는 저항과 혼란은 바로 우리가 말씀을 받아들이려고 할 때 우리 안에서도 얼마든지 일어날 수 있는 현상이다. 한 생명의 탄생을 위해서는 반드시 산고를 치러야 하듯이 우리가 신앙인으로 거듭 태어나기 위해서는 엄청난 고통과 희생을 치러야 한다. 좋은 땅에 뿌려진 씨앗이 많은 열매를 맺기 위해서는 반드시 죽어야 새싹이 나오듯이, 우리도 말씀으로 죽어야 새롭게 태어나는 것이다.

그들은 호수 건너편 게라사인들의 지방으로 갔다

제자들은 바람과 바다까지 잠재우신 예수님의 놀라운 권능을 보고 "도대체 이분이 누구시기에 바람과 호수까지 복종하는가?" 하며 놀랐던 충격을 간직한 채 예수님과 함께 호수 건너편에 있는 게라사라는 이방인의 지방으로 갔다. 이방인의 지방에서 복음을 전한다는 것은 결코 쉬운 일이 아니다. 거기에서 거센 돌풍이 불듯이 반드시 많은 저항세력을 만나게 된다. 예수님은 바람과 바다까지 잠재우신 하느님의 권능으로 이번에는 더러운 영이라는 거센 돌풍으로 매우 혼란스러운 삶을 사는 사람에게서 더러운 영을 쫓아내심으로써 자연뿐 아니라 우리 인간의 거센 돌풍까지도 잠잠하고 조용하게 하시는 놀라운 능력을 드러내신다.

거센 돌풍은 밖에서만 일어나는 것이 아니라 우리 안에서도 얼마든지 일어날 수 있다. 우리가 복음으로 길들여지지 않았을 때 또는 복음을 읽지 않고 묵상하지 않을 때 또한 복음에 대해 무지할 때, 우리 안에서 일어나는 거센 돌풍을 잠잠하고 조용하게 잠재우기란 참으로 어렵다. 신앙생활이란 더러운 영이라는 거센 돌풍에서 자유로워지는 것이다.

거센 돌풍은 모든 것을 휩쓸어 가 버린다. 그래서 많은 피해를 입히기도 하지만 한편 호수 깊이 가라앉아 있던 오물들을 깨끗이 청소해 주고 새롭게 물갈이를 해 주기도 한다. 그래서 산골짜기나 강의 물이 깨끗해지려면 적어도 여름에 한 번쯤은 홍수로 밑바닥까지 휩쓸고 가는 것이 필요하다고 한다. 우리의 신앙생활에서도 한 번쯤 우리 안에 이런 거센 돌풍이 일어 그동안 가라앉아 있던 낡고 썩은 생각들을 깨끗이 청소하는 경험을 해야 한다. 이런 경험이 없다면 신앙생활을 하기 이전이나 이후에나 아무런 변화가 없는 낡은 생활을 계속해서 하게 될 것이다. "그때 천사는 나에게 '이것을 받아 삼켜 버려라. 이것이 네 입에는 꿀같이 달겠지만, 네 배에 들어가면 배를 아프게 할 것이다.' 하고 말했습니다. 그래서 나는 그 천사의 손에서 작은 두루마리를 받아 삼켰습니다. 과연 그것이 내 입에는 꿀같이 달았지만 먹고 나니 배가 아팠습니다."(묵시 10,9-10)라는 말처럼, 우리는 말씀을 묵상하면서 배가 아파야 한다. 한바탕 이런 진통을 겪고 나면 내 마음과 영혼이 깨끗해질 것이다. 병들었던 영혼이 치유되고 죽었던 영적 감각이 다시 살아나기 시작할 것이다.

이방인의 지역인 게라사가 바로 내가 살고 있는 지역이거나 내 마음은 아닌지?

더러운 영이 들린 사람이 무덤에서 나와 그분께 마주 왔다

　더러운 영이 들린 사람이 치유받기 위해 한 일이 무엇인가? 첫째는 무덤에서 나온 것이요, 둘째는 예수님 앞에 나온 것이다. 무덤에서 나온다는 것은 지금까지 살아오던 잘못된 생활 습관과 장소에서 나오는 것이다. 즉 자기 안에 더러운 영이 들게 만들었던 모든 환경에서 나오는 것이다. 오늘 내가 나와야 할 무덤은 무엇인가? "더러운 영이 들린 사람이 무덤에서 나와 그분께 마주 왔다."라는 것은 커다란 은총이다. 그러나 더러운 영이 들린 사람이 예수님을 만나자 "당신께서 저희와 무슨 상관이 있습니까? 저를 괴롭히지 말아 주십시오."라고 외친 것을 보면 의도적으로 예수님을 만나러 나온 것이 아니라 우연히 마주쳤을 가능성이 크다. 아무튼 그가 예수님을 만났다는 것은 커다란 은총이다.

　우리가 살아가면서 누구를 만나느냐에 따라서 운명이 바뀔 수도 있다. 나쁜 사람을 만나서 나쁜 길에 들어서는 사람이 있는가 하면 좋은 스승을 만나서 훌륭한 사람이 된 경우도 있다. 이 세상에서 가장 큰 축복은 예수님을 만나는 일이다. 나의 생명이신 분, 나를 행복한 곳으로 인도해 주실 스승이신 분, 나를 더러운 영에게서 건져 내 주신 분, 세상 그 누구보다도 더 나를 사랑해 주시는 예수님을 만난다는 것이야말로 가장 큰 축복이다. 무덤에서 살고 있던 나를 생명의 정원에서 살 수 있도록 인도해 주시는 길 진리 생명이신 그리스도를 만난다는 것은 정말로 큰 은총이며, 그것이 곧 구원이다.

　헬렌 켈러는 생후 19개월에 시각과 청각, 말의 표현력을 상실했고, 8살 때 설리번이라는 위대한 스승을 만났다. 설리번은 50년 간 헬렌 켈러의 손과 귀와 입이 되어 그를 헌신적으로 가르쳤다. 헬렌 켈러는 위대한 스승 설리번 선생한테 책 읽는 법과 수화법을 익히고 문장을 쓰는 법을 배워 11권의 저서를 냈다. 훗날 헬렌 켈러는 "자기의 긴 생애에서 가장 잊혀지지 않는 날은 선생님이 나에게 오신 날"이라고 말했다. 이처럼, 아니 그 이상으로 나와 예수님의 만남이 나의 인생에서 더할 수 없이 큰 축복의 날이 되어야 한다.

그는 무덤에서 살았는데

구약성서는 불신자들과 우상숭배자들을 가리킬 때 '무덤에서 사는 사람'이란 표현을 사용한다. "그들은 자기네 생각대로 좋지 않은 길을 걷는 자들, 정원에서 제사를 지내고 벽돌 위에서 분향하며 언제나 내 얼굴을 맞대놓고 나의 마음을 상하게 만드는 백성, 굴무덤 속에 들어가 앉고 은밀한 곳에서 밤을 지내는 자들, 돼지고기를 먹으며 부정한 고기 국물을 제 그릇에 담는 자들이다"(이사 65,2-4).

오늘 복음에서 더러운 영이 들린 사람이 무덤에서 살았다는 것은 무엇을 말하는가?

더러운 영이 들린 사람이 살았던 무덤의 의미를 묵상하자. 무덤을 그리스어로는 '무네메이온(munemeion)'이라 하고 라틴어로는 '모누멘툼(monumentum)'이라고 하는데, '기념비, 기념관, 무덤, 묘비, 유적'이라는 뜻으로 죽음과 같은 어원을 갖고 있다. 한 마디로 무덤은 산 사람이 거처하는 곳이 아니라 죽은 이의 시체를 모셔 두거나 죽은 이를 기념하기 위해서 만든 시설이다.

무덤에서 산다는 것은 더러운 영이 들린 모습으로 사는 것이다. 우리 마음에 생명이신 주님을 모시지 못하고 살아간다면, 겉으로는 아무리 번지르르하고 기름기가 흐르고 건강미가 넘친다 하더라도 그것은 무덤에서 사는 것과 같다. 예수님은 율법학자들을 보시고 "잔칫집에서는 윗자리를, 회당에서는 높은 자리를 좋아하고, 장터에서 인사받기를, 사람들에게 스승이라고 불리기를 좋아한다. 너희가 잔과 접시의 겉은 깨끗이 하지만, 그 안은 탐욕과 방종으로 가득 차 있기 때문이다."(마태 23,6-7.25)라고 하셨고 "불행하여라, 너희 위선자 율법학자들과 바리사이들아! 너희는 회칠한 무덤 같기 때문이다. 겉은 아름답게 보이지만 속은 죽은 이들의 뼈와 온갖 더러운 것으로 가득 차 있다."(마태 23,27)라고 말씀하셨다.

아무리 넓고 좋은 집에 온갖 비싼 고급 가구로 장식해 놓았다 하더라도, 그곳에 사는 사람들의 마음속에 성령의 열매인 사랑, 용서, 기쁨, 친절, 웃음이 없고 대신 더러운 영인 더럽고 불순하고 음란한 생각으로 가득 차 있으며, 그래서 매일 미움, 싸움, 질투, 분노, 시기, 무관심 등으로 지옥 같은 삶을 살고 있다면, 그곳은 무덤과 다를 바 없다. 그런 곳에서 사는 사람은 살아 있지만 살아 있는 것이라고 할 수 없고, 죽어서 들어가는 무덤의 삶을 미리 앞당겨 사는 것이라고 할 수 있을 것이다.

"죽지 못해 산다."라는 말은 살아 있지만 산다고 말할 수 없는 무덤의 삶과 같은 삶을 살고 있을 때 하는 말이다. 폭력이 난무하여 늘 공포 속에 살아야 하는 가정, 알코올 중독으로 가족들이 괴로움을 당하고 있는 가정, 아이들이 학교에서 돌아와도 아무도 반겨 줄 사람이 없는 쓸쓸함과 외로움이 가득 찬 가정, 서로에 대한 미움 때문에 찬바람이 쌩쌩 도는 공동체, 더 나아질 것이라는 희망이 보이지 않는 사람들끼리 모여 사는 공동체, 그래서 다시는 돌아가고 싶지 않은 공동체에서 사는 삶은 바로 무덤에서 사는 삶이다. 그것은 가정일 수도 있고, 본당 공동체일 수도 있고, 수도 공동체일 수도 있고, 직장일 수도 있다. 우리 주위에는 이런 무덤에서 살아가는 사람들이 너무나 많다.

무덤에서 사는 삶은 아름다움, 거룩함, 정의로움, 관대함을 잃어버린 삶이다. 무덤에서 사는 삶은 아름다운 미소, 봉사하는 친절함, 용서해 주는 너그러움, 모든 이를 포용해 주는 관대함과 사랑을 잃어버린 삶이다.

그는 쇠사슬도 끊고 족쇄도 부수어 버려
아무도 그를 휘어잡을 수가 없었다

더러운 영이 들린 사람의 삶, 무덤의 삶을 사는 사람의 행동이 구체적으로 어떤 모습으로 나타나는가를, 그리고 하느님을 떠난 인간, 더러운 영에 사로잡힌 인간이 얼마나 추악한 모습으로 타락할 수 있는가를 오늘 복음에서 "그는 쇠사슬도 끊고 족쇄도 부수어 버려 아무도 그를 휘어잡을 수가 없었다. 그는 밤낮으로 무덤과 산에서 소리를 지르고 돌로 제 몸을 치곤 하였다."라고 표현하고 있다. 이런 삶을 사는 이들이 점점 더 늘어나고 있는 것이 오늘의 현실이다.

오늘날 우리 사회에 알코올 중독, 마약 복용, 음란한 쾌락의 탐닉, 도박, 음주 운전, 광란의 질주, 사기, 성매매, 폭력 등이 점점 더 늘어나고 있다. 그뿐만 아니라 음란성 영화와 잡지, 비디오, 성인용 영화, 도박, 오락성 컴퓨터 등도 밤낮을 가리지 않고 마치 고삐 풀린 망아지처럼 날로 확산되어 가고 있다. 이런 현실을 볼 때 우리 사회는 어쩌면 거대한 무덤과도 같다고 할 수 있다. 더군다나 오늘날 3사람 중 1명이 정신질환을 앓고 있다는 신문 보도는 우리 사회가 얼마나 심각한 상태인가를 말해 준다.

예수님, 당신께서 저희와 무슨 상관이 있습니까?
저를 괴롭히지 말아 주십시오

"예수님, 당신께서 저희와 무슨 상관이 있습니까? 저를 괴롭히지 말아 주십시오."라는 말은 1장 24절에서 "나자렛 사람 예수님, 당신께서 저희와 무슨 상관이 있습니까?"라고 더러운 영이 들린 사람이 회당에서 큰 소리로 외쳤던 내용과 같은 말이다. 더러운 영이 들린 사람은 하느님을 떠난 인간, 하느님과 아무 관계없이 살아가는 인간의 전형적인 모습이다. 일반적으로 알코올 중독자, 도박꾼, 마약 중독자들은 그들을 구해 주려는 사람들에게 "당신이 나와 무슨 상관이 있느냐?"라고 화를 내거나 아니면 "나를 괴롭히지 말아 달라."라고 애원한다. 밤낮 컴퓨터에 빠져 있는 자녀들에게는 부모의 타이름도 잔소리, 괴롭히는 소리로만 들린다. 이들의 완강한 저항 앞에서 우리는 인간의 한계를 느끼지 않을 수 없다. 예수님을 믿는다는 것은 예수님과 아무 상관없이 제멋대로 생활하던 사람이 이제부터 예수님과 관계를 맺는 생활을 하는 것이다.

사랑하는 가족이 이런 나쁜 습관에 물들지 않게 하기 위해서는 무엇보다 먼저 우리가 사는 가정을 건전하고, 서로 사랑하고 신뢰하고 존중하는 분위기로 만들어야 한다. 우리의 가정이 무덤과 같을 때 가족들이 악에 물드는 것은 쉬운 일이다. 주님의 가르침을 배우고 주님의 말씀을 실천하고, 서로 사랑하며 살아가는 가정에는 더러운 영이 발붙일 데가 없을 것이다.

네 이름이 무엇이냐

"네 이름이 무엇이냐?"라는 질문은 우리가 사람을 처음 만날 때 던지는 물음이다. 이름은 자기 자신을 드러내는 하나의 표현이기 때문이다. 그래서 이름에는 대개 고유명사를 사용한다. 즉 자기만의 특성과 인격을 나타내는 고유명사를 사용한다. 우리는 자기 이름에 부끄럽지 않은 자격과 내용의 삶을 살아야 한다. 사람은 죽으면 이름을 남긴다고 했다. 그만큼 이름은 자기 자신을 위해서도 중요하고 자기 후손을 위해서도 그러하다. 따라서 "네 이름이 무엇이냐?"라는 질문은 "너의 신원이 무엇이냐?" "너는 어떤 사람이냐?" 또는 "너는 너 자신을 스스로 누구라고 생각하느냐?"라고 묻는 물음이다. 즉 지금 "네가 하는 말이나 행동이 너의 신원에 맞는가?"라는 물음이다. "네 이름이 무엇이냐?"라는 질문은 "네가 정말 그리스도인인가?"라고 그리스도인의 정체성을 묻는 질문이다. 나는 그리스도인인가, 나에게 그리스도는 누구신가, 무슨 의미가 있는 분인가를 묻는 질문이기도 하다. 정말 나를 대변해 줄 수 있는 나의 이름은 무엇인가?

제 이름은 군대입니다. 저희 수가 많기 때문입니다

왜 굳이 '군대'라고 했을까? 이에 대해서는 두 가지 설명이 가능하다. 하나는 '군대'라는 표현이 로마 군대를 가리킨다는 것이다. 즉 힘으로 정복하고 다스리는 로마인들의 세력을 '더러운 영'에 비유해서 표현했다는 것이다. 더러운 영이 들린 사람이 더러운 영에 시달림을 받으며 비참한 생활을 하듯이, 지금 이스라엘 백성의 처지가 로마 군인들 때문에 살아 있지만 마치 무덤에서 사는 것처럼 살아 있다고 할 수 없을 정도로 비참한 생활을 하고 있다는 것이다.

두 번째는 병리학적으로 볼 때 수많은 악마들이 한 사람 안에 들어가서 괴롭히고 있는데, 그로 인해 이 사람은 자아를 상실하였을 뿐 아니라 그 자아가 수백 수천으로 분열되었다는 참상을 알려 준다는 것이다. 그러니까 수효가 많아서 '군대'라고 하는 것은 더러운 영이 들린 이 사람 안에는 온갖 좋지 못한 것들이 가득 차 있다는 것이다.

이름을 '군대'라는 고유명사가 아닌 보통명사로 표현한 것은, 우리가 못된 짓을 하고 다니는 사람을 보고 '미친 놈, 죽일 놈'이라고 하는 데서 보듯이, 그가 자신의 고유성을 잃어버리고 못된 행동만을 골라서 하는 사람임을 나타낸다. 다시 말해서 "제 이름은 군대입니다."라는 말은 "나는 나 자신이 아닙니다. 나는 나의 고유성을 잃어버렸습니다."라는 말이다. 오늘날 우리 사회에는 자신이 누구인지를 잃어버린 사람이 참으로 많다. 언젠가 어떤 청년이 여자들을 시간별로 죽여서 차에 싣고 다니다가 잡힌 사건이 있었다. 그 청년이 경찰서에서 "저는 저 자신이 원망스럽습니다. 저도 제가 왜 이런 짓을 했는지 모릅니다."라고 고백하는 이야기를 들었다. 우리 사회에는 이처럼 제정신이 아닌 사람들이 너무 많다. 「자아를 잃어버린 현대인」이라는 책이 발간된 지 이미 오래 되지 않았던가? 하느님을 떠난 인간이 다시 하느님께로 돌아오지 않는 한, 이런 비극적인 사건은 더욱더 커져만 가고 늘어만 가리라. 내가 누구인지를 모를 때 나의 이름은 수십 가지가 될 수 있다. "너 자신을 알라."라는 말도 있지만, 정말 나는 누구인가?

저희를 돼지들에게 보내시어 그 속으로 들어가게 해 주십시오

왜 돼지들에게 보내 달라고 했는가? 구약에서 돼지는 부정한 동물을 상징한다(레위 11,7-8 참조). 더러운 영들이 발붙여 살고자 하는 곳은 악의 세력에 사로잡혀 있는 사람이나 장소이다. 그래서 더러운 영들은 불결하고 부정한 짐승인 돼지들 안으로 들어가게 해 달라고 예수님께 청하는 것이다.

　알코올 중독자들이 계속해서 술을 찾고 마약 중독자들이 끊임없이 마약을 찾다가 결국은 죽음을 맞이하듯이, 더러운 영과 돼지 떼는 혼돈의 세계인 바다에 빠져 죽음으로 끝을 맞이했다. 더러운 영들은 죽을 때도 곱게 죽지 않는다. 그들은 거의 2천 마리나 되는 돼지 떼와 함께 죽었다. 결국 자기 혼자 죽은 것이 아니라 남에게 막대한 피해를 입히고 죽었다. 알코올 중독자, 마약 중독자, 도박꾼 등은 끝까지 다른 사람들과 가족들에게 커다란 피해를 입히고 죽는다. 결국은 재산을 탕진하고, 가족들에게 깊은 상처를 남기고 죽는다. 한마디로 더러운 영은 죽음의 세력이다. 그래서 더러운 영이 들린 사람은 자신도 죽고 마침내 다른 사람도 죽게 만드는 것이다. 알코올 중독자는 "나 죽으면 술독에 묻어 달라."라고 말한다. 그러나 우리는 죽을 때 "하느님 품에 묻어 달라."라고 해야 한다. 그곳이 우리의 고향이기 때문이다. 그곳이 바로 내가 돌아가야 할 어머니의 품이기 때문이다. "저희를 돼지들에게 보내시어 그 속으로 들어가게 해 주십시오."라고 말할 수밖에 없는 더러운 영이 들린 사람의 최후는 참으로 불행하다. 유언치고 이런 비극적인 유언이 어디 있는가? 나는 무슨 유언을 남길 것인가?

옷을 입고 제정신으로 앉아 있는 것을 보고는 그만 겁이 났다
　"옷을 입고 제정신으로 앉아 있는 것"이란 무슨 말인가?

바오로 사도는 "그리스도 예수 안에는 진리가 있을 따름인데 여러분이 그의 가르침을 그대로 듣고 배웠다면 옛 생활을 청산하고 정욕에 말려들어 썩어져 가는 낡은 인간성을 벗어버리고, 마음과 생각이 새롭게 되어 하느님의 형상대로 창조된 새 사람으로 갈아 입어야 합니다. 새 사람은 올바르고 거룩한 진리의 생활을 하는 사람입니다."(에페 4,21-24)라고 말했다. 옷을 입고 제정신으로 앉아 있다는 것은 더러운 영이 들렸던 사람이 낡은 인간성을 벗어버리고 마음과 생각이 새롭게 되어 하느님의 형상대로 창조된 새 사람으로 되었다는 뜻이요, "세례를 받아서 그리스도 안으로 들어간 여러분은 모두 그리스도를 옷 입듯이 입었습니다."(갈라 3,27)라는 말씀대로 그리스도라는 옷을 입었다는 뜻이다. 이 옷은 우리 모두가 갈아 입어야 할 옷이다. 우리가 세례성사를 받은 지 오래 되었다 하더라도 말씀으로 거듭 태어나지 않았다면 지금이라도 다시 갈아 입어야 할 옷이다. 왜냐하면 "새 인간은 자기 창조주의 형상을 따라 끊임없이 새로워지면서 참된 지식을 가지게"(골로 3,10) 되기 때문이다.

더러운 영이 들렸다가 새 옷으로 갈아 입은 사람이 마귀가 들려 더러운 옷을 입던 때와는 정반대의 모습으로 주님 앞에 나와 있다. 마귀 들렸을 때는 난폭하고 밤낮 상관없이 계속해서 큰 소리를 지르며 떠돌아다녔다면, 지금은 예수님의 발치에 앉아 잠잠하고 조용히 말씀을 듣고 있다. 이와 비슷한 이야기가 '되찾은 아들의 비유'(루가 15,11-32 참조)에도 나온다. 작은아들은 아버지의 재산을 거두어 가지고 먼 고장으로 떠나가서 재산을 마구 뿌리며 방탕한 생활을 했다. 그러다가 돈이 떨어져 알거지가 되고 먹을 것이 없어서 돼지가 먹는 쥐엄나무 열매로라도 배를 채워 보려고 했으나 그것마저 그에게 주는 이가 없었다.

"그제야 제정신이 든 그는 이렇게 말하였다. '내 아버지의 그 많은 품팔이꾼들은 먹을 것이 남아도는데, 나는 여기서 굶어 죽는구나. 일어나 아버지께 가서 이렇게 말씀드려야지. '아버지, 제가 하늘과 아버지께 죄를 지었습니다. 저는 아버지의 아들이라고 불릴 자격이 없습니다. 저를 아버지의 품팔이꾼 가운데 하나로 삼아 주십시오.'' 그리하여 그는 일어나 아버지에게로 갔다"(루가 15,17-20). 여기서 "제정신이 들었다."는 것은 '제자리로 돌아왔다' 는 뜻이다.

'제정신'은 건강한 정신을 말한다. 제정신으로 돌아오기 이전의 말과 행동은 모두 병든 정신에서 나온 것이다. 어떤 것이 제정신(건강한 정신)인가? 예수님의 가르침을 듣고 옛 생활을 청산하고 정욕에 말려들어 썩어 가는 인간성을 벗어버리고 마음과 생각이 새롭게 되어 하느님의 형상대로 올바르고 거룩한 진리의 생활을 하는 사람이다. 오늘 우리가 제정신으로 돌아오게 하기 위해서 예수님은 말씀의 씨를 뿌리신다. 더러운 영으로 가득 찼던 내 정신이 말씀을 받아들임으로써 제정신으로 돌아와 나에게 뿌려진 말씀의 씨앗을 정성껏 가꿀 때 삼십 배, 육십 배, 백 배의 열매를 맺을 수 있는 것이다.

그들은 예수님께 저희 고장에서 떠나 달라고 청하기 시작하였다

동네 사람들은 더러운 영이 들린 사람이 제정신으로 돌아온 놀라운 사건을 보고 "예수님께 저희 고장에서 떠나 달라고 청하기 시작하였다." 참으로 이상한 일이다. 어떻게 이런 반응을 보일 수 있을까? 은혜는 아무나 받는 것이 아니다. 은혜를 받을 준비가 된 사람만이 받을 수 있다. 우리가 은혜를 받으려면 은혜를 받을 수 있는 자세부터 갖추어야 한다. 동네 사람들의 말은 더러운 영이 들린 사람처럼 예수님을 만나서 제정신으로 돌아올 수 있는 절호의 기회를 스스로 거부하는 태도이다. 왜 그랬을까? 일반적으로 사람들은 새로운 모험을 두려워한다. 자기 영역에 누군가가 들어오는 것을 싫어한다. 동네 사람들의 입장에서 볼 때 예수님은 불편한 존재였다. 뿐만 아니라 예수님 때문에 돼지들이 떼죽음을 당하는 피해를 입었다. 동네 사람들에게 중요한 것은 예수님이 아니라 돼지들이었다. 자칫 잘못하면 더 많은 피해를 입을지도 모르는 판국에, 차라리 예수님께서 빨리 그 자리를 떠나가 주는 것이 자기들을 도와주는 일이라고 생각했기 때문에 '떠나 달라'고 청한 것이다. 즉 동네 사람들은 예수님이 아니라 물질적인 부를 더 중요하게 여긴 것이다.

우리가 어떤 악습에서 해방되려면 그만한 대가를 치러야 한다. 동네 사람들에게 예수님의 존재는 불편한 존재이다. 또 많은 희생을 받아들여야 할지도 모른다. 그것보다는 예수님을 떠나 보내는 것이 훨씬 편하고 안전한 일이다. 그러기에 그들은 예수님께 자기들의 고장에서 떠나 달라고 청하기 시작한 것이다. 그렇다. 평소에 예수님에 대해서 관심이 없는 사람은, 그리고 영적인 생활에는 관심이 없고 오직 물질적인 것에만 관심이 있는 사람은 많은 은총의 시간을 놓쳐 버린다. 우리가 누구를 만나느냐 하는 것도 중요하지만, 좋은 스승을 만났을 때 어떤 자세를 취하느냐 하는 것도 중요하다. 예수님을 만난 것이 더러운 영이 들린 사람에게는 새 사람으로 거듭 태어나는 은혜로운 만남이었지만 동네 사람들에게는 아무 은혜도 받지 못하는 만남이었다. 동네 사람들은 마귀 들렸던 사람이 어떻게 해서 나았으며 돼지 떼가 어떻게 되었는가를 보고 듣고서도 예수님께 떠나가 달라고 청하는 사람들이다. 듣고 들어도 알아듣지 못하고, 보고 또 보아도 알아보지 못하는 이들이다.

마귀 들렸던 이가 예수님께 같이 있게 해 주십사고 청하였다

마귀 들렸던 사람이 제정신으로 돌아온 이후 예수님께 청하는 내용이 바뀌었다. 일반적으로 우리는 예수님께 많은 것을 청한다. 그러나 올바른 것을 청하기 위해서는 먼저 제정신을 갖고 있어야 한다. 동네 사람들은 예수님께 저희 고장에서 떠나 달라고 청하였지만, 마귀 들렸던 사람은 오히려 "예수님과 같이 있게 해 주십시오."라고 청하였다. 이것이 올바른 신앙생활이요 기도이다. 예수님에게서 떠났던 생활에서 다시 예수님과 같이 있는 생활로 돌아오는 것이 제정신이 든 신앙생활이다. 더러운 영이 들렸던 사람도 더러운 영에 사로잡혀 있었을 때는 "당신께서 저와 무슨 상관이 있습니까? 저를 괴롭히지 말아 주십시오."라고 청했지만 제정신 든 지금은 "같이 있게 해 주십시오."라고 처음과는 정반대의 청을 하고 있지 않은가? 우리가 예수님께 무엇을 청하는 것도 중요하지만, 더욱 중요한 것은 제정신으로 청하는 것이다. 우리가 기도할 때 무턱대고 청하기보다는 먼저 하느님이 보시기에 지금 나에게 가장 필요한 것, 그리고 하느님이 원하시는 것이 무엇인가를 생각해야 한다. 마귀 들렸던 이가 "예수님과 같이 있게 해 주십시오."라고 바쳤던 기도가 오늘 나의 기도가 되게 하자.

예수님께서는 허락하지 않으시고

왜 허락하지 않으셨는가? 이것은 예수님이 당신과 같이 있는 것을 반대하신 것이 아니다. '예수님과 함께 있는 것'은 모든 이의 성소이다. 그러나 그 방법은 다양하다. 예수님이 이 사람에게 원하신 성소는, 즉 이 사람이 예수님과 같이 있는 방법은 신부나 수도자처럼 모든 것을 버리고 당신을 따라 가는 것이 아니라 "집으로 가족들에게 돌아가, 주님께서 너에게 해 주신 일과 자비를 베풀어 주신 일을 모두 알려라."라는 말씀대로 가족에게 가서 복음을 전하는 것이다. 즉 사제, 수도자의 성소가 아닌 평신도의 성소인 것이다. 성직자나 수도자가 수행해야 할 사명이 있듯이 평신도에게도 나름의 사명이 있다. "평신도들은 특별히 교회가 오로지 평신도들을 통해서만 세상의 소금이 될 수 있는 그러한 장소와 환경 안에서 교회를 현존하게 하고 활동하게 하도록 부름 받고 있다"(교회헌장 33). 즉 더러운 영이 들렸던 이가 제정신으로 돌아와 해야 할 일은 사제나 수도자의 삶이 아니라 "집으로 돌아가, 주님께서 너에게 해 주신 일과 자비를 베풀어 주신 일"을 전하는 평신도의 성소인 것이다.

집으로 가족들에게 돌아가

"집으로 가족들에게 돌아가, 주님께서 너에게 해 주신 일과 자비를 베풀어 주신 일을 모두 알"리는 것이 이 사람의 성소이고 사명이다. 이 사람이 더러운 영에 사로잡혀 있었을 때에는 무덤에서 사는 사람이었지만, 이제는 주님께서 자비를 베풀어 자기에게 얼마나 큰 일을 해 주셨는지를 알리기 위해 가족이 있는 집으로 파견되는 선교사로 변신했다.

'알리다' 라는 단어는 선교적인 용어이다. 모든 그리스도인의 성소는 가서 예수님을 알리는 것이다. 즉 복음을 전하는 것이다. 복음을 전한다는 것은 어려운 신학이나 교리 또는 자기 사상을 전하는 것이 아니다. 우리가 가서 알려야 할 내용은 '주님께서 우리에게 해 주신 일과 자비를 베풀어 주신 일'을 알리는 것이다. 즉 우리가 알려야 할 내용은 각자 체험한 하느님, 또 하느님이 우리 안에서 이루신 놀라운 업적이다.

그리스도인은, 마리아가 "전능하신 분께서 나에게 큰 일을 하셨기 때문입니다."(루가 1,49)라고 당신 안에서 이루신 하느님의 업적을 노래하셨듯이, 하느님께서 각자에게 해 주신 놀라운 일들을 찬미하는 노래를 부르고 전해야 한다. 이렇듯 복음을 전하는 것은 자기가 체험한 하느님을 전하는 것이기 때문에 신나는 일이요, 겉치레 없이 지극히 자연스러운 일이다. 그리고 각자 고유한 방법으로 다양하게 예수님을 알리는 일이다. 왜냐하면 각자 자기 안에서 일어난 것들을 가족에게 이야기하는 일이기 때문이다. 더러운 영이 들렸던 이 사람은 예수님께서 갈릴래아 지방에서 복음을 전하신 것처럼 이방인 지역인 데카폴리스 지방에 복음을 전하는 선교사가 되었다. 사실 복음은 이런 사람들로 말미암아 알려져 왔고 지금도 알려지고 있다. 우리가 복음을 전하는 것이 어려운 이유는 '주님께서 우리에게 해 주신 일과 자비를 베풀어 주신 일'이 무엇인지를 모르기 때문이다. 즉 체험이 없기 때문이다. 그러나 이제부터라도 각자 마르코 복음을 묵상하면서 체험한 예수님을 가족에게 알리고 이웃에게 알린다면 아주 훌륭한 선교사가 될 것이다.

예수님을 처음 만났을 때에는 "마귀 들린 사람"이라고 불리던 이 사람이 지금은 '마귀 들렸던 사람'이라고 과거의 이름으로만 기억되고 있을 뿐이다. 나는 과거에는 어떻게 불렸고, 지금은 어떤 칭호로 불리고 있는가? 과거에는 '나쁜 사람, 술 주정꾼, 사기꾼, 욕심

쟁이, 도둑놈, 냉담자'라는 불명예스러운 이름으로 불렸지만 지금은 '참 좋은 사람, 인정 많은 사람, 교양 있는 사람, 기도하는 사람, 하느님의 사람, 마음씨 고운 사람, 복음을 전하는 사람'으로 불리고 있는가? 마르코 복음을 묵상하기 이전에는 어떤 사람이었고 지금은 어떤 사람으로 불리고 있는가?

우리가 다시 더러운 영에 물들지 않으려면 어떻게 해야 하는가? 그리고 계속해서 주님을 체험하면서 복음을 전하는 선교사로서 살아가려면 어떻게 해야 하는가?
제정신으로 주님 앞에 앉아 있어야 한다. 주님 앞에 앉아 있다는 것은 "주님의 발치에 앉아 그분의 말씀을 들은"(루가 10,39) 마리아처럼 말씀 앞에 앉아 있는 것이다.

성체 앞에서 말씀을 묵상하기 위해 앉아 있는 사람의 모습은 참으로 아름답다. 무덤에서 살고 있는 가족들을 살리려면 먼저 우리 자신이 주님의 말씀 앞에 조용히 앉아 있는 일부터 해야 한다. 우리가 먼저 말씀을 먹고 성령으로 무장할 때 우리 자신이 무덤의 삶에서 벗어날 수 있을 것이고, 또한 우리가 체험한 주님을 알리는 힘 있는 복음 전파를 통해서 가정에서 또는 내가 속해 있는 공동체에서 더러운 영들을 몰아낼 수 있을 것이다.

한 마디로 믿음이란 더러운 영이 들렸던 이를 제정신으로 돌아오게 하는 힘이다. 따라서 신앙생활을 한다는 것은 외적인 변화만이 아니라 근본적으로 변화되는 삶이다. 즉 믿음이란 무덤에서 살던 사람을 가족이 있는 곳으로 돌아가게 하는 것이요, 쇠사슬도 끊고 족

쇠도 부수어 버려 아무도 휘어잡을 수 없던 삶에서 그리스도의 옷으로 갈아 입고 제정신으로 돌아와 조용히 말씀을 묵상하는 생활을 하게 하는 것이다. 밤낮으로 무덤과 산에서 소리를 지르고 돌로 제 몸을 치곤 하던 생활에서 집으로 돌아가 주님께서 자신에게 해 주신 놀라운 일들과 자비를 베풀어 주신 일을 전하는 선교사의 삶을 사는 것이다. 이렇게 변화된 삶을 살게 해 주는 것이 믿음이며 그 믿음은 좋은 땅에 떨어진 씨를 잘 가꾸듯이 말씀을 잘 듣고 받아들여 많은 열매를 맺는 생활을 하는 것이다. 더러운 영이 들렸던 사람에게서 복음을 전하는 사람으로 변화된 모습이 호숫가 뭍에 서 있던 사람들이 변화되어야 할 모습이다.

기도합시다

더러운 악령을 쫓아내 주시는 예수님, 제 마음에 오시어 제 안에 거처하고 있는 악의 세력을 쫓아내 주십시오. 저는 저 자신도 어떻게 할 수 없는 더러운 영으로 말미암아 밤낮 시달림을 받고 있습니다. 주님, 우리 가정에 거처하고 있는 더러운 영들을 몰아내 주십시오. 마치 무덤과 같은 우리 집 분위기를 사랑과 용서와 이해로 생기 넘치는 가정으로 변화시켜 주십시오. 사랑스럽고 소중한 우리 가족 한 사람 한 사람을 축복해 주시어 우리 모두가 다시는 지옥과 같은 무덤의 삶을 되풀이하지 않게 해 주십시오. 더러운 영들을 쫓아내 주신 예수님의 이름으로 기도드립니다. 아멘.

8. 야이로의 딸을 되살리신 예수님(5,21-24.35-43)

　예수님께서 배를 타시고 다시 건너편으로 가시자 많은 군중이 그분께 모여들었다. 예수님께서 호숫가에 계시는데, 야이로라는 한 회당장이 와서 예수님을 뵙고 그분 발 앞에 엎드려, "제 어린 딸이 죽게 되었습니다. 가셔서 아이에게 손을 얹으시어 그 아이가 병이 나아 다시 살게 해 주십시오." 하고 간곡히 청하였다. 그리하여 예수님께서는 그와 함께 나서시었다.
　예수님께서 아직 말씀하고 계실 때에 회당장의 집에서 사람들이 와서는, "따님이 죽었습니다. 그러니 이제 스승님을 수고롭게 할 필요가 어디 있겠습니까?" 하고 말하였다. 예수님께서는 그들이 말하는 것을 곁에서 들으시고 회당장에게 말씀하셨다. "두려워하지 말고 믿기만 하여라." 그리고 베드로와 야고보와 야고보의 동생 요한 외에는 아무도 당신을 따라오지 못하게 하셨다. 그들이 회당장의 집에 이르렀다. 예수님께서는 소란한 모습이며 사람들이 큰 소리로 울며 탄식하는 것을 보시고, 안으로 들어가셔서 그들에게, "어찌하여 소란을 피우며 울고 있느냐? 저 아이는 죽은 것이 아니라 자고 있다." 하고 말씀하셨다. 그들은 예수님을 비웃었다. 예수님께서는 그들을 다 내쫓으신 다음, 아이의 아버지와 어머니와 당신의 일행만 데리고 아이가 있는 곳으로 들어가셨다. 그리고 아이의 손을 잡으시고 말씀하셨다. "탈리다 쿰!" 이는 번역하면 "소녀야, 내가 너에게 말한다. 일어나라!"라는 뜻이다. 그러자 소녀가 곧바로 일어서서 걸어다녔다. 소녀의 나이는 열두 살이었다. 사람들은 몹시 놀라 넋을 잃었다. 예수님께서는 아무에게도 이 일을 알리지 말라고 그들에게 엄히 분부하시고 나서, 소녀에게 먹을 것을 주라고 이르셨다.

오늘 복음은 믿음의 두 번째 모델이다. 제자들이 거센 돌풍을 만나 "스승님, 저희가 죽게 되었는데도 걱정되지 않으십니까?"라고 부르짖었을 때, 예수님은 "왜 겁을 내느냐? 아직도 믿음이 없느냐?"하고 꾸짖으셨다. 예수님은 당신과 함께 있으면서도 거센 돌풍으로 죽을까 봐 두려움에 떨고 있던 제자들에게 죽은 소녀를 살리심으로써 당신이 바로 죽은 이를 살리시는 하느님이심을 드러내신다. 따라서 우리가 정말 예수님을 하느님으로 믿는다면 죽음 앞에서도 당황하지 말고 당당하게, 그리고 조용하게 죽음을 받아들일 수 있어야 한다.

예수님은 죽은 소녀를 살리시는 기적을 통해서 제자들의 믿음을 죽음까지도 극복할 수 있는 믿음으로, 즉 예수님은 단순히 병을 고쳐 주시는 분이 아니라 죽은 이도 살려내시는 하느님이시라는 믿음을 갖도록 교육하신다. 오늘 복음을 묵상하면서 우리의 믿음이 이런 믿음으로 한 단계 더 성숙할 수 있도록 은혜를 청하자.

야이로라는 한 회당장이 와서 예수님을 뵙고 그분 발 앞에 엎드려
예수님이 게라사 지방에서 더러운 영이 들린 사람을 치유해 주시는 것을 보고 그 동네 사람들은 겁을 먹고 그 지방을 떠나 달라고 예수님께 간청했다. 게라사 지방 사람들이 예수님을 떠나 보냄으로써 은혜를 받지 못했다면, 야이로라는 회당장은 자진해서 "제 어린 딸이 죽게 되었습니다. 가셔서 아이에게 손을 얹으시어 그 아이가 병이 나아 다시 살게 해 주십시오." 하고 간곡히 청함으로써 예상하지 못했던 하느님의 놀라운 축복을 받았다. 우리도 어떻게 하면 이런 놀라운 은혜를 받을 수 있는지 회당장의 자세를 묵상하면서 우리의 믿음의 자세를 돌아보자.

회당장 야이로는 마을 사람들에게서 명예와 존경을 받는 사람이었다. 그런 사람이 무엇 때문에 예수님 앞에 엎드린 것일까? 남이 보기에는 아무런 근심 걱정이 없을 것 같은 사람이지만, 그 사람의 내면과 가정에는 감당할 수 없는 거센 돌풍이 일어나고 있었다. 그 거센 돌풍이란 사랑하는 어린 딸이 병들어 죽어가고 있다는 것이다. 부모에게 이보다 더 거센 돌풍이 어디 있겠는가? 마치 제자들이 타고 있던 배에 물이 들어와서 금방이라도 죽게 될지 모른다는 죽음의 공포가 엄습해 오듯이, 아무리 노력을 해도 사랑하는 어린 딸이 죽어가고 있다는 사실 앞에 속수무책인 회당장 야이로에게서 또 다른 형태의 거센 돌풍이 일어나고 있는 것이다. 이런 상황에서 회당장의 자세는 어떠했는가? 제자들과는 달리 그는 예수님 앞에 엎드렸다. 사람이 누구 앞에 엎드린다는 것은 항복한다는 것이요, 모든 것을 맡긴다는 것 즉 자신의 모든 것을 넘겨 준다는 뜻이다. 회당장의 자세는 믿음의 자세를 대변하고 있다.

우리는 여기에서 고통이 지니고 있는 긍정적인 한 측면을 엿볼 수 있다. 고통은 우리의 시선을 다른 높은 것을 바라보도록 이끌어 준다는 점이다. 회당장은 고통을 통해서 그동안 보지 못했던 곳으로 눈을 돌리게 되고 자기가 얼마나 무능력한 존재인지를 깨닫게 된다. 그리고 보면 어린 딸이 죽어 가는 것을 지켜보아야 했던 고통은 그동안 보지 못했던 자기 자신을 들여다볼 수 있게 해 주는 하나의 은총의 시간이었음을 알 수 있다.

개인이든 가정이든 거센 돌풍을 만나지 않을 수는 없다. 제자들이 호수 저쪽으로 건너가는 동안에 거센 돌풍을 만났듯이, 이쪽에서 저쪽으로 건너가는 우리네 인생에서 누구나 다 거센 돌풍을 만날 수밖에 없다. 다만 어떤 돌풍인가, 어느 정도의 돌풍인가의 차이가 있을 뿐이다. 제자들처럼 예수님을 신뢰하지 못하고 "스승님, 저희가 죽게 되었는데도 걱정되지 않으십니까?"라고 두려워하며 하느님께 원망과 불평만 하고 있을 것인가? 아니면 회당장 야이로처럼 예수님의 발 앞에 엎드려 도움을 청할 것인가? 이것은 전적으로 우리의 믿음의 성숙도에 달려 있다. 지금 나의 믿음의 수준은 어느 정도인가? 누구나 다 문제를 가지고 있고 또 어떤 사건을 당하게 되겠지만, 길가, 돌밭, 가시덤불, 좋은 땅과 같은 믿음의 성숙도에 따라서 행동하는 것이 각자 다를 것이다. 당황하지 않고 당당하게 그리고 잠잠하고 조용하게 받아들일 수 있는 사람은 좋은 땅에 뿌려진 씨의 믿음을 가진 사람일 것이다. 그 모델이 바로 이 회당장 야이로의 믿음이 아닐까?

회당장이 죽어 가는 어린 딸을 절망과 분노와 슬픔 속에서만 바라보고 있었다면, 그는 결코 주님을 만나지도 못했을 것이고 죽어 가는 어린 딸을 살리지도 못했을 것이다. 그가 믿음의 모델이 될 수 있었던 것은 어린 딸이 죽어 가는 것을 지켜보아야만 하는 무덤에서 나와 용기 있게 예수님 앞에 무릎을 꿇고 청했기 때문이다. 죽어 가는 어린 딸로 인해 절망과 슬픔 속에 지내야 했던 회당장과 그의 가족들의 삶은 그야말로 죽음이라는 더러운 영이 들린 무덤 속에서 사는 삶이었다. 그와 그의 가족들이 그 무덤에서 나올 수 있었던 것은 무엇보다도 먼저 그들이 예수님 앞에 나왔고, 그리고 예수님의 말씀에 순명했기 때문이다.

우리도 말못할 고민이나 걱정을 갖고 있는가? 그렇다면 예수님 앞에 엎드려 간곡히 청하자. 우리가 말못할 고민이나 어려움을 안고 있는 채로 그분 앞에 엎드린다는 것은 "저로서는 더는 어떻게 할 수 없기 때문에 이 문제를 당신에게 맡깁니다. 당신의 힘을 빌려서라도 이 무거운 고통과 고민과 어려움을 해결하고자 합니다. 좀 도와주십시오." 하고 자기에게 일고 있는 거센 돌풍을 예수님께 모두 넘겨드리는 믿음의 태도이다.

제 어린 딸이 죽게 되었습니다

회당장이 예수님 앞에 엎드려 간곡히 청한 것은 어린 딸이 죽게 되었다는 거센 돌풍이 일어났기 때문이다. 인간은 웬만해서는 굴복하려 하지 않는다. 그것도 남들로부터 존경을 받고 아쉬운 것이라고는 없는 회당장이 무릎을 꿇는다는 것은 여간해서 취할 수 있는 행동이 아니다. 회당장에게 어린 딸은 자기의 생명과도 같은 존재이다. 자기의 전부이다. 아니 그 이상의 존재이다. 그처럼 소중하고 사랑스러운 딸이 병들어 죽어 가고 있다는 감당할 수 없는 고통이 예수님 앞에 나와 엎드리게 만든 것이다. 어린 딸이 죽어 가고 있다는 것은 어린 딸뿐만 아니라 부모와 가족 전체가 죽어 가고 있는 것이다. 지금 회당장과 그의 가족들의 삶은 즉 어린 딸의 병으로 인해 죽음의 공포가 온 가족을 지배하고 있는 무덤과 같은 삶이다. "제 어린 딸이 죽게 되었습니다."라는 아버지의 말이 그 집안 분위기를 대변해 주고 있다. "부모가 죽으면 땅에 묻고 자식이 죽으면 부모의 가슴에 묻는다."라고 하지 않는가?

몇 년 전 성수대교 붕괴참사 때 외동딸을 잃은 아버지가 딸을 향한 그리움을 이기지 못하여 괴로워하다 끝내 목숨을 끊고 말았다는 신문기사를 읽은 적이 있다.

"지난 18일 오후 11시쯤 서울 성동구 성수동 성수대교 북단 '성수대교 참사 희생자 위령비' 앞에서 장영남 씨가 독극물을 마시고 신음 중인 것을 지나가던 행인이 발견해 한양대병원으로 옮겼으나 4일 만인 22일 오후 11시 51분쯤 숨졌다. 장 씨의 딸 세미(당시 18세, 고3) 양은 지난 1994년 10월 발생한 성수대교 붕괴사고 때 강북에 있는 무학여고로 등교하다 타고 있던 버스가 추락하는 바람에 강물에 빠져 숨졌다. 장 씨는 참사 직후 희생자 유족회장을 맡아 위령비 건립을 추진하고 딸의 모교에 장학금을 낸 공무원에 감사패를 전달하는 등 유족들의 아픔을 대변했다. 장 씨의 부인 강모 씨는 '남편은 딸이 죽은 뒤 세미가 보고 싶다며 자주 술을 마셨고 최근 직장을 잃고 나서 부쩍 의기소침해졌다.'고 말했다"(모 일간지에서).

감당할 수 없는 거센 돌풍을 어떻게 받아들이느냐에 따라서 고통은 은혜가 될 수도 있고 또 장영남 씨의 경우처럼 더 큰 비극을 초래하는 원인이 될 수도 있다. 우리의 믿음은 거센 돌풍을 조용히 잠재우는 믿음이어야 한다. 지금 마르코는 회당장의 믿음을 통해서 성숙한 믿음, 우리가 가져야 할 믿음이 어떤 믿음이어야 하는가를 가르쳐 주고 있다.

가셔서 아이에게 손을 얹으시어
그 아이가 병이 나아 다시 살게 해 주십시오

"가셔서 아이에게 손을 얹으시어 그 아이가 병이 나아 다시 살게 해 주십시오."라는 이 짧은 말에는 아버지의 소원이 듬뿍 담겨 있다. 그 아이가 다시 살게 되는 것이 그의 유일한 희망이고, 지금까지 그는 이 희망을 이루기 위해 모든 것을 바쳤다. 그러나 자기의 힘으로는 도저히 어쩔 수 없다는 것을 깨달았다. 그러기에 회당장이 예수님을 대하는 자세는 정말 진지하고 간절하다. 회당장은 전적인 신뢰의 자세로 진지하고 간절하게 청한다. "제 어린 딸을 살려 주실 수 있는 분은 오직 당신뿐이십니다. 당신은 제 어린 딸을 살려 주실 수 있는 유일한 분이십니다. 당신의 치유의 손길로써 제 사랑하는 어린 딸을 치유해 주십시오. 제 어린 딸이 죽느냐 사느냐 하는 것은 당신의 손에 달려 있습니다. 제가 지금 기댈 수 있는 분은 오직 당신뿐입니다. 제 딸뿐만 아니라 저희 온 가족이 함께 죽어 가고 있는 이 절망적인 상황에서 저희 가족을 구해 주실 수 있는 유일한 희망은 오직 당신뿐이십니다. 당신은 우리 집안의 유일한 희망이십니다. 우리 집에서 죽음의 그림자를 몰아내고 기쁨과 웃음과 행복을 되찾아 주실 수 있는 분은 오직 당신뿐이십니다."

바로 이런 믿음의 자세가 열두 제자들이 가져야 할 모습이다. 즉 예수님은 거센 돌풍이 일어났을 때 제자들이 보여 주었던 믿음의 자세에서 지금 회당장이 보여 주는 믿음의 자세로 성숙되도록 교육하시는 것이다.

회당장에게 예수님은 이미 인간 이상의 존재이시다. 따라서 회당장이 예수님께 거는 기대는 인간에게 거는 기대가 아니다. 인간의 능력을 초월하는 전능하신 분의 능력을 믿고 거는 간절한 기대이다. 더러운 영을 쫓아내신 것을 동네 사람들이 보고 떠나 달라고 간청했을 때 안타까운 마음으로 그 동네를 떠나셔야 했던 예수님께서 이번에는 죽어 가는 어린 딸을 살려 내기 위해 당신께 와서 도움을 청하는 회당장의 자세를 보시고 그를 따라 나서신다. 예수님을 자기 집으로 안내하는 회당장의 마음은 얼마나 들뜨고 두근거렸을까! 이제 "내 사랑하는 딸을 살릴 수도 있겠구나!" 하는 큰 희망을 갖고 기쁜 마음으로 집을 향하고 있었을 것이다. 회당장이 느꼈던 그 감정, 그 느낌을 조용히 상상해 보라. 우리에게도 덩달아 그 느낌과 감정이 생생하게 전해져 올 것이다. 그렇지 않은가?

지금 회당장의 자세는 예수님 앞에서 우리가 어떤 자세를 취해야 할 것인가를 분명하게 보여 주는 모습이다. 예수님은 원하지 않는 사람에게는 다가가지 않으신다. 그러나 당신께 도움을 청하면 언제라도 따라가실 준비가 되어 있는 분이시다. 항상 우리의 태도에 따라 움직이는 분이시다. 결국 은혜를 받는 것은 우리의 자세에 달려 있다. '씨 뿌리는 사람의 비유'에서 이미 설명했듯이, 은혜는 받을 준비가 되어 있는 사람이 받는 것이다.

따님이 죽었습니다.
그러니 이제 스승님을 수고롭게 할 필요가 어디 있겠습니까?

"따님이 죽었습니다. 그러니 이제 스승님을 수고롭게 할 필요가 어디 있겠습니까?" 이 무슨 청천벽력 같은 말인가? 이제 막 희망의

꽃이 피려는 순간에 사람들이 전해 주는 말은 완전히 절망적인 소식이다. 모든 희망이 한순간에 사라지고 깊은 슬픔으로 다시 빠져들어가는 순간이다. 기쁨과 슬픔, 희망과 절망이 교차되는 순간이다. 회당장이 다시 만난 거센 돌풍이다. 따라서 전에 거센 돌풍 앞에서 제자들의 믿음을 시험했듯이 이제는 회당장의 믿음을 시험할 수 있는 순간이다. 회당장이 예수님께 와서 간청했을 때는 자기 딸의 생명이 위태롭기는 하지만 그래도 아직 살아 있었다. "제 어린 딸이 죽게 되었습니다."라는 말은 죽어 가고는 있지만 죽지는 않았다는 것이다. 그래서 그는 실낱 같은 희망을 가질 수 있었다. 그러나 이제는 상황이 다르다. 사람들이 와서 전해 주는 "따님이 죽었습니다."라는 말은 그야말로 인간적으로 생각해 볼 때 아무런 가능성이 없는 절망적인 소식이다. 예수님이 병을 고쳐 주실 수는 있어도 이미 죽은 딸을 살려 내실 수는 없는 것 아닌가?

씨가 좋은 땅에 뿌려진 사람은 말씀을 듣고 받아들여 열매를 맺는 사람이라고 했다. 씨가 열매를 맺기 위해서는 반드시 썩어야 한다. 지금 회당장이 어린 딸을 살리려면 그의 믿음이 좋은 땅에 떨어진 씨앗처럼 죽어야 한다. 즉 자기의 의심과 인간적인 한계에 머물지 말고 전적으로 예수님께 신뢰해야 한다. 어린 딸을 살리느냐 아니면 죽은 채로 놔두느냐 하는 것은 전적으로 회당장의 믿음에 달려 있다. 어찌 되었든 이제 회당장은 자기가 갖고 있던 믿음의 한계점에 다다랐다. 이제는 예수님이 죽어 가는 딸을 고쳐 주실 수 있다는 믿음에서 죽은 이도 살려 내실 수 있다는 믿음으로까지 끌어올려야 할 단계에 이르렀다. 그래서 예수님은 "두려워하지 말고 믿기만 하여라."라고 그의 믿음을 북돋워 주신다.

예수님은 참으로 멋지신 분이다. 그리고 우리의 속마음을, 또 우리의 영적 수준을 참으로 잘 아시는 분이다. 더도 덜도 아닌 바로 지금 나에게 맞는 말씀을 하시는 분이다. 정말로 예수님은 때를 잘 아시는 분이다. 무엇을 해야 하는지, 무슨 말을 해야 하는지를 너무나도 잘 아시는 지혜로운 분이다.

예수님이 회당장에게 하신 말씀은 "두려워하지 말고 계속해서 믿음만 갖도록 하여라."라는 것이다. 즉 "네가 지금 나에게 와서 죽어가는 어린 딸에게 손을 얹어 주기만 하면 금방이라도 병이 나을 수 있다고 믿었던 그 믿음을 계속해서 가지고 있으라."라는 말씀이다. "사람들이 와서 딸이 죽었다고 전하는 말을 들었다 하더라도 흔들리지 말고 그 말을 듣기 이전에 네가 나에게 가졌던 그런 믿음을 계속해서 유지하라."라는 말씀이다. "따님이 죽었습니다. 그러니 이제 스승님을 수고롭게 할 필요가 어디 있겠습니까?"라는 말은 사람들의 말이지 예수님의 말씀이 아니다. 지금 사람들의 말을 들을 것이냐 아니면 예수님의 말씀을 들을 것이냐 하는 기로에서 "사람들의 말을 믿지 말고 나를 믿어라."라는 말씀이다.

회당장은 똑같은 장소에서 서로 상반되는 메시지를 접한다. 하나는 "따님이 죽었습니다. 그러니 이제 스승님을 수고롭게 할 필요가 어디 있겠습니까?"라는 절망적인 소식을 전해 주는 사람들의 메시지이고, 다른 하나는 "두려워하지 말고 믿기만 하여라."라고 용기와 희망을 전해 주시는 예수님의 메시지이다. 동시에 전해지는 이 두 가지 메시지 앞에서 회당장은 어떤 메시지에 마음을 두고 있을까? '유혹하다'라는 그리스어 단어 '페라이조(peraiggio)'는 '시험하다'와 '유혹하다'라는 두 가지 뜻을 갖고 있다. 앞에서 "시험은 적극적이고 긍정적인 의미를 가지나 유혹은 부정적인 의미를 갖는다. 시험은 하느님에게서 오는 것이지만 유혹은 사탄에게서 오는 것이다."(1권 '세례와 유혹을 받으신 예수' 참조)라고 했다. 지금 회당장은 유혹을 받고 있는 것이다.

 믿음은 인간의 능력을 벗어나는 것이다. 인간이 끝났다고 생각할 때 하느님은 시작하신다. 인간이 절망적이라고 생각하는 때를 하느님은 은총의 때, 구원의 때라고 말씀하신다. 그런 예수님의 말씀을 전적으로 신뢰하고 받아들이고 따르는 것이 믿음이다. 믿음은 단순히 마음의 평화를 얻기 위해 갖는 것이 아니다. 그렇다고 믿어서 나쁠 것도 없으며 오히려 좋으니까 믿는 것도 아니다. 믿음은 나를 죽음에서 살려 내시는 하느님의 힘을 받아들이는 것이다. 믿음은 이쪽에서 저쪽으로 건너가는 내 인생에서 나를 구해 줄 수 있는 유일한 희망이다. 내가 사느냐 죽느냐 하는 것은 나의 믿음에 달려 있다. 즉 믿음은 나를 죽음에서 살려내는 유일한 힘이다.
 회당장은 딸이 죽었다는 소식을 듣고 그 자리에 주저앉아 버릴 수도 있었을 것이다. 그러나 그는 슬픔과 두려움이 밀려오는 가운데에서도 "두려워하지 말고 믿기만 하여라."라는 예수님의 말씀을 믿으며 용기를 갖고 예수님의 말씀을 받아들였다. 즉 회당장은 사탄에게서 오는 유혹을 물리치고 구원의 기쁜 소식인 예수님의 말씀을 받아들였다. 이것을 '믿음의 행위'라고 한다. 즉 믿음의 행위란 믿는 바를 말로만 고백하는 것이 아니라 실천하는 것이다. 결국 회당장이 어린 딸을 살릴 수 있었던 것은 이 유혹의 순간에 사탄의 말을 듣지 않고 예수님의 말씀을 듣고 신뢰했던 믿음 덕분이었다.

어찌하여 소란을 피우며 울고 있느냐?
저 아이는 죽은 것이 아니라 자고 있다

이제 장소는 바뀌어 집안으로 옮겨진다. 예수님이 이곳까지 오시는 데 장소도 많이 바뀌었고 시간도 많이 걸렸다. 이것이 바로 우리가 진실한 믿음을 갖기 위해 거쳐야 할 과정이요, 영적 여정에서 만나게 될 과정들이다. 예수님이 그 집에 도착하셨을 때 이미 사람들은 어린아이의 주검 앞에서 울고 소란을 피우며 우왕좌왕하고 있었다. 그 집에는 이미 모든 질서가 깨어져 있었고 오직 슬픔과 무질서가 지배하고 있었다. 말하자면 혼돈의 상태이며, 죽음의 기운이 집 안을 지배하고 있는 무덤의 상태였다. 우리는 이 장면을 보면서 우리네 초상집의 광경을 쉽게 연상할 수 있다. 한쪽에서는 유족들과 평소에 고인과 가깝게 지내던 사람들이 죽음을 슬퍼하며 통곡하고 있고, 또 한쪽에서는 결국 죽음이라는 벽을 허물지 못하고 사랑하는 이를 떠나 보내야 하는 슬픔을 잊으려고 술잔을 돌리고 화투장을 돌리는 떠들썩한 분위기를 쉽게 상상할 수 있다. 죽음이라는 비극 앞에서, 누구나 맛보는 허탈감과 무기력함을 어떻게 극복해야 할지도 모르기 때문에 그저 술을 마시고 화투장이라도 돌리면서 그 순간을 넘기고자 하는 우리네 초상집의 분위기와 비슷하다.

그런 곳에 예수님이 오셨다. 인간의 죽음과 생명의 권한을 손에 쥐신 하느님이 죽음을 몰아내고 생명을 되찾아 주기 위해 죽음 때문에 슬퍼하고 있는 이들 가운데에 와 계신 것이다. 무덤에서 울고 있는 마리아에게 "여인아, 왜 우느냐?"(요한 20,15)라고 말씀을 건네시며 다정스레 다가가셨던 그분이, 지금 어린 소녀의 죽음으로 인해 슬픔과 절망 속에서 울고 있는 이들의 눈에서 눈물을 닦아 주기 위해 그들 가운데에 와 계신 것이다. 어린 소녀의 죽음은 가족들뿐 아니라 주위 사람들의 생활 리듬까지 파괴해 버렸다. 죽음의 현실 앞에서 갈피를 잡지 못하고 우왕좌왕하며 소란을 피우고 있는 그 한복판에, 태초에 혼돈 속에서 우주에 질서를 놓으셨던 하느님이신 예수님이 오신 것이다. 어둠이 깊은 물 위를 뒤덮고 있었을 때 "빛이 생겨라!" 하심으로써 빛이 생겨나게 하셨던 그 창조의 능력을 지니고 있는 말씀이 "어찌하여 소란을 피우며 울고 있느냐? 그 아이는 죽은 것이 아니라 자고 있다."라는 말씀으로 집안의 분위기를 바꾸어 놓으신다. 죽음이 지배하고 있는 회당장의 집에서 서서히 죽음을 몰아 내시며 슬픔을 기쁨으로, 절망을 희망으로 바꾸어 놓으신다.

갑자기 그곳의 주인은 회당장과 그의 가족이 아니라 낯선 예수님으로 바뀐다. 예수님이 그곳에 있는 모든 이들을 지배하시고 위로하신다. 우리가 믿는 하느님은 "죽은 이들의 하느님이 아니라 산 이들의 하느님이시다"(마르 12,27). 그러나 그곳에는 회당장과 같은 믿음을 갖고 있는 이들만 있는 것이 아니라 '예수님을 비웃는' 반응을 보인 사람들도 있었다. 이들은 믿음이 없는 이들을 대변한다. 그렇다. 믿음이 없는 이들에게 예수님의 말씀은 비웃음으로밖에 들리지 않는다. 그래서 예수님은 그들을 다 내보내시고 오직 믿음을 갖고 있는 사람들만 데리고 아이가 누워 있는 방으로 들어가신다. 믿음이 없는 이들은 기적을 보고도 또 다른 비난을 할 것이며, 쓸데없는 헛소문만 퍼뜨리고 다닐 것이기 때문이다.

그렇다. 믿음이 없는 이들에게 인간의 죽음은 모든 것이 끝나는 것으로밖에 보이지 않는다. 그러기에 그들은 그 이상의 세계를 보지 못한다. 그것이 그들의 한계이다. 믿음이 없는 사람들은 "때가 차 하느님의 나라가 가까이 왔다."라는 이 충만한 순간을, 그리고 은혜로운 순간을 전혀 감지하지 못한 채 살아가고 있는 사람들이다. 이 한계를 극복하는 것이 결코 쉬운 일은 아니지만, 죽음 너머에 또 다른 세계가 있다는 것을 믿음으로 받아들일 수 있다면, 죽음 앞에서도 결코 두려워하지 않고 희망을 가질 수 있을 것이다. 그런 희망을 갖고 살아가는 것이 바로 신앙인의 은총이다. 믿음이 아니고서는 도저히 누릴 수 없는 은총이다. 우리는 바로 예수님을 통하여 이 죽음의 세계를 극복할 수 있어야 한다. 예수님을 통하여 죽음 너머의 세계를 바라볼 수 있는 눈이 열려야 한다. 그것이 바로 믿음의 생활이다. 우리가 하느님을 믿는다는 것은 죽음이 지배하던 세계에서 생명의 세계로 넘어가는 것이요, 내가 지배하고 있던 자리를 예수님이 지배하시도록 내어 드리는 것이다.

지금 예수님은 제자들을 그런 믿음으로 성장시키시려고 어린 소녀의 죽음 앞에까지 그들을 데리고 가시는 것이다.

소녀야, 내가 너에게 말한다. 일어나라!

"소녀야, 내가 너에게 말한다. 일어나라!"라는 말씀은 예수님이 죽은 소녀에게 하신 말씀이다. 예수님의 말씀에는 항상 긍정적이고 희망적인 내용이 담겨 있다. 아무런 희망이 없어 보이는 극한상황에서도 예수님은 절대로 비관적인 말씀을 하지 않으신다. 예수님이 말씀하시자 소녀는 곧바로 자리에서 일어났다. 거센 돌풍을 일으켰던 바람과 호수까지도 말씀에 순명하였듯이, 죽음이라는 거센 돌풍도 예수님의 말씀에 순명한 것이다. 예수님은 '죽어 가고 있는 소녀에게' 말씀하신 것이 아니라 분명히 '죽은 소녀에게' 말씀하신 것이다. "일어나라!"라는 말씀은 "부활하라."라는 말씀이다. 부활을 믿는 이는 죽음을 두려워하지 않는다. 우리가 죽음을 두려워하는 것은 예수님의 말씀을 신뢰하지 못하기 때문이다. 우리가 예수님의 말씀대로 죽지 못하는 것은 부활에 대한 믿음이 없기 때문이다. 우리의 믿음은 죽음을 두려워하지 않는 믿음이어야 한다. 즉 죽음에서 우리를 해방시키는 믿음이어야 한다. 나의 믿음이 성숙해지려면 죽는 것부터 배워야 한다. 오늘도 예수님은 나에게 "일어나라!"라고 말씀하신다. 우리가 정말 믿음의 생활을 한다면 예수님의 말씀대로 일어나야 한다. 말씀 한 마디 한 마디는 바로 우리를 일어나게 하시는 말씀이다. 우리는 말씀대로 일어나야 한다. 그것이 곧 부활이요, 내가 하느님 나라, 즉 복음의 세계로 들어가는 것이다.

이 기적을 통해서 "도대체 이분이 누구시기에 바람과 호수까지 복종하는가?" 하며 두려움에 사로잡혔던 제자들은 "도대체 이분이 누구시기에 죽은 사람까지 살려 내는가?"라는 의문을 갖게 되고, 그런 과정을 거치면서 점차로 예수님의 새로운 모습에 눈을 뜨게 되고, 또한 예수님에 대한 믿음의 강도가 조금씩 깊어지고 확대되어 가고 있는 것이다.

"그러자 소녀가 곧바로 일어서서 걸어다녔다."라고 했다. 즉 소녀는 예수님의 말씀에 절대적으로 순명하고 일어나서 걸어다님으로써 예수님의 말씀이 갖고 있는 능력을 증거했고, 슬픔과 비통함에 젖어 있는 부모와 주위 사람들에게 기쁨과 행복을 되찾아 주었다. 우리도 말씀을 믿고 신뢰하면 이런 엄청난 기적이 일어난다. 따라서 말씀을 사는 이들은 절망과 슬픔 속에 살아가는 사람들에게 기쁨과 행복을 전해 주는 사람들이다. 자기가 특별한 일을 해서가 아니라 말씀이 그런 기적을 일으키는 것이다.

우리도 말씀으로 일어나자. 말씀을 따라 살지 않기 때문에 죽어 있었던 생활이라면 이제 다시 말씀을 따라 사는 삶을 살아야 한다. 즉 말씀으로 다시 일어나 걸어다니는 사람이 되어야 한다. 우리도 예수님의 말씀에 전적으로 순응하고 따르자.

"사람들은 몹시 놀라 넋을 잃었다."라는 말은 그들이 전혀 생각하지 못하던 일이 일어났음을 표현하는 것이다. 그렇다. 믿음은 전혀 예측할 수 없는 일이 일어나게 한다. 우리가 예측한 대로 일어나는 현상을 믿는 것은 믿음이 아니다. 전혀 상상할 수 없는 것이 가능하리라는 점을 믿는 것이 믿음이다. 우리의 믿음은 사람들을 놀라게 하는 믿음이어야 한다. 평범한 믿음으로는 놀라지 않는다. 말씀대로 죽는 믿음을 보여 주어야 한다. 도저히 불가능한 말씀을 신뢰하고 그대로 실천하는 행위를 보여 주는 믿음일 때 비로소 사람들이 놀랄 것이다. 바로 그런 믿음으로 성숙되려면 좋은 땅에 뿌려진 씨앗처럼 말씀을 듣고 받아들여 실천하는 거듭된 훈련을 통해서 이르게 될 것이다.

예수님은 "소녀에게 먹을 것을 주라." 하고 사람들에게 이르셨다. 즉 놀라운 기적 앞에 넋을 잃은 사람들에게 현실을 확인시켜 주시는 말씀이다. 그리고 소녀가 영으로만 살아난 것이 아니라 소녀의 전 존재가 실제로 살아났음을 확인시켜 주는 말씀이다.

죽었던 소녀가 일어나서 먹을 음식은 무엇인가? 그것은 "사람은 빵으로만 살지 않고 하느님의 입에서 나오는 모든 말씀으로 산다."(마태 4,4)라고 한 바로 그 하느님의 말씀이다. 빵만 먹고 살아왔던 소녀는 살지 못하고 결국 죽었다. 즉 빵만 먹고서는 죽고 만다. 먹고 먹어도 결국 죽고 마는 음식이 아니라 먹으면 살아나는 하느님의 말씀을 먹어야 한다. 하느님의 말씀은 생명의 빵이기 때문이다. 죽었던 소녀가 말씀으로 다시 살아났듯이 세례로 하느님의 자녀로 다시 태어난 모든 신앙인이 먹어야 할 음식은 하느님의 말씀이다.

교회가 신자들에게 줄 음식은 말씀이다. 이 말씀을 주지 못할 때 갓 태어난 생명은 이내 죽고 만다. 어머니가 어린 생명을 젖을 먹여 키우듯이 교회는 갓 태어난 세례자들이 잘 자랄 수 있게 먹을 음식을 주어야 한다. 또 세례받은 이는 뿌린 씨를 정성스럽게 가꾸듯이 말씀을 먹어야 한다. 하루하루 말씀을 먹으며 자고 일어나면, 씨앗에서 싹이 나고 잎이 나고 자라나듯이 나날이 믿음이 자라나고 잎이 나서 마침내 성령의 열매를 맺게 될 것이다. 오늘날 우리 교회가 외적으로는 성장하면서도 내적으로는 냉담자들이 점점 늘어나는 이유는 먹을 것을 주어야 할 교회가 제대로 주지 못하기 때문이 아닐까? 부모는 어린 자녀들의 신앙이 성숙되도록 회당장과 같은 역할을 해야 하며 사목자는 신자들의 영적 성숙을 위해 회당장과 같은 모범을 보여 주어야 한다.

소녀의 나이는 열두 살이었다

마르코는 죽었다가 다시 살아난 소녀의 나이가 열두 살이라고 했다. 열두 살이란 나이는 무엇을 상징하는가? 그리고 죽었다가 다시 살아난 소녀는 누구인가?

그 당시에 열두 살이란 나이는 결혼할 수 있는 나이이다. 신랑을 맞이하여 새로운 삶의 보금자리를 마련할 수 있는 나이이다. 열두 살 소녀는 "처녀들아, 제발 덕분 부탁이니 혹시 내 임 만나거든 여쭈어 다오. 임 그리다 나는 병들었다고."(아가 5,8)라는 말씀처럼 하느님에 대한 사랑으로 병든 인간이다. 즉 하느님에 대한 사랑으로 병들어 죽어 가고 있는 인간이다. 인간은 사랑이신 하느님을 그리워한다. 인간은 사랑이신 하느님을 만나지 못하면 결국 죽고 만다. 예수님께서 아이의 손을 잡으시고 "소녀야, 내가 너에게 말한다. 일어나라."라고 하신 말씀은 사랑으로 병들어 죽어 간 인간(신부)을 신랑이신 예수님이 사랑으로 일으켜 살리시는 것이다. 즉 "때가 차 하느님의 나라가 가까이 왔다."라고 선포하시고 복음을 전하신 예수님은 오늘도 복음을 통하여 우리 한 사람 한 사람을 찾아오시고 손을 내밀어 일으켜 세우시며 "내가 너에게 말한다. 일어나라!"라고 말씀하신다.

세례성사는 신랑이신 그리스도를 맞이하여 신혼생활을 시작하는 삶이다. 세례성사는 그리스도 안에서 그리스도의 신부로 새롭게 태어나는 삶이다. 죽었다가 다시 살아난 소녀는 그리스도의 생명으로 다시 태어나는 세례를 받은 모든 하느님의 백성을 의미한다. 세례성사는 죽음을 향해 가는 병을 앓다가 결국 죽고 마는 삶을 예수님에 대한 믿음으로 다시 일어나 걸어가게 하는 성사이다. 세례성사를 받은 모든 이는 과거의 삶에 대해 죽고 "내가 너에게 말한다. 일어나라!"라고 하신 대로 말씀을 듣고 일어나 걸어가는 사람이다.

예수님을 믿지 않고서는 이런 은혜를 받을 수 없다. 우리는 병자이고 예수님은 우리의 병을 고쳐 주실 치유자이기 때문이다. 따라서 우리가 그분을 통해서 죽음의 병에서 치유되려면 치유자이신 그분을 믿어야 한다. 마르코는 오늘 복음을 통해서 믿음의 은혜가 무엇인지 그리고 세례성사의 은혜가 무엇인지를 깨닫게 해 주고자 한다.

죽은 소녀는 "소녀야, 내가 너에게 말한다. 일어나라!"라는 말을 듣고 곧 일어나서 걸어다녔다. 그러나 소녀가 걸어다닌 길은 이전에 걸어다니던 길이 아니다. 즉 하느님을 생각하지 않고 자기 자신의 욕심만을 채우며 방향을 잃고 방황하며 떠돌던 길이 아니다. 그 길은 회개하고 복음을 믿으며 걸어가는 길이며, 하느님의 사랑에 응답하는 길이며, 죽음에서 생명을 구해 주신 하느님께 감사드리는 길이며, 하느님을 찬미하는 길이다. 그 길은 "이제부터 여러분은 이방인들처럼 살지 마십시오. 그들은 헛된 생각을 하고 마음이 어두워져서 하느님께서 주시는 생명을 받지 못할 사람이 되었습니다. …… 그들은 도덕적인 감각을 잃고 제멋대로 방탕에 빠져서 온갖 더러운 짓을 하고 있습니다. 그러나 여러분은 그리스도를 그렇게 배우지는 않았습니다. 그리스도 예수 안에는 진리가 있을 따름인데 여러분이 그의 가르침을 그대로 배웠다면 옛 생활을 청산하고 정욕에 말려들어 썩어져 가는 낡은 인간성을 벗어버리고 마음과 생각이 새롭게 되어 하느님의 형상대로 창조된 새 사람으로 갈아 입어야 합니다. 새 사람은 올바르고 거룩한 진리의 생활을 하는 사람입니다."(에페 4,17-24)라는 말씀처럼 거룩한 진리의 길을 걸어가는 생활이다. 이 길은 세례받은 모든 신앙인이 걸어가야 할 길이다. "이제 여러분은 그리스도와 함께 다시 살아났으니 천상의 것들을 추구하십시오. …… 여러

분은 지상에 있는 것들에 마음을 두지 말고 천상에 있는 것들에 마음을 두십시오. 여러분이 이 세상에서는 이미 죽었기 때문입니다"(골로 3,1-3).

지금까지 예수님이 베푸신 교육은 모두 세례성사에 대한 교육이었다. 즉 우리가 세례성사를 받았다는 것이 무슨 뜻인가를 잘 모르면서 생활했지만 세례성사를 통해 받는 은혜가 얼마나 큰 것인가를 설명한 내용이었다.

기도합시다

죽은 어린 소녀를 살리신 예수님, 어린 딸을 살리기 위해 당신 앞에 엎드려 간곡히 청하는 회당장의 자세와 그의 믿음을 저에게도 허락하십시오. 죽은 이를 살리시는 분은 오직 당신뿐이라는 저의 믿음이 성숙해질 수 있도록 축복해 주십시오. 저희 가정에는 죽어 가고 있는 가족들이 많이 있습니다. 저희 가정에 오시어 한 사람 한 사람에게 손을 얹어 축복해 주시어 일어나 걸어다닐 수 있게 해 주십시오. 죽은 소녀를 다시 살려 주신 예수님의 이름으로 기도드립니다. 아멘.

9. 하혈하는 부인을 고치신 예수님(5, 25-34)

그 가운데에 열두 해 동안이나 하혈하는 부인이 있었다. 그 여자는 많은 의사의 손에 숱한 고생을 하며 가진 것을 모두 쏟아 부었지만, 아무 효험도 없이 상태만 더 나빠졌다. 그가 예수님의 소문을 듣고, 군중에 섞여 예수님 뒤로 가서 그분의 옷에 손을 대었다. '내가 저분의 옷에 손을 대기만 하여도 구원을 받겠지.' 하고 생각하였던 것이다. 과연 곧바로 출혈이 멈추고 병이 나은 것을 몸으로 느낄 수 있었다. 예수님께서는 곧 당신에게서 힘이 나간 것을 아시고 군중에게 돌아서시어, "누가 내 옷에 손을 대었느냐?" 하고 물으셨다. 그러자 제자들이 예수님께 반문하였다. "보시다시피 군중이 스승님을 밀쳐대는데, '누가 나에게 손을 대었느냐?' 하고 물으십니까?" 그러나 예수님께서는 누가 그렇게 하였는지 보시려고 사방을 살피셨다. 그 부인은 자기에게 일어난 일을 알았기 때문에, 두려워 떨며 나와서 예수님 앞에 엎드려 사실대로 다 아뢰었다. 그러자 예수님께서 그 여자에게 이르셨다. "딸아, 네 믿음이 너를 구원하였다. 평화로이 가라. 그리고 병에서 벗어나 건강하여라."

오늘 복음은 회당장의 믿음에 이어 우리가 가져야 할 믿음이 어떠해야 하는가를 보여 주는 세 번째 모델을 소개한다. 우리가 세례를 받기는 했지만 충분한 준비를 하고 받은 것은 아니다. 그러나 세례성사를 통해서 우리가 받은 은혜는 죽음에서 생명으로 부활한 은혜이며, 자연인에서 그리스도인 즉 하느님의 자녀로 신분전환을 가져온 은혜이다. 그런데 우리는 세례성사를 통해서 받은 은혜를 잘 모르기 때문에 세례받은 것에 대해 감사할 줄도 모르고, 또 자부심을 가지고 그리스도인답게 살지도 못하고 있다. 마르코 복음은 3장 13절의 예수님께서 열두 사도를 뽑으시는 장면부터 5장의 하혈하는 부인을 치유해 주시는 장면에 걸쳐서 세례성사에 대한 교육을 하고자 한다. 세례성사에서 가장 기본적인 것은 믿음이다. 우리는 5장을 묵상하면서 세례성사의 은혜가 얼마나 큰가를 다시 한번 깨닫게 되고, 그래서 우리의 믿음이 막연한 믿음이 아니라 진실하고 알찬 내용으로 가꾸어진 믿음이 되도록 해야겠다.

그 가운데에 열두 해 동안이나 하혈하는 부인이 있었다

죽었다가 다시 살아난 열두 살 된 어린 소녀에 이어, 오늘 우리의 관심을 끌고 있는 이 여인은 열두 해 동안이나 하혈하는 병을 앓고 있는 부인이다. 열두 살 된 어린 딸이 죽어 가는 병에 걸린 것이 회당장과 그의 가족에게 외부에서 일어나는 거센 돌풍이었다면, 하혈하는 부인의 병은 외부가 아닌 내부에서 일어나는 거센 돌풍이다. 외부에서 오는 거센 돌풍뿐만 아니라 우리 안에서 일어나는 거센 돌풍 때문에도 우리의 믿음이 흔들릴 수 있다. 우리 안에서 일어나는 거센 돌풍을 어떻게 잠재울 수 있는지 하혈하는 부인의 믿음을 묵상하면서 그 해답을 찾아 보도록 하자.

우선 하혈하는 이 부인은 어떤 사람인가? 복음이 이 여인에 대해 말하고 있는 것은 '12년 동안이나 하혈증을 앓고 있었고, 그 병을 고치기 위해 많은 의사를 찾아가서 치료를 받느라고 고생을 하였고, 가진 것마저 모두 탕진했다'는 것이 전부이다. 그런데 더욱 절망적인 것은 "아무 효험도 없이 상태만 더 나빠졌다."라는 것이다. 이것은 하혈하는 부인의 절망적인 상황을 부각시키는 표현이다.

오늘날에도 마찬가지이지만, 당시에는 치료비가 무척 비싸서 부자가 아니면 감히 치료를 받을 수 없었다고 한다. 그런데 이 여인은 12년 동안이나 치료를 받았으니 경제적으로는 비교적 부유했던 부인이었음을 알 수 있다. 우리 주위에서도 쉽게 만날 수 있는 사람이다. 어쩌면 이 복음을 읽는 분들 중에도 처지가 이 부인과 비슷한 분이 계실는지 모른다.

이 복음 묵상을 정리하고 있을 무렵에 한 자매로부터 전화가 왔다. 아주 오래 전부터 알고 지내던 자매였는데, 오래 전부터 류머티즘으로 고통을 받고 있었다. 치료를 받기 위해 이 병원 저 병원 안 다닌 데가 없었고 용하다는 의사를 찾아 여기저기 안 다닌 곳이 없었다. 그러나 그 어느 곳에서도 치유해 주지 못했고, 의사들은 "평생을 그렇게 살아야 할 것이다."라고 말한다는 것이다. 이제는 매일 한 움큼씩 약을 먹어야 겨우 일어나서 다닐 수 있다고 말하면서 그 자매는 깊은 한숨과 울먹이는 목소리로 "이제는 깊은 절망 속에서 도저히 헤어날 수가 없다."라고 하소연했다. "삶의 의욕을 상실한 지는 이미 오래 되었고, 죽음의 공포가 늘 엄습해 오고, 가슴은 답답하고…… 신부님, 어떻게 하면 제가 이 고통에서 헤어날 수 있을까요?"라고 말했다.

참으로 안타깝다. 내가 그 자매를 위해서 할 수 있는 것이 아무것도 없다는 현실이 더욱 안타깝게 만든다. 오늘 하혈하는 부인이 예수님을 통해서 치유되었듯이 그 자매도 예수님을 통해 치유될 수 있기를 바라는 마음으로 이 묵상을 적고 있다.

그가 예수님의 소문을 듣고

만일 오늘 이야기가 '12년 동안이나 하혈증으로 죽도록 고생만 하던 여인이 결국 죽었다'는 내용으로 끝을 맺었다면, 이 이야기는 삼류소설 이야기로 전락하고 말았을 것이다. 만일 그런 소설이었다면 "참, 안됐다. 불쌍하기도 하지!"라는 동정 어린 한 마디 말과 함께 이내 사람들의 기억에서 사라지고 말았을 것이다. 그럼에도 이 이야기가 오늘 우리에게까지 전해지는 것은 불행했던 한 부인의 삶이 불행으로 끝나지 않고 예수님을 만남으로써 행복해졌기 때문이다. 즉 그 부인은 병에서 치유되어 건강해졌을 뿐 아니라 구원의 은혜까지 받은 행복한 사람이 되었기 때문이다.

그럼, 어떻게 이 부인이 절망적인 상황에서 희망으로 돌아설 수 있게 되었는가? 어떻게 12년 동안이나 고생하던 하혈병에서 깨끗하게 치유될 수 있었는가? 복음은 "그가 예수님의 소문을 듣고"라고 적고 있다. 즉 부인이 깊은 절망 속에 빠져 나올 수 있었던 첫 번째 계기는 '그가 예수님의 소문을 들은' 것이다. 어떤 소문이었을까? 아마 예수님이 나병환자를 치유해 주셨고, 중풍병자를 고쳐 주셨고, 또 더러운 영이 들린 이에게서 더러운 영을 쫓아내 주셨다는 소문이었을 것이다. 예수님에 대한 그런 소문을 들으면서 그 부인은 예수님께 한 가닥 희망을 갖게 되었을 것이다. 그 부인은 늘 자기

병을 고쳐 줄 수 있는 사람이 있다면 '죽기 전에 단 한 번이라도 꼭 그분을 만나 보았으면 소원이 없겠다.' 라는 생각을 품고 있었을 것이다. 그러던 차에 부인은 예수님에 대한 소식을 들었던 것이다. 분명 이 부인이 '예수님'이라는 이름을 듣는 것과 예수님에 대해 아무런 관심이 없던 여느 사람이 듣는 것 사이에는 엄청난 차이가 있었을 것이다. 그 부인에게 '예수님'이라는 이름은 한 가닥 희망을 갖고 마지막으로 매달릴 수 있는 이름이요, 어떤 일이 있더라도 놓칠 수 없는 이름이었다. '예수님'이라는 이름을 듣는 순간이 적어도 부인에게는 처음이자 마지막 기회요, 사느냐 죽느냐가 달린 긴장된 순간이었고, 그 이름은 절대로 놓칠 수 없는 분의 이름이었다. 수많은 사람들이 예수님을 둘러싸고 밀쳐대며 따라갔지만, 그 사람들과 부인의 자세에는 엄청난 차이가 있다.

이 부인의 경우처럼 '예수님의 소문'은 모든 이에게 늘 희망과 기쁨과 용기를 북돋아 주는 소문이어야 한다. 그래서 예수님의 소문은 복음 즉 기쁜 소식인 것이다. 그러나 모든 사람이 다 예수님의 소문을 듣고 이 부인과 같은 반응을 보인 것은 아니다.

사람은 무엇에 관심이 있는가에 따라서, 또 어떤 상황에 있는가에 따라서 듣는 것도 다르고 받아들이는 자세도 다르다. 지푸라기라도 잡고 싶은 이 부인의 절박한 상황이 예수님의 소문을 다른 사람들과 다르게 들을 수 있는 기회가 되었던 것이다. 위기는 기회라고 하지 않던가?

오늘날에도 예수님의 소문은 언제 어디에서든지 들을 수 있다. 그러나 모든 사람이 그 소문에 관심을 갖는 것은 아니다. 어떤 사람이 예수님의 소문에 귀를 기울이는가? 첫째, 하느님을 찾고 있는 사람이다. 둘째, 영적인 것을 목말라하는 사람이다. 셋째, 일반적으로 절박한 상황에 놓여 있는 사람이다. 그래서 고통은 은혜이기도 하다. 고통을 통해서 예수님을 찾고 만나게 되며, 고통을 통해서 성숙해지고 다른 세계로 눈을 돌리게 된다. 고통 중에 있다고 절망할 것이 아니라 예수님에 관한 소문을 듣기 위해 눈을 돌려야 하고 귀를 기울여야 한다. 예수님은 "행복하여라, 의로움에 주리고 목마른 이들!"(마태 5,6)이라고 말씀하셨다. 영적인 목마름이 없는 사람에게 예수님의 소문은 한낱 울리는 꽹과리에 불과할 뿐이다.

우리는 예수님에 관한 소문을 널리 퍼뜨려야 한다. 예수님에 관한 소문이 퍼지지 않았다면 이 부인은 들을 수 없었을 것이다. 우리 주위에는 이 부인처럼 절망에 빠져 있는 이들이 많이 있다. 바오로 사도는 말한다. "믿지 않는 분의 이름을 어떻게 부를 수 있겠습니까? 또 들어보지도 못한 분을 어떻게 믿겠습니까? 말씀을 전해 주는 사람이 없으면 어떻게 들을 수 있겠습니까? …… 기쁜 소식을 전하는 이들의 발이 얼마나 아름다운가!"(로마 10,14-15).

나에게 들려오는 예수님의 소문은 어떤 소문인가? 예수님에 관한 소문은 나에게 어떤 느낌을 갖게 하는가? 나는 예수님에 관한 소문을 전한 적이 있는가?

군중에 섞여 예수님 뒤로 가서 그분의 옷에 손을 대었다

부인은 왜 뒤로 가서 예수님의 옷에 손을 대었는가?

에제키엘 예언서를 보면 다음과 같은 말씀이 있다. "사람의 아들아, 이스라엘 집안이 자기 땅에 살 때, 그들은 자기들이 걸어온 길과 행실로 그 땅을 부정하게 만들었다. 그들이 내 앞에서 걸어온 길은 마치 달거리하는 여자의 부정과 같았다. 그들이 그 땅에 쏟은 피 때문에, 그들이 그 땅을 더럽히며 섬긴 우상들 때문에, 나는 그들에게 내 화를 퍼부었다"(에제 36,16-18). 또 레위기에는 "어떤 여자가 불결한 기간이 아닌데도 오랫동안 피를 흘리거나, 불결한 기간이 끝났는데도 피를 흘리는 동안 내내 그 여자는 부정하다. 불결한 기간일 때처럼 그 여자는 부정하다. 그 여자가 피를 흘리는 기간 동안 줄곧 눕는 잠자리도 모두, 불결한 기간에 눕는 잠자리처럼 다루어야 한다. 그 여자가 앉는 물건도, 불결한 기간에 부정하듯, 모두 부정하게 된다. 그것들에 몸이 닿는 이는 모두 부정하게 된다."(레위 15,25-27)라는 율법 규정이 있다.

이 규정에 따르면, 하혈하고 있다는 것은 부정한 여인임을 말한다. 따라서 율법 규정에 따르면 어떤 여인이 하혈하는 동안은 다른 사람과 함께 있을 수 없으며, 더군다나 다른 사람을 만질 수도 없다. 그렇게 되면 그 사람도 부정한 사람이 되기 때문이다. 그래서 이 부인은 감히 나서지 못하고 뒤로 가서 예수님의 옷을 만진 것이다. 율법규정에 따르면 이 부인은 옷을 만짐으로써 두 가지 율법 규정을 어긴 것이다. 하나는 부정한 상태임에도 군중 속에 끼어 있었다는 것이고, 다른 하나는 옷을 만짐으로써 다른 사람에게도 부정을 전염시킨 것이다. 그런데도 이 부인이 예수님의 옷에 손을 대었다는 것은 부인의 자세가 얼마나 적극적이었는지를 강조하는 표현이다. 즉 그런 여러 가지 어려운 상황과 규정을 어기면서까지 '저분의 옷에 손을 대기만 하여도 구원을 받겠지'라는 부인의 믿음과 용기를 강조한 것이다. 이처럼 예수님에 대한 이 부인의 믿음은 모든 장애를 극복하게 한다. 그 어떤 율법규정도 이 부인이 예수님의 옷을 만지는 것을 방해할 수 없었고, 예수님을 따라가는 것을 막을 수 없었다. 또한 부정함에도 불구하고 부인이 예수님의 옷에 손을 대었다는 것은 율법의 한계를 뛰어넘는 것을 말한다. 예수님을 만나는 것을 율법이 막을 수 없다는 것이다. 믿음은 율법에 갇혀 있는 것이 아니라 율법에서 해방되는 것이다.

이 부인이 보여 준 행동은 구약의 믿음에서 신약의 믿음으로 넘어가야 하는 우리의 모습을 상징적으로 나타낸다. 즉 지금은 율법에 매여 있을 때가 아니라 새로운 신약의 세계를 시작하신 예수님께로 나아가야 할 때이며 그래야만 앓고 있던 하혈증을 치유받을 수 있다는 것이다. 따라서 지금 나의 상태가 어떠하든 그것이 중요하지 않다. 우리가 아무리 사람들에게 손가락질 받는 나쁜 행동을 하면서 살아왔다 하더라도, 남에게 해를 끼치는 못된 일만 일삼으며 저질스러운 삶을 살아왔다 하더라도, 도저히 하느님께 용서받지 못할 큰 죄를 지은 부정한 사람이라 하더라도, 그런 것들이 예수님께 나아가는 데 결코 장애가 될 수 없다는 것이다. 오히려 이런저런 부족한 면들이 예수님께로 나아가게 하는 하나의 계기가 될 수 있는 것이다. 만일 이 부인이 율법규정 때문에 그대로 머물러 있었다면 결코 예수님한테 치유받지 못했을 것이며, 예수님을 만나지도 못했을 것이다. 그러니 우리도 군중 속에 섞여 있지 말고 그곳에서 나와 예수님의 옷에 손을 대자.

내가 저분의 옷에 손을 대기만 하여도 구원을 받겠지

우선 이 부인은 맹목적으로 예수님을 따라다니는 다른 사람들과는 마음가짐이 달랐다. 복음은 "큰 군중이 그분을 따르며 밀쳐댔다."라고만 되어 있다. 다른 사람들은 왜 예수님을 따라다니는지 그 목적이 분명하지 않았지만, '내가 저분의 옷에 손을 대기만 하여도 구원을 받겠지.'라고 생각하는 부인의 자세는 목적이 분명했고 또한 진지하고 간절했다. 이런 확신을 갖고 예수님께 다가가는 부인의 발걸음은 힘차고 가슴은 설레었을 것이며, 그분께 가까이 다가갈수록 자신의 간절한 소원이 현실로 이루어지리라는 확신이 더욱 그를 흥분시켰을 것이다. 드디어 예수님께 가까이 다가갔을 때, 이 부인은 온 정성과 설렘과 신뢰심으로 예수님의 옷에 손을 대었을 것이다. 그 극적인 순간을 복음은 "과연 곧바로 출혈이 멈추고 병이 나은 것을 몸으로 느낄 수 있었다."라고 전하고 있다. '내가 저분의 옷에 손을 대기만 하여도 구원을 받겠지'라는 믿음과 예수님의 옷에 손을 댄 그 믿음의 행동이 12년 동안이나 지속되던 출혈을 멈추게 하고 병을 고치는 기적을 일으킨 것이다. 야고보 사도가 "나의 형제 여러분, 어떤 사람이 믿음이 있다고 말하면서 그것을 행동으로 나타내지 못한다면 무슨 소용이 있겠습니까? 그런 믿음이 그 사람을 구원할 수 있겠습니까? …… 믿음에 행동이 따르지 않으면 그런 믿음은 죽은 것입니다."(야고 2,14-17)라고 역설한 믿음이 바로 이런 믿음이 아닐까? 이 부인은 "씨가 좋은 땅에 떨어져 싹이 나고 자라서 열매를 맺었다."(마르 4,8)라는 말씀에 걸맞는 대표적인 모델이다.

　오늘 복음을 자세히 읽어 보면 "손을 대다"라는 말이 6번이나 반복해서 나온다. 그것은 그만큼 중요하다는 것이다.
　도대체 '손을 대다'라는 말이 무슨 뜻일까? '손을 대다'라는 것은 하나의 표현방식이다. 즉 마음의 외적 표현이다. 손을 대는 것에도 여러 상태가 있을 것이다. 별 생각 없이 건성으로 만지는 경우가 있을 것이고, 이 부인처럼 '내가 저분의 옷에 손을 대기만 하여도 구원을 받겠지' 라는 생각을 갖고 온 마음을 다해 만지는 경우도 있을 것이다.

우리는 말씀을 읽지만 마음으로는 다른 생각을 하면서 읽을 수도 있다. 이런 경우를 씨 뿌리는 비유에서 설명한 '길, 돌밭, 가시덤불 속'에 떨어진 것과 같다고 한다면 '손을 대기만 하여도 구원을 받겠지' 라고 생각하며 온 마음을 다해 예수님의 옷을 만진 이 부인의 모습은 '좋은 땅'에 떨어진 씨와 같다고 할 수 있을 것이다. 우리는 복음을 단순히 읽는 것이 아니라 이 부인처럼 말씀으로 오시는 주님을 '만진다' 는 느낌으로 읽어야 한다.

우리는 복음을 읽고 묵상하면서 말씀과 함께 계시는 주님을 만지고 그 느낌을 전달받아야 한다. 그런 복음 묵상이 되도록 읽고 또 읽고, 묵상하고 또 묵상하고, 묵상한 것을 되새겨야 한다. 기도할 때도 마찬가지이다. 입으로만 하는 것이 아니라 예수님의 옷을 만진 부인처럼 온 마음으로 해야 한다. 우리가 온 마음을 다하지 않기 때문에 복음을 읽을 때나 묵상할 때, 기도할 때나 미사에 참례할 때나 성체를 모실 때 아무런 느낌을 받지 못하는 것이다. 신앙생활은 머리로만 하는 것이 아니라 마음으로도 함께 해야 하는 것이다. 우리는 머리로 생각만 하던 신앙생활에서 마음으로 느끼지는 신앙생활로 발전시켜야 한다.

과연 곧바로 출혈이 멈추고 병이 나은 것을 몸으로 느낄 수 있었다

우리가 말씀을 들으면서 아니면 묵상하면서 가슴 벅찬 감동을 느낄 때도 있었고 또는 새로운 깨달음으로 기쁨을 맛볼 때도 있었을 것이다. 그리고 말씀을 묵상하면서 나도 모르게 모든 근심 걱정이 눈 녹듯이 사라지는 것을 체험한 때도 있었을 것이다. 바로 그런 상태가 예수님의 옷에 손을 대자 "과연 곧바로 출혈이 멈추고 병이 나은 것을 몸으로 느낄 수 있었다."라는 상태일 것이다.

  이런 체험은 말로 표현하기 어려운 것이다. 오직 본인만이 느낄 수 있고 맛볼 수 있는 감동이다. 이런 감동이 있기 때문에 우리가 복음을 묵상하고 말씀 안에 머무는 것이다. 우리는 복음을 묵상하면서 이런 체험을 해야 한다. 복음을 묵상한다는 것이 결코 쉬운 일은 아니다. 부인이 12년 동안 하혈하던 증상이 멈추고 병이 나은 것을 몸으로 느낀 것은 하루 아침에 이루어진 일이 아니다. 이 부인이 열두 해 기나긴 세월 동안 병마와 싸워 오던 끝에 예수님의 소문을 듣고 그분의 옷에 손을 대기만 하여도 병이 나으리라는 간절한 원의와 예수님의 옷에 손을 대는 적극적인 자세를 보이지 않았더라면 결코 출혈이 멈추고 병이 낫는 은혜를 받지 못했을 것이다. 우리도 말씀으로 다가오시는 예수님을 우리 몸으로 느낄 수 있기 위해서는 이 부인과 같은 적극적인 자세로 복음을 묵상해야 한다. 우리는 피를 흘리는 많은 상처들이 나을 때까지 계속해서 말씀 안에 머물러 있어야 한다. 우리가 말씀을 묵상했다고 말할 수 있기 위해서는 단순히 글자가 아니라 "살아 있고 힘이 있으며 어떤 쌍날칼보다도 더 날카롭습니다. 그래서 사람의 마음을 꿰뚫어 영혼과 정신을 갈라놓고 관절과 골수를 쪼개어 그 마음 속에 품은 생각과 속셈을 드러냅니다"(히브 4,12)라는 말대로 힘이요 날카로운 칼인 말씀이 우리의 가장 깊은 밑바닥까지 내려가서 모든 상처들을 치유시켜 주는 체험을 해야 한다.

예수님께서는 곧 당신에게서 힘이 나간 것을 아시고

마더 데레사는 다음과 같이 말했다. "새 것이나 낡은 것, 비싼 것이나 값싼 것, 어디에서든지 쉽게 발견되는 전선들을 보셨겠지요. 그러나 전선들은 그 자체로는 아무 소용이 없습니다. 그 안으로 전류가 통과해야만 빛을 낼 수 있습니다. 그대와 나는 전선이고 하느님은 전류이십니다."

하느님은 마치 전기를 일으키는 발전소와 같은 분이시다. 우리가 이 부인처럼 '내가 저분의 옷에 손을 대기만 하여도 구원을 받겠지'라는 생각으로 온 마음을 다해 예수님의 옷을 만질 때, 우리 안에 기적의 힘이 흘러들어올 것이다. 부인이 만진 옷은 하나의 상징이다. 즉 옷에서 기적의 힘이 나온 것이 아니라, 예수님에게서 흘러나온 것이다. 마찬가지로 복음의 글자도 하나의 상징이다. 상징인 그 복음을 통하여 글자 속에 현존하시는 예수님을 만나야 한다. 글자를 통하여 예수님을 만지고, 예수님의 뜨거운 사랑을 느끼고, 예수님의 능력이 흘러나오게 해야 하고, 예수님의 가르침을 올바로 깨달아야 한다. 그러기에 복음은 단순히 읽기만 할 것이 아니라, 읽고 묵상해야 하며 묵상하고 관상해야 할 것이다. 그러면 복음에서 감당할 수 없는 힘이 솟아 나오는 것을 느낄 것이다. 복음에서 생명이 흘러들어오는 것을 느낄 것이다.

그 부인은 자기에게 일어난 일을 알았기 때문에, 두려워 떨며 나와서 예수님 앞에 엎드려 사실대로 다 아뢰었다

부인의 두려움은 공포에 떠는 두려움이 아니라 하느님의 출현이나 능력이 드러날 때 나타나는 인간의 반응이다. 모세는 불타는 떨기 가운데에서 "모세야, 모세야!"(출애 3,4) 하는 소리를 듣고 "하느님 뵙기가 두려워 얼굴을 가렸다"(출애 3,6). 베드로는 예수님의 말씀대로 그물을 쳐서 많은 고기를 잡았을 때 두려운 마음에 예수님의 발 앞에 엎드려 "주님, 저에게서 떠나 주십시오. 저는 죄 많은 사람입니다."(루가 5,8)라고 말했다. 이 부인이 느낀 두려움은 모세와 베드로가 체험한 것과 같은 일종의 경외심이다. 즉 인간이 하느님의 위대하심과 현존을 직접 체험할 때 나타나는 반응이다.

인간이 하느님을 체험하면 그분 앞에 엎드려 경배를 드릴 수밖에 없게 된다. 어쩌면 우리는 하느님에 대한 체험이 없기 때문에 아무런 느낌이나 두려움을 가지지 못하는지도 모른다. 그러나 우리는 복음을 묵상하면서 조금씩 우리와 함께 계시는 하느님의 현존을 체험하게 될 것이고, 그때 우리도 부인처럼 두려워 떨며 예수님 앞에 엎드려 경배드리게 될 것이다. 그때에 비로소 하느님이 찾으시는 영과 진리 안에서 진실한 예배를 드리는 사람이 될 것이다.

딸아, 네 믿음이 너를 구원하였다

"딸아, 네 믿음이 너를 구원하였다."라는 예수님의 말씀은 아버지가 사랑하는 딸에게 하는 애정 어린 표현이다. 두려움에 떨고 있는 부인에게 "딸아, 네 믿음이 너를 구원하였다."라는 말씀은 얼마나 위로가 되고 감동을 주는 말씀인가? "딸아, 네 믿음이 너를 구원하였다."라는 말씀은 부인이 한 행동을 칭찬하는 말씀일 뿐만 아니라 부인에게 구원의 은혜까지 베풀어 준 말씀이다. 얼마나 큰 하느님의 사랑이 담긴 표현인가? 만일 부인이 율법규정대로 하혈증을 앓고 있는 부정한 사람이기 때문에 사람들과 함께 있어서도 안 되고 다른 사람을 만져서도 안 된다는 낡은 생각에 사로잡혀 있었더라면, 하혈증이라는 무덤에 갇혀서 병을 치유받지도 못한 채 결국 죽어가고 말앉을 것이다.

부인의 병을 고쳐 주신 예수님은 누구이신가?

예수님은 바로 이 부인을 딸로 생각하시는 아버지이시다. 아빠! 나의 아버지가 곧 예수님이시다. 우리는 지금 아버지와 만나고 있는 것이고, 아버지와 대화를 나누고 있는 것이고, 아버지께 지금 앓고 있는 하혈증, 즉 나의 병을 보여 드리고 말씀드리는 것이다.

12년 동안 하혈하는 병을 앓은 것이 이 부인에게는 커다란 고통이요 불행한 일이었지만, 지금 돌이켜보면 바로 자신을 살리는 하나의 수단이었다. 병치레를 해야 했던 12년이란 기간은 이 부인이 구원받기 위해 필요한 기간이었고, 병으로 인한 12년 동안의 고통은 치유의 기쁨을 맛보게 해 준 영광스런 고통이었으며, 그 기간은 예수님을 아버지로 알아보게 해 준 은총의 시간이었다. 구원은 돈이나 재물이나 명예나 권위로써가 아니라 오직 믿음으로만 가능한 것이다. 이 부인을 구원한 믿음은 12년 동안의 고통을 통해 성숙해진 믿음이었다. 고통이 때로는 우리의 믿음을 성숙시키고 우리를 하느님께 돌아오게 해 준다. 그래서 바오로는 "우리는 고통을 당하면서도 기뻐합니다. 고통은 인내를 낳고 인내는 시련을 이겨내는 끈기를 낳고 그러한 끈기는 희망을 낳는다는 것을 우리는 알고 있습니다."(로마 5,3-4)라고 말했다.

"딸아, 네 믿음이 너를 구원하였다."라는 말씀에 주목하자. 무엇이 우리를 구원하는가? 우리의 믿음이다. 예수님은 누구든지 다 구원하기 위해 오셨다. 그러나 그 구원의 선물은 예수님께 대한 믿음을 갖고 있는 사람만이 받을 수 있다. 믿음이 무엇인가? 예수님을 믿는다는 것이 도대체 무엇인가? 더러운 영이 들린 사람이 무덤에서 나와 예수님을 만나서 제정신으로 돌아왔듯이 하혈증이라는 무덤에서 나와 예수님의 옷을 만져서 깨끗이 낫게 하는 힘이 곧 믿음이다.

평화로이 가라. 그리고 병에서 벗어나 건강하여라

이 말씀에는 '지금은 병고에서 나았으니 앞으로도 계속해서 건강할 수 있도록 노력하라.'는 뜻이 담겨 있다. 우리의 믿음은 계속해서 성숙해져야 한다. 겨자씨가 자라듯이 자라나야 한다. 내 마음에 뿌려진 말씀을 듣고 잘 가꾸지 않으면 다시 병이 도질 수도 있다. 우리를 구원하는 성숙한 믿음은 뿌린 씨앗을 가꾸듯이 정성 들여 가꾸어야 한다.

12년 동안 하혈증을 앓고 있던 부인이 "평화로이 가라. 그리고 병에서 벗어나 건강하여라."라는 소리를 듣게 되기까지 걸어온 여정을 정리해 보자.

12년 동안 하혈증으로 고생을 하고 마침내 가산마저 탕진하고 오히려 병은 점점 더 심해져 가는 절망적인 상태에서 생활하고 있던 부인의 삶에 새로운 전기를 맞이하게 된 결정적인 계기는 예수님의 소문을 들었다는 사실이다. 이 부인은 예수님에 관한 소문을 듣고 율법규정상 부정한 상태였기 때문에 군중 사이에 끼어 있을 수도 없고 또 다른 사람의 옷을 만질 수도 없는 상황이었지만, 그런 규정을 어기면서까지 적극적으로 예수님을 따라갔고 직접 예수님의 옷을 만지는 과감한 행동을 취했다. 결국 이 부인은 예수님의 옷을 만짐으로 병이 치유되는 은혜를 받게 되었고, 마침내 예수님 앞에 나와 엎드려 경배드리고 예수님으로부터 구원되었다는 확인을 받기에 이르렀다. 이제부터 이 부인은 과거와는 전혀 다른 새로운 삶, 기쁨과 환희와 하느님을 경배하는 새 삶을 살게 되었다. 즉 모든 것에서 해방된 진정한 자유인이 되었다. 바로 이 부인의 모습이 영성생활을 통해 도달해야 할 우리의 모습이며, 또한 우리가 걸어가야 할 영적 여정이기도 하다.

마르코가 이 이야기를 통해서 우리에게 전해 주고자 하는 메시지는 무엇인가?

피는 생명을 의미한다. 피를 계속해서 흘린다는 것은 죽어 가고 있다는 것이다. 결국 이 부인은 하혈증이라는 육체적인 병과 부정한 여인이라는 윤리적인 병으로 죽어 가고 있는 불쌍한 사람이었다.

하혈증을 앓고 있었던 이 부인은 예수님을 믿지 않는 이들을 대표한다. 즉 믿음이 없는 사람들의 하루하루의 삶은 피를 흘리다가 결국 죽어 가는 하혈증 환자처럼 피를 흘리며 죽음을 향해 가고 있다는 것이다. 우리가 예수님을 믿고 세례성사를 통해 하느님의 자녀로 새로 태어나지 않으면, 아무리 용한 의사를 찾아다니고 불로초 등 건강식품을 먹어도 결국 우리의 하루하루는 죽음을 향한 여정이 될 것이다.

이처럼 세례성사를 받는 것과 안 받는 것에는 하늘과 땅만큼이나 차이가 있다. 즉 세례를 받기 이전의 삶은 하루하루가 죽음을 향해 가는 것이라면 세례를 받은 삶은 하루하루가 아버지께로 주시는 생명으로 가는 것이다.

하혈증을 앓고 있었던 이 부인은 모든 인간을 상징한다. 즉 모든 인간은 열두 해 동안 하혈증을 앓던 부인처럼 인생 내내 병을 앓다가 죽어 간다. 그런데 병을 앓던 기간이 열두 해라고 표현한 것은 열둘이라는 나이가 결혼할 수 있는 나이이기 때문이다. 결혼은 신랑(배우자)을 만나 새로운 삶을 시작하는 것이다. 열두 해 동안 하혈증으로 고생하던 부인이 예수님의 옷을 만짐으로써 "딸아, 네 믿음이 너를 구원하였다."라는 구원의 은혜를 받은 것은 곧 우리가 세례성사를 통해 신랑이신 예수님을 맞이하여 새로운 삶을 시작하면서 은혜를 받는 것과 같다. 따라서 세례성사를 통해 구세주이신 예수님과 하나가 된 신앙생활은 더는 죽음을 향해 가는 생활이 아니라 영원히 사는 하느님의 나라를 향해 가는 축복된 삶이다.

치유받은 이 부인의 모습이 바로 세례성사를 통해서 받은 은혜의 삶을 사는 신앙인의 모습이다. 이 복음을 묵상하면서 세례성사의 은혜를 깨닫고 이런 엄청난 은혜를 베풀어 주신 하느님께 경배드리는 생활을 하도록 노력하자. 비록 우리가 세례성사의 은혜를 모르고 있다고 해서 세례성사를 통해 베풀어 주신 은혜가 소멸되는 것은 아니다. 다만 우리가 그 은혜를 충만히 누리지 못하고 살기 때문에 우리의 삶이 행복하지 못하고, 그래서 감사드리지 못하는 것이 안타까울 따름이다. 내가 잘났기 때문에, 또는 나의 믿음이 진실하고 굳기 때문에, 또 내가 그런 엄청난 은혜를 받을 만한 자격이 있어서 예수님께서 세례성사의 은혜를 베풀어 주시는 것은 아니다. 세례성사의 은혜는 "한 사람의 올바른 행위로 모든 사람이 무죄 판결을 받고 길이 살게 되었습니다."(로마 5,18)라는 말씀대로 예수님께서 우리에게 거저 베풀어 주시는 은혜이다. 그러기에 우리는 그분께 감사와 찬미를 드리지 않을 수 없는 것이다. 이제부터라도 세례성사가 얼마나 큰 은혜로운 성사인지 그 의미를 잘 알아듣고 하느님께 경배드리는 신앙생활을 하도록 노력하자. 세례성사의 은혜를 알아듣는 이에게 신앙생활은 수수께끼가 아니라 어둠에서 벗어나 생명의 길을 걸어가는 삶이다.

기도합시다

12년 동안이나 하혈증으로 고생하던 부인을 고쳐 주신 예수님, 다시 한번 저와 저희 가족이 세례성사의 은혜를 충분히 깨닫게 해 주십시오. 그토록 오랫동안 신앙생활을 했으면서도 세례성사의 은혜가 무엇인지도 잘 모르고 생활했음을 고백합니다. 세례성사를 통해서 저의 모든 죄를 깨끗이 씻어 주시고, 모든 율법의 억압에서 해방시켜 주시고, 죽음의 늪에서 생명의 세계로 저를 건져 주시고, 축복해 주신 예수님, 이 놀라운 선물을 깨닫게 해 주셔서 감사드립니다. 이제부터 이 새로운 생명이 건강하게 잘 자랄 수 있도록, 영적 양식인 말씀을 충분히 먹을 수 있도록 축복해 주십시오. 저와 저희 가족이 기쁘고 감사하는 마음으로 당신을 찬미하고 감사드리는 신앙생활을 할 수 있도록 축복해 주십시오. 하혈증을 앓고 있던 부인을 치유해 주신 예수님의 이름으로 기도드립니다. 아멘.

10. 나자렛에서 무시를 당하시다 (6,1-6)

예수님께서 그 곳을 떠나 고향으로 가셨는데 제자들도 그분을 따라갔다. 안식일이 되자 예수님께서는 회당에서 가르치기 시작하셨다. 많은 이가 듣고 놀라서 이렇게 말하였다. "저 사람이 어디서 저 모든 것을 얻었지? 저런 지혜를 어디서 받았지? 그의 손에서 저런 기적들이 일어나다니! 저 사람은 목수로서 마리아의 아들이며, 야고보, 요세, 유다, 시몬과 형제간이 아닌가? 그의 누이들도 우리와 함께 여기에 살고 있지 않는가?" 그러면서 그들은 그분을 못마땅하게 여겼다. 그러자 예수님께서 그들에게 말씀하셨다. "예언자는 어디에서나 존경받지만 고향과 친척과 집안에서만은 존경받지 못한다." 그리하여 예수님께서는 그 곳에서 몇몇 병자에게 손을 얹어서 병을 고쳐 주시는 것밖에는, 아무런 기적도 일으키실 수 없었다. 그리고 그들이 믿지 않는 것에 놀라셨다.

오늘 복음은 세례성사에 대한 가르침(4-5장)과 성체성사에 대한 가르침(6,6-8,30) 사이에 끼어 있는 말씀이다. 세례성사도 믿음을 요구하지만, 성체성사를 알아들으려면 세례성사에 대한 믿음보다 한 단계 더 성숙한 믿음이 요구된다. 이제 우리는 성체성사의 입문단계에 와 있다. 그러나 성체성사를 이해하는 데 가장 큰 장애는 세례성사에 대한 교육 때와 마찬가지로 역시 말씀을 듣고도 받아들이지 않는다는 점이다. 예수님의 고향 사람들은 예수님의 말씀을 듣고 놀라운 체험을 했지만 그 말씀을 신앙으로 받아들이지 않았다. 믿음의 원천은 육신을 취하신 예수님과 말씀이다. 하느님은 육신을 취하신 예수님을 통하여 당신이 어떤 분인지를 보여 주시고 말씀을 통하여 가르쳐 주시기 때문이다. '씨 뿌리는 사람의 비유'에서 좋은 땅에 떨어진 씨가 말씀을 듣고 받아들이는 사람을 말하듯이, 우리의 믿음은 하느님의 말씀을 듣고 받아들일 때 비로소 성숙된다. 마르코 복음 5장에서 믿음의 대표적인 모델을 제시했다면, 여기서는 반대로 예수님을 믿지 못하는 대표적인 모델을 제시하고 있다.

안식일이 되자 예수님께서는 회당에서 가르치기 시작하셨다. 많은 이가 듣고는 놀라서

예수님이 안식일에 회당에서 가르치기 시작하셨는데, 많은 사람들이 그 말씀을 듣고 놀랐다. 사람들을 놀라게 한 예수님의 가르침의 내용이 무엇인지는 루가 복음서에 기록되어 있다. 그것은 "주님께서 나에게 기름을 부어 주시니 주님의 영이 내 위에 내리셨다. 주님께서 나를 보내시어 가난한 이들에게 기쁜 소식을 전하고 잡혀 간 이들에게 해방을, 눈먼 이들에게 다시 볼 수 있음을 선포하며 억압받는 이들을 해방시켜 내보내고 주님의 은혜로운 해를 선포하게 하셨다."(4,18-19)라고 이사야서에 적혀 있는 말씀이었다. 그러나 사람들은 이 말씀을 읽을 때까지만 해도 놀라지 않았다. 루가 복음서를 보면 "예수님께서 두루마리를 말아 시중드는 이에게 돌려 주시고 자리에 앉으시니, 회당에 있던 모든 사람의 눈이 예수님을 주시하였다."라는 말씀이 나온다. 마치 미사 때 복음을 듣고 난 후 사람들이 '무슨 강론을 하실 것인가?' 하고 기대하며 신부님을 바라보고 있는 모습과 같다.

바로 그때 예수님께서 사람들을 향하여 "오늘 이 성서 말씀이 너희가 듣는 가운데에서 이루어졌다."라고 폭탄과 같은 선언을 하셨다. 그러자 사람들은 그 말씀을 듣고 놀라면서 여기저기서 수군거리기 시작했다. 미사 중에는 대부분의 신자들이 조용하고 엄숙하다. 웬만해서는 그런 분위기가 깨어지지 않는 법이다. 그럼에도 사람들이 "저 사람이 어디서 저 모든 것을 얻었지? 저런 지혜를 어디서 받았지? 그의 손에서 저런 기적들이 일어나다니! 저 사람은 목수로서 마리아의 아들이며, 야고보, 요세, 유다, 시몬과 형제간이 아닌가?" 하고 여기저기서 웅성거렸다는 것은 사람들의 놀라움이 얼마나 컸던가를 표현한다. 여기서 '놀라다'라는 말은 예루살렘 성전에 갔다 돌아오는 길에 잃었던 예수님을 찾으신 그분의 부모께서 "그를 보고 무척 놀랐다."(루가 2,48)라고 했을 때 사용한 동사와 같은 것이다. 왜 그처럼 놀랐을까? 그때까지는 회당장이 성서의 한 부분을 읽고 그 말씀을 설명해 주는 것이 전부였다. 그런데 예수님께서 성서 말씀을 해석해 주신 것이 아니라 "오늘 이 성서 말씀이 너희가 듣는 가운데에서 이루어졌다."라고 선언해 버리셨으니 그들로서는 처음 듣는 이야기이며 처음 보는 모습이었던 것이다.

예수님이 "오늘 이 성서 말씀이 너희가 듣는 가운데에서 이루어졌다."라고 하신 것은 말씀을 해설하신 것이 아니라 말씀에서 선포된 내용이 오늘 실현되고 있음을 알리는 것이다. 즉 예수님은 당신이 선포하신 대로 당신께 도움을 청하는 회당장과 하혈하는 부인의 청을 들어주심으로써 가난한 이들에게 복음이 전해졌음을 보여 주셨고, 또한 죽은 어린 딸을 되살려내시고 12년 동안 하혈하는 병으로 묶여 있던 부인의 병을 고쳐 주심으로써 회당장과 부인의 병에서 해방시켜 주셨으며, 더러운 영이 들린 사람에게서 마귀를 쫓아내 주심으로써 그를 해방시켜 주셨다. 이로써 주님의 은혜로운 때가 왔음을 보여 주셨다.

'놀란다'는 것은 우리 안에 새로운 변화가 일어나고 있다는 표현이다. 우리가 하느님의 말씀을 들을 때, 우리 안에서도 이런 놀라움이 일어나야 한다. 좋은 땅에 뿌려진 씨앗처럼, 회당장이나 하혈하는 여인처럼 가난하고 절대적으로 신뢰하는 자세로 복음을 대한다면 누구나 이렇게 놀라는 경험을 하게 될 것이다.

우리는 복음을 듣고 놀라야 한다. 왜냐하면 오늘 내가 읽은 복음 말씀의 내용은 다른 사람을 위해서 쓰인 것이 아니라 바로 나를 위해서 쓰인 것이고, 내 안에서 이루어져야 하는 것이기 때문이다. 오늘 내가 읽는 말씀은 바로 오늘 나에게서 이루어져야 할 말씀이다. 즉 묶여 있는 나를 풀어 주시고, 눈먼 나를 보게 해 주시고, 귀머거리를 듣게 해 주시고, 무거운 짐으로 억압받고 있는 나를 해방시켜 주시고, 하혈하는 병을 낫게 해 주시고, 죽은 나를 살려 주시고, 무덤에서 나오게 하기 위해 들려 주시는 말씀이다. 따라서 우리는 복음을 읽을 때마다 놀라야 한다. 내가 먼저 놀라야 하고 내 주위 사람들도 놀라게 해 주어야 한다. 내가 오늘 복음을 받아들인 만큼 내 안에서 놀라운 일들이 일어날 것이다. "오늘 이 성서 말씀이 너희가 듣는 가운데에서 이루어졌다."라는 말씀은 그때만이 아니라 오늘

이 말씀을 듣는 우리 안에서 이루어져야 한다. 즉 이 복음을 묵상하는 가운데 나를 묶고 있는 모든 것에서 해방되고, 보지 못했던 눈이 보게 되고, 듣지 못했던 귀가 열리고, 느끼지 못했던 감각이 다시 느껴지기 시작하는 기적이 바로 '오늘' 일어나야 한다. 오늘 일어나지 않으면 계속해서 읽고 묵상해야 한다. 놀라운 일이 일어나는 바로 그 날이 "너희가 듣는 가운데에서 이루어졌다."는 '오늘'이 되어야 한다.

저 사람이 어디서 저 모든 것을 얻었지?
저런 지혜를 어디서 받았지?
그의 손에서 저런 기적들이 일어나다니!

예수님이 하신 말씀을 듣고 사람들이 놀라면서 예수님에 대해 많은 궁금증을 갖게 되었는데 그 내용을 살펴보면 모두 여섯 가지이다. 이 중 셋은 긍정적인 것이고 셋은 부정적인 것이다. 우선 긍정적인 질문을 보면 "저 사람이 어디서 저 모든 것을 얻었지? 저런 지혜를 어디서 받았지? 그의 손에서 저런 기적들이 일어나다니!"(그의 손에서 어떻게 저런 기적들이 일어나는가?)이다. 우선 긍정적인 질문들을 하나씩 묵상하자.

첫 번째, "저 사람이 어디서 저 모든 것을 얻었지?"라는 질문은 예수님의 능력이 어디에서 오는 것인가를 묻는 질문이다. 즉 예수님은 하느님한테서 힘을 받아서 그런 일을 하는 것이냐 아니면 사탄의 힘을 빌려서 하는 것이냐를 묻는 질문이다. 율법학자들이 "그는 베엘제불이 들렸다. …… 마귀 우두머리의 힘을 빌려 마귀들을 쫓아낸다."(마르 3,22)라고 떠든 적이 있었던 것으로 보아 예수님의 능력의 출처가 어디인가에 대한 의문이 있었던 것이다. 사람들이 좀더 예수님의 말씀을 귀 기울여 들었더라면 이런 혼동이 생기지 않았을 것이고, 오히려 하혈하던 부인처럼 예수님 앞에 나아와 엎드려 경배드렸을 것이다.

두 번째, "저런 지혜를 어디서 받았지?"라는 질문은 가르침의 출처를 따지는 질문이다. 즉 예수님이 가르치시는 지혜는 어디에서 나온 것인가, 그 지혜의 출처가 어디인가를 묻는 것이다.

지혜를 그리스어로 '소피아(sophia)'라고 한다. 집회서에 보면 지혜에 대한 말씀이 있다. "모든 지혜는 주님에게서 오고 영원히 그분과 함께 있다. …… 지혜의 근원은 하늘에 계시는 하느님의 말씀이며 지혜의 길은 영원한 계명이다. …… 지극히 경외해야 할 지혜로운 이 한 분 계시니 당신의 옥좌에 앉으신 분이시다. 주님께서는 지혜를 만드셨고 알아보며 헤아리실 뿐 아니라 그것을 당신의 모든 일에, 당신의 모든 피조물에 후한 마음으로 쏟아 부으셨으며 당신을 사랑하는 이들에게 선물로 내리셨다. 주님의 사랑은 영광스러운 지혜이며 그분께서는 당신을 보여 주실 이들에게 지혜를 나누어 주시어 당신을 알아보게 하신다"(집회 1,1-10).

지혜는 인간에게서 오는 것이 아니라 하느님에게서 오는 것이다. 따라서 우리가 지혜로운 사람이 되려면 하느님께 나아가야 한다. 하느님께 나아간다는 것은 하느님의 말씀을 잘 알아듣고 실천하며 산다는 것이다. 왜냐하면 "지혜의 근원은 하늘에 계시는 하느님의 말씀"이기 때문이다.

그럼 지혜란 무엇인가?

첫째, 지혜란 '인생의 종합적인 사리판단력'이다. 즉 세상 모든 일에는 크고 작은 것, 가볍고 무거운 것이 있고, 선한 것과 악한 것, 바르고 그른 것이 있다. 그리고 먼저 해야 할 일이 있고 나중에 해야 할 일이 있는 법이다. 지혜란 이를 가려서 여기서는 무슨 말을 하고, 다른 곳에 가서는 어떤 말을 해야 하는지, 그때그때 중요하고 꼭 필요한 말을 할 줄 아는 것이다. 이처럼 지혜란 인생을 살아가면서 만나는 모든 상황을 종합적으로 잘 판단하여 무엇이 옳고 그른지, 무엇을 먼저 하고 무엇을 나중에 해야 하는지 등을 올바르게 판단하는 능력이다.

둘째, 지혜란 인생의 올바른 방향감각이다. 우리가 어디로 가야 하느냐를 바로 아는 것이다. 한 번뿐인 나의 인생을 성공적으로 마치려면 내가 가야 할 방향이 어디인가를 잘 알아야 한다. 방향감각을 잃어버리면 엉뚱한 데로 가거나 헤매게 된다. 우리는 자기 인생의 선장이다. 선장은 배를 안전하게 목적지에 도착시켜야 한다. 따라서 우리는 우리 인생의 목적지가 어디인가를 알아야 한다. 그리고 그 목적지를 향해 올바르게 항해할 수 있도록 항해사의 도움을 받아야 한다. 우리 인생의 항해사는 예수님이시고, 항해 지도는 복음이다. 복음이 제시하는 방향을 따라 항해할 때 우리 인생의 배는 안전하게 우리의 목적지인 하느님의 나라에 도착할 수 있을 것이다. 그래서 지혜란 '일종의 방향감각'이라고 할 수 있다.

셋째, 지혜란 균형감각이요 조화감각이다. 무슨 일이나 균형과 조화가 깨지면 불행한 사태가 생긴다. 균형과 조화 속에 생명이 있고, 선이 있으며, 행복이 있고, 발전이 있고, 또 아름다움이 있다. 영과 육의 조화, 정신과 물질의 조화, 경제와 도덕의 조화, 자연과 인간의 조화처럼 중요한 것이 없다. 어느 한쪽으로 기울어지면 불행이 시작된다. 지혜란 '균형과 조화의 올바른 감각' 이다.

　지혜로운 사람이 되고 싶은가? 그러면 하느님의 말씀을 알아야 한다. 하느님을 믿지 않으면, 또 믿는다고 하더라도 하느님의 말씀을 모르면 지혜로운 사람이 될 수 없다. 지혜는 학문을 통해서 오는 것도 아니며 인간의 이성이나 지성을 통해서 오는 것도 아니다. 지혜는 하느님의 말씀을 올바로 깨닫는 데에서 오는 영적인 것이다. 예수님이 니고데모에게 "너는 이스라엘의 스승이면서 그런 것들을 모르느냐?"(요한 3,10)라고 꾸짖으시면서 "내가 진실로 진실로 너에게 말한다. 누구든지 물과 성령으로 새로 태어나지 않으면, 하느님 나라에 들어갈 수 없다. 육에서 태어난 것은 육이고 영에서 태어난 것은 영이다. '너희는 위로부터 태어나야 한다.' 하고 내가 말하였다고 놀라지 마라."(요한 3,5-7)라고 말씀하셨다. 영적인 생활을 하는 사람의 지혜는 '위로부터' 오는 것이다. 따라서 영적인 생활을 하는 사람에게서 우리는 놀라운 지혜를 보게 된다. 우리가 간혹 "아니 저 사람은 별로 배운 것이 없으면서도 어떻게 저렇게 지혜로운가?"라고 말할 때가 있다. 그 사람의 지혜는 지혜의 근원이신 예수님의 말씀을 듣고 묵상하는 데에서 오는 것이다.

　지혜의 근본인 말씀을 모르면 아무리 똑똑하더라도, 박사라고 하더라도, 일반적으로 말하는 유식한 사람, 지식인이라 하더라도 인생의 종합적인 사리판단을 내릴 수 없고, 올바른 방향감각을 제시할 수 없으며, 삶의 균형과 조화의 감각을 갖출 수 없다. 하느님의 말씀을 떠나서는 그 어떤 지식도 모든 이에게 공통적으로 적용될 수 없으며 절대적인 가치를 가질 수 없기 때문이다. 오직 하느님의 말쑴만이 올바른 판단능력과 방향, 그리고 균형과 조화를 이룰 수 있게 한다. 그리스도인은 지식인이 아니라 지혜로운 사람이다. 즉 이 세상의 학문이나 지성만으로 살아가는 사람이 아니라 하느님의 말씀으로 살아가는 사람들이다.

많이 아는 사람을 지식인이라 하고 슬기롭게 사는 사람을 지혜로운 사람, 즉 현자라고 한다. 이 세상에 지식인은 넘치고 넘치지만 인생을 지혜롭게 사는 현자는 많지 않다. 우리 가정에, 공동체에, 교회에, 국가에는 지식인도 필요하지만 지혜로운 사람 즉 현자가 더욱 필요하다. 그렇다. 예수님은 가문으로 보나 가족들을 보나 학벌로 보나 별로 자랑할 만한 것이 없었다. 그런데도 예수님의 가르침이 사람들을 놀라게 하는 것은 그 가르침이 지식이 아니라 하느님의 말씀이기 때문이다.

세 번째는 "그의 손에서 저런 기적들이 일어나다니!"라는 말이다. 이 말은 "저런 손에서 어떻게 저런 기적들이 일어날 수 있는가?"라는 의문의 표현이다. 우리의 손은 사람들을 놀라게 하는 일을 해야 한다. 우는 이의 눈물을 닦아 주는 손, 넘어진 이를 일으켜 세워 주는 손, 떨어진 쓰레기를 줍는 손, 병든 노인들의 몸을 닦아 주는 봉사하는 손, 죽은 이를 염해 주는 손, 가난한 이에게 먹을 것을 나누어 주는 사랑의 손, 우리의 죄를 용서해 주는 사제의 손 등 우리의 손은 다양한 기적들을 일으키는 손이 되어야 한다. 예수님은 이런 기적들을 일으키라고 오그라든 손을 펴 주신 것이다.

사람들은 나의 모습을 보고 무엇이라고 하는가? 나의 말과 행동을 보고 일반사람들은 어떤 반응을 나타내고 있는가? 우리 주위의 사람들이 우리를 보고 "저 사람이 어디서 저 모든 것을 얻었지? 저런 지혜를 어디서 받았지? 그의 손에서 저런 기적들이 일어나다니!"라는 놀라는 눈으로 바라볼 수 있도록, 우리는 지혜로운 사람으로 살아야 한다. 주위 사람들에게 그런 느낌을 전할 수 있어야 정말로 우리는 그리스도를 믿는 사람이라고 말할 수 있을 것이다. 묵상을 많이 하는 사람일수록 자기 안에서 샘물이 솟아 나오듯이 맑은 지혜가 나와서 그런 놀라운 일들을 많이 할 수 있다.

저 사람의 용기는 어디에서 나오는 것일까? 어떻게 해서 저 가정은 늘 화목하게 지낼까? 저 사람의 평화스러운 모습은 어디에서 나오는 것일까? 저 사람의 기쁨은 어디에서 나오는 것일까? 저 사람의 지혜는 어디에서 오는 것일까? 이와 같이 주위 사람들을 놀라게 하는 신앙인의 삶은 참으로 아름답다.

놀라움을 통해서 갖게 된 긍정적인 질문들은 그 사람들에게 새로운 세계에 대해 눈을 뜨게 해 줄 수 있는 기회가 될 수도 있는 것들이다. 그러나 동네 사람들은 이 좋은 기회를 살리지 못하고 오히려 더 좋지 않은 상황으로 몰고 갔다. 왜 그랬을까? 긍정적인 면보다는 부정적인 면으로 그들의 생각이 기울어져 있었기 때문이다.

이번에는 예수님의 말씀을 듣고 놀라면서도 그것을 긍정적으로 발전시키지 못하고 오히려 부정적으로 받아들였던 세 가지 내용을 묵상하자. 첫째는 "저 사람은 목수로서"라는 것이고, 둘째는 "마리아의 아들이며, 야고보, 요세, 유다, 시몬과 형제간이 아닌가?"라는 것이고, 셋째는 "그의 누이들도 우리와 함께 여기에 살고 있지 않은가?"라는 것이다.

저 사람은 목수로서

첫째, "저 사람은 목수로서"라는 말은 예수님의 직업을 가리킨다. 직업에는 귀천이 없다고 하지만, 고향 사람들이 "저 사람은 목수로서"라고 한 것은 목수라는 직업을 비웃으며 한 말이다. 그들이 생각하기에, 기껏해야 목수의 신분에 지나지 않는 사람이 어떻게 사람들을 놀라게 하는 저런 지혜로운 말을 할 수 있겠느냐는 것이다. 이 말은 '저 사람은 별 볼일 없는 사람이 아닌가?'라는 냉소적인 어투이다. 사실 지금도 그렇지만 그 당시에도 목수라는 직업은 비천한 직업이 아니었다. 안정되고, 경제적으로도 어느 정도 보장된 직업이었다. 다만 이 말을 통해서 말하고자 하는 것은 소위 엘리트가 아닌 기능공이 어떻게 저렇게 훌륭한 지혜를 가질 수 있느냐는 질문이다. 한 마디로 예수님이 공부를 많이 한 유식한 사람은 아니지 않느냐는 질문이다.

우리에게도 이런 면이 많이 있다. 일반적으로 사람을 소개할 때 '○○ 박사, ○○ 회장' 등 거창한 수식어가 많이 붙어야 유명한 사람이라고 생각하고, 일반 사람들을 우습게 보는 경향이 있다. 그렇지만 사회적으로 유명한 인사라 할지라도 인격적으로 미성숙한 사람이 있는가 하면, 가진 것이 없고 배움이 없다 하더라도 아주 지혜로운 사람이 있고 하느님의 사람이 있다. 우리는 사람을 겉으로 보고 판단하거나 멸시해서는 안 된다. 지혜는 직업과는 무관하다. 지혜는 얼마나 하느님과 친밀한 관계 속에서 생활하느냐에 달려 있는 것이며, 얼마나 좋은 직업을 가지고 있느냐 하는 것과는 별개의 것이다. 모든 직업은 귀중하고 아름다운 것이다. 직업에 따라 사람을 평가해서는 안 된다. 외적으로 드러나는 직업이나 학력으로 사람을 평가하려고 할 때 우리는 크게 잘못 판단할 수 있을 뿐만 아니라 더 나아가 외적인 화려함과 사치만을 조장하는 결과를 가져올 수 있다. 인간 내면의 세계를 중요시하지 않고 겉으로 드러난 외적인 것만을 가지고 사람을 평가하려고 할 때 내면적인 면보다는 외적인 면을 더 중요하게 생각하고 그것만을 추구하도록 잘못된 생활을 조장할 수 있다. 이것은 결국 사람을 교만하게 만들고 낮은 자리에 앉으려고 하지 않고 높은 자리에만 앉으려 하게 만든다. 봉사하게 만들지 못하고 봉사받으려고만 하는 사람으로 만들 위험이 있다.

마리아의 아들이며, 야고보, 요세, 유다, 시몬과 형제간이 아닌가?

둘째, "마리아의 아들이며"라고 아버지의 이름을 거론하지 않고 어머니만을 말한 것은 이미 요셉이 죽고 안 계시다는 점을 말하는 것이기도 하며, 또한 예수님은 요셉과 마리아의 관계에서 태어난 아들이 아니라 요셉과는 아무 관계없이 성령으로 동정녀 마리아에게서 태어난 아들이라는 점을 강조하기 위한 호교론적인 의미를 담고 있기도 하다. 그러나 고향 사람들의 입장에서 "마리아의 아들이며"라는 표현에는 '아비 없는 후레자식'이라고 예수님을 멸시하는 속뜻이 들어 있다. 즉 가문도 별 볼 일 없는 주제에 건방지게 이런 놀라운 가르침을 베풀 수 있느냐고 비아냥거리는 것이다. 우리도 결혼할 때 가문을 따지고 직업을 따지는 경우가 있다. 물론 이런 것을 무시할 수는 없지만 그런 것 때문에 상대방을 무시하거나 비아냥거려서는 안 된다.

그의 누이들도 우리와 함께 여기에 살고 있지 않은가?

셋째, 예수님은 임마누엘이시다. 즉 우리와 함께 계시는 분이시다. 성 바오로가 "그리스도 예수는 하느님과 본질이 같은 분이셨지만 굳이 하느님과 동등한 존재가 되려 하지 않으시고 오히려 당신의 것을 다 내어 놓고 종의 신분을 취하셔서 우리와 똑같은 인간이 되셨습니다."(필립 2,6-7)라고 말씀하신 것처럼, 우리가 하느님한테 갈 수 없기에 예수님께서 인간의 모습을 취하시고 우리가 살고 있는 여기에 오신 것이다. 우리는 멀리서 예수님을 찾을 필요가 없다. "너희가 내 형제들인 이 가장 작은 이들 가운데 한 사람에게 해 준 것이 다 나에게 해 준 것이다."(마태 25,40)라고 말씀하신 대로 우리와 함께 살고 있는 형제와 누이들이 곧 예수님이심을 알아볼 수 있어야 한다. "말씀이 사람이 되시어 우리 가운데 사셨는데"(요한 1,14) "그분의 백성은 그분을 맞아들이지 않았다."(요한 1,11)라고 한 것처럼 고향 사람들은 함께 있다는 이유로 예수님을 하느님으로 알아보지 못하였다. 우리와 함께 있는 형제 자매는 바로 우리와 함께 있는 예수님이시다.

그러면서 그들은 그분을 못마땅하게 여겼다

예수님의 고향 사람들이 예수님을 못마땅하게 여긴 이유를 찾아보면 몇 가지로 요약할 수 있다.

예수님의 직업이 대수롭지 않은 목수라는 것, 아버지 없이 어머니하고만 자랐다는 것, 즉 가정환경이 좋지 않았다는 것, 그의 가족관계를 보면 자기들보다 별로 특별할 것이 없는 사람들이라는 것이다. 즉 직업으로 보나 가정환경으로 보나 그의 가족들을 보나, 어느 하나도 예수님이 하느님일 수 없다는 것이다. 하느님에 대한 이런 잘못된 생각을 고치지 않는 한 그들은 결코 우리와 같이 계시고자 인간의 모습으로 오신 예수님을 알아보지 못할 것이고 아무리 예수님의 말씀을 들어도 알아듣지 못하고 놀라지 않을 것이다.

그럼, 이 사람들이 믿을 수 있는 하느님은 어떤 분이어야 하는가? 고향 사람들이 믿을 수 있는 하느님은 자기들보다 학벌, 가문, 직업으로 보나 어떤 경우에든 자기들보다는 훨씬 뛰어난 분이어야 한다. 자기들과 같은 모습의 하느님은 절대로 믿을 수 없다는 것이다.

예수님이 처음 회당에서 가르치기 시작하셨을 때는 많은 이들이 놀라워했지만 예수님에 대해 갖고 있는 그들의 선입관이 결국에는 예수님을 하느님으로 알아보지 못하고 못마땅하게 여기게까지 되었다. 즉 결과가 좋지 않았다. 우리의 잘못된 선입관이 신앙생활을 하는 데에 얼마나 나쁜 영향을 미치는가를 보여 주는 좋은 예이다. 그래서 예수님은 "예언자는 어디에서나 존경받지만 고향과 친척과 집안에서만은 존경받지 못한다."라고 말씀하신 것이다. 너무나 잘 알고 있다는 그것이 오히려 방해가 되기 때문이다.

결국 예수님에 대해 갖고 있는 고향 사람들의 선입견은 예수님에 대한 긍정적인 놀라운 능력을 보고서도 예수님을 알아보지 못하는 걸림돌이 되었다. 믿음은 자기가 갖고 있는 지식을 뛰어넘는 것이다. 자기가 갖고 있는 지식만으로 예수님을 알려고 한다면 예수님에 대한 학문은 될 수 있을지 몰라도 마음을 넘겨 드리는 믿음은 될 수 없다. 믿음은 자기에게서 나와 하느님께로 가는 것이지 하느님을 자기의 좁은 지식 안으로 끌어들이는 것이 아니다. 많은 경우 자기 머리로 하느님을 이해하려는 자세가 하느님께 나아가는 장애가 될 수도 있다. 고향 사람들이 예수님에 대해 갖고 있는 정보는 얼마 되지 않았지만 그 작은 정보에 머물지 않고 예수님의 가르침에 귀를 기울였다면, 작은 정보는 예수님에 대해 훨씬 더 많은 것을 알 수 있는 좋은 자료가 되었을 것이다. 그러나 그들은 예수님의 놀라운 능력을 자기들의 좁은 관점에서 받아들이고 이해하려고 했기 때문에 긍정적인 것을 보고도 부정적인 시각으로 바라보고 생각했다. 그것은 결국 예수님을 자기들한테서 떠나가시게 만드는 결과를 가져오게 되었다. 우리가 가지고 있는 작은 지식이나 정보라도 그것을 잘 이용하면 좋은 결과를 가져올 수 있지만 부정적으로 생각하면 아무 은혜도 받지 못하고 오히려 장해물이 될 수도 있다는 것을 보여 준다.

예언자는 어디에서나 존경받지만 고향과 친척과 집안에서만은 존경받지 못한다

우리는 가끔 "만일 내 눈으로 하느님을 보고 내 손으로 하느님을 만져 볼 수만 있다면, 나는 하느님을 믿겠다."라고 말한다. 그러나 고향 사람들은 자기들의 눈으로 그분을 보고 손으로 만질 수 있었는데도 그분을 믿지 못하였다. 오히려 그들은 자기들의 눈으로 보고 함께 지냈다는 것이 예수님을 하느님으로 믿지 못하게 만드는 걸림돌이 되었다. 무엇이 문제인가? 예수님을 눈으로 보고 손으로 만지는 것이 아니라 예수님에 대한 믿음이 문제이다. "믿음은 우리가 바라는 것들을 보증해 주고 볼 수 없는 것들을 확증해 준다."(히브 11,1)라는 말씀대로 보지 않고 믿는 것이 참된 믿음이다. 하혈하는 병으로 고생하던 부인은 믿음이 있었기 때문에 많은 장애가 있었음에도 그것을 극복하고 치유받을 수 있는 은혜를 받았지만, 고향 사람들은 믿음이 없었기 때문에 아무런 은혜도 받지 못했다.

예언자이신 예수님이 고향과 친척과 집안에서 존경받지 못하신 이유는 첫째 예수님에 대한 무지함이요, 둘째 예수님에 대해 잘못 알고 있는 선입관이며, 셋째 시기심과 질투 때문이다.

예언자라는 신분은 현재의 일을 말하는 이가 아니라 미래에 일어날 일들을 앞당겨서 말하는 사람이다. 예언자는 다른 사람들이 보지 못하는 것을 보고 말하는 사람이다. 그리고 인간의 말이 아니라 하느님의 계획을 전달하는 사람이다. 따라서 사람들이 예언자의 말을 이해하지 못할 때가 많이 있다. 그러기에 예언자는 사람들로부터 오해받기 쉽고 박해받기 쉽다. 그러나 예언자는 반드시 있어야 한다. 예언자는 존경받기 위해 있는 것이 아니라 사람들에게 새로운 비전과 희망을 제시하기 위해 필요한 사람이기 때문이다.

우리 그리스도인은 각자 자기가 처해 있는 곳에서 예언자로 존재해야 한다. 그러나 예언자가 되려면 성서를 깊이 묵상해야 한다. 거기에 사람들이 알지 못하는 하느님의 영원무궁한 계획이 기록되어 있기 때문이다. 성서 말씀을 깊이 묵상하는 사람만이 예언자의 역할을 할 수 있고 아무리 존경을 받지 못한다 하더라도 자신의 사명을 수행할 수 있다.

그들이 믿지 않는 것에 놀라셨다

처음에는 고향 사람들이 예수님의 가르침을 듣고 놀랐으나, 이제는 예수님이 고향 사람들을 보고 놀라신다. 그러나 여기서 예수님의 놀라움은 '기쁨'의 놀라움이 아니라 '당혹스럽고 안타까운 심정'을 표현하는 놀라움이다. 예수님은 고향 사람들에게 많은 은혜를 베풀어 주려고 그들과 같은 모습으로 함께 계셨지만, 오히려 그것이 걸림돌이 되었다. 수술을 받아야만 살 수 있는데, 의사를 믿지 못하기 때문에 수술을 받기를 거부하는 환자 앞에서 안타까워하는 의사의 심정과 같은 놀라움이다. 믿음이 없으면 기적도 일어나지 않는다. 믿음이 없으면 살아날 수 있는 데도 살아나지 못한다. 예수님은 고향 사람들의 병을 고쳐 주고자 하셨지만 "아무런 기적도 일으키실 수 없었다." 예수님의 기적은 아무에게나 일어나는 것이 아니다. 회당장의 믿음, 예수님의 옷에 손을 댄 부인과 같은 믿음이 있는 사람에게서만 예수님의 기적은 일어난다.

오늘날 우리 주위에서 기적이 일어나지 않는 것은 어쩌면 회당장이나 예수님의 옷에 손을 댄 부인과 같은 믿음이 없기 때문이 아닐까? 오늘날 기적을 일으키는 믿음을 성숙시키려는 노력은 하지 않고 쉽게 기적만을 바라는 신자들이 있다. 빨리 이런 잘못된 생활에서 올바른 신앙생활로 돌아와야 한다. 좋은 땅에 떨어진 씨처럼 하느님의 말씀을 듣고 받아들이는 신앙생활을 하는 사람만이 많은 열매를 맺을 수 있다.

기도합시다

저와 똑같은 인간의 모습으로 오셔서 저희 가운데에서 가르치시는 예수님, 당신을 알아볼 수 있게 해 주십시오. 저도 당신의 가르침을 듣고 놀랄 수 있는 은총을 허락하시고, 그 은총을 남용하지 않게 해 주십시오. 당신의 말씀을 들음으로써 날로 지혜로운 사람이 되게 해 주시고, 제 주위의 사람들이 저의 지혜로움을 보고 당신을 찬미하게 하소서. 저와 같은 모습으로 저희 가운데 오시는 주님, 형제 자매들의 모습 속에서 당신의 모습을 발견하게 해 주시고, 저 또한 형제 자매들에게 예수님의 모습으로 다가갈 수 있게 해 주십시오. 많은 이를 놀라게 하신 예수님의 이름으로 기도드립니다. 아멘.

11. 세례자 요한의 죽음(6,14-29)

　예수님의 이름이 널리 알려져 마침내 헤로데 임금도 소문을 듣게 되었다. 사람들은 "세례자 요한이 죽은 이들 가운데에서 되살아난 것이다. 그러니 그에게서 저런 기적의 힘이 일어나지." 하고 말하였다. 그러나 어떤 이들은 "그는 엘리야다." 하는가 하면, 또 어떤 이들은 "옛 예언자들과 같은 예언자다." 하고 말하였다. 헤로데는 이러한 소문을 듣고, "내가 목을 벤 그 요한이 되살아났구나." 하고 말하였다.
　이 헤로데는 사람을 보내어 요한을 붙잡아 감옥에 묶어 둔 일이 있었다. 그의 동생 필립보의 아내 헤로디아 때문이었는데, 헤로데가 이 여자와 혼인하였던 것이다. 그래서 요한은 헤로데에게, "동생의 아내를 차지하는 것은 옳지 않습니다." 하고 여러 차례 말하였다. 헤로디아는 요한에게 앙심을 품고 그를 죽이려고 하였으나 뜻을 이루지 못하였다. 헤로데가 요한을 의롭고 거룩한 사람으로 알고, 그를 두려워하며 보호해 주었을 뿐만 아니라, 그의 말을 들을 때에 몹시 당황해하면서도 기꺼이 듣곤 하였기 때문이다. 그런데 좋은 기회가 왔다. 헤로데가 자기 생일에 고관들과 무관들과 갈릴래아의 유지들을 청하여 잔치를 베풀었다. 그 자리에 헤로디아의 딸이 들어가 춤을 추어, 헤로데와 그의 손님들을 즐겁게 하였다. 그래서 임금은 그 소녀에게, "무엇이든 원하는 것을 나에게 청하여라. 너에게 주겠다." 하고 말할 뿐만 아니라, "네가 청하는 것은 무엇이든, 내 왕국의 반이라도 너에게 주겠다." 하고 굳게 맹세까지 하였다. 소녀가 나가서 자기 어머니에게 "무엇을 청할까요?" 하자, 그 여자는 "세례자 요한의 머리를 요구하여라." 하고 일렀다. 소녀는 곧 서둘러 임금에게 가서, "당장 세례자 요한의 머리를 쟁반에 담아 저에게 주시기를 바랍니다." 하고 청하였다. 임금은 몹시 괴로웠지만, 맹세까지 하였고 또 손님들 앞이어서 그의 청을 물리치고 싶지 않았다. 그래서 임금은 곧 경비병을 보내며, 요한의 머리를 가져오라고 명령하였다. 경비병이 물러가 감옥에서 요한의 목을 베어, 머리를 쟁반에 담아다가 소녀에게 주자, 소녀는 그것을 자기 어머니에게 주었다. 그 뒤에 요한의 제자들이 소문을 듣고 가서, 그의 주검을 거두어 무덤에 모셨다.

마르코 복음서에 세례자 요한은 두 번 등장한다. 첫 번째는 예수님이 공생활을 시작하시기 전에 예수님의 선구자로서 하느님 나라가 다가오고 있다고 선포하고, 이를 맞이하기 위한 준비로 죄를 뉘우치고 회개하라고 사람들을 가르치며, 요르단 강에서 죄를 용서받기 위한 회개의 세례를 베푸는 사람으로 등장한 것이고, 두 번째는 여기서 나오는데, "요한의 제자들이 소문을 듣고 가서, 그의 주검을 거두어 무덤에 모셨다."라는 이야기로 그 일생을 마친다. 물로 세례를 베풀던 요한 세례자의 첫 번째 등장이 예수님이 오시는 길을 준비하는 선구자로서 세례성사에 대해 안내하는 것이라면, 죽음으로 끝나는 두 번째 등장은 성체성사에 대해 안내하는 것이다. 즉 요한 세례자는 죽음으로써 성체성사가 무엇인지를 알려 주는 선구자적인 역할을 하는 것이다.

예수님의 이름이 널리 알려져
마침내 헤로데 임금도 소문을 듣게 되었다

예수님께서 많은 병자들을 고쳐 주시고 놀라운 기적을 행하시고, 또 파견받은 제자들이 예수님의 이름으로 마귀를 쫓아내고 병자들을 고쳐 주자, 예수님에 대한 소문은 권력의 핵심부에까지 알려졌고, 마침내 최고권자인 헤로데 임금의 귀에까지 들어갔다. 예수님은 이 세상에 뿌려진 겨자씨와 같이 작은 존재이지만 당신의 활동을 통해서 점점 자랐고, 마침내 권력의 핵심부에까지 알려질 만큼 크게 자란 것이다.

예수님의 이름은 나만을 위한 이름이 아니라 내 주위에 있는 모든 이들을 구원해 주는 이름으로 널리 소문이 나야 한다. 예수님의 이름은 땅 끝까지 알려져야 할 이름이지만 올바로 알려져야 한다. 내가 예수님에 대해서 얼마나 알고 있는가에 따라서 나를 통해 알려지는 예수님의 이름은 많은 사람들에게 지대한 영향을 끼친다. 어떤 의미에서 나는 늘 내 주위의 사람들에게 세례자 요한의 역할을 하고 있는 사람이다. 나를 통해서 예수님의 이름이 좋게 알려질 수도 있고 나쁘게 알려질 수도 있다. 또 예수님께로 인도해 주는 세례자 요한처럼 선구자의 역할을 할 수도 있고 예수님에게서 멀어지게 하는 사람이 될 수도 있다.

나를 통해서 알려지는 예수님은 어떤 이름으로, 어떤 소문으로 알려지는가? 내 주위 사람들은 내가 예수님을 믿는 사람이라는 것을 알고 있는가? 나에게 예수님의 이름은 어떤 모습으로 알려져 왔고 알려지고 있는가?

세례자 요한이 죽은 이들 가운데에서 되살아난 것이다. 그러니 그에게서 저런 기적의 힘이 일어나지

"세례자 요한이 죽은 이들 가운데에서 되살아난 것이다. 그러니 그에게서 저런 기적의 힘이 일어나지."라는 말은 사람들이 예수님과 세례자 요한을 혼동하고 있음을 말해 주는 표현이다. 즉 사람들은 예수님을 세례자 요한으로 착각하고 있다는 것이다. 사람들이 왜 예수님을 요한 세례자가 다시 살아난 것이라고 잘못 생각하고 있었을까? 그만큼 당시 사람들에게 요한 세례자의 존재는 위대한 인물로 기억되고 있었고, 또 요한 세례자가 다시 살아날 것이라고 믿었기 때문이다. 만일 사람들이 예수님을 요한 세례자로 착각하고 있었다면, 그동안 하느님의 나라를 선포하신 예수님의 모든 활동을 예수님이 아닌 요한 세례자의 활동으로 착각했을 것이다. 이 얼마나 황당한 일인가?

그러나 사람들이 분명히 잘못 알고 있지만 "세례자 요한이 죽은 이들 가운데에서 되살아난 것이다. 그러니 그에게서 저런 기적의 힘이 일어나지."라고 하는 말을 통하여 우리는 새로운 사실을 깨닫게 된다. 사람들이 예수님의 소문을 듣고 그분에 대해 궁금해하고 의문을 가지면서 나름대로 거명하고 있는 "요한 세례자, 엘리야, 옛 예언자"라는 이름은 모두 이미 죽은 사람들의 이름이다. 그럼에도 "요한 세례자가 죽은 이들 가운데서 되살아난 것이다."라는 말은 엄청난 진리를 말하고 있다. 즉 사람은 누구나 죽으면 모든 것이 끝나 버린다는 인생관에서 죽지만 다시 살아날 수도 있다는 새로운 인생관을 생각하게 만들었다는 것이다. 비록 아직까지 부활에 대한 의식이 확실하게 자리잡은 것은 아니지만, 마르코는 이 말을 통해서 서서히 부활이라는 인식을 가질 수 있도록 이끌어 주고 있다. 즉 인간은 죽는 것으로 끝나지 않고 다시 살아난다는 것이다.

성체성사를 이해하려면 이 진리를 깨닫고 받아들여야 한다. 그렇지 않으면 세례성사도 마찬가지이지만, 성체성사를 아무리 설명해도 받아들일 수 없다. 왜냐하면 세례성사나 성체성사는 인간 지성의 한계를 뛰어 넘는 것이기 때문이다.

헤로데는 이러한 소문을 듣고, "내가 목을 벤 그 요한이 되살아났구나." 하고 말하였다

예수님에 대해서 일반 사람들은 '요한 세례자, 엘리야, 옛 예언자'라고 서로 엇갈리는 의견을 내놓고 있는 반면, 헤로데 임금은 주저하지 않고 "내가 목을 벤 그 요한이 되살아났구나."라고 단호하게 말한다. 헤로데 임금은 어떻게 단정적으로 예수님의 소문을 듣자마자 그렇게 말할 수 있는가? 여기서 인간 내면의 세계를 엿볼 수 있는 것 같다. 겉으로는 표시가 잘 나타나지 않는다 하더라도 누구에게나 내면 깊숙이 잠재하고 있는 어떤 것들이 있는데, 그것이 평상시에는 잘 나타나지 않다가도 어떤 상황에 가서는 자기도 모르게 표출되는 법이다. 속담에 "도둑이 제발 저린다."라는 말이 있듯이 인간에게는 하느님이 심어 주신 양심이 있다. 양심은 사람의 행동에 대한 옳고 그름을 판단해 준다. 양심에 따라 행동했을 때에는 마음의 평화를 느끼지만, 반대로 양심에 어긋난 행동을 했을 때에는 늘 불안하다. 그래서 그와 유사한 일이 일어나도 자기가 한 잘못이 드러날까 봐 가슴이 철렁거린다. 사람을 죽였거나 강도질을 해서 다른 사람에게서 돈을 빼앗고서 깊은 산중에 숨어 있다 하더라도, 누군가가 자기를 붙잡으려고 쫓아오는 것만 같고, 바람소리가 조금만 세차게 불거나 짐승소리만 들어도 가슴이 두근 반 세근 반 하면서 불안해한다. 혹시나 하는 생각이 늘 떠나지 않는 법이다. 그래서 사람이 죄를 짓고는 못 사는 법이다. 이리저리 피해 다니다가 자수하는 사람도 있고, 많은 사람들은 비록 자수는 하지 않았다 하더라도 잡혀서 감옥에 들어갈 때 오히려 편안함을 느낀다고 고백한다.

"내가 목을 벤 그 요한이 되살아난 것이다."라는 말은 헤로데 임금이 스스로 자기 죄를 고백하는 것이다. 비록 임금이지만, '의롭고 거룩한 사람'이라고 생각하고 있던 사람을 딸의 요구로 목을 베게 한 죄가 늘 그를 쫓아다녔던 것이다. 그는 비록 임금으로서 자기가 한 일에 대해 감히 무엇이라고 말하는 사람이 없기 때문에 겉으로는 평온한 척했지만, 늘 자기가 한 행동에 대해 양심의 가책을 받았고 괴로워하며 살아왔다는 것을 표현한 것이다. 그 결과 예수님의 소문이 널리 퍼지자, 주저함이 없이 곧 "내가 목을 벤 그 요한이 되살아났구나."라고 무의식 속에 잠복해 있던 생각이 순간적으로 밖으로 나온 것이다.

우리는 이 말씀에서 무엇을 또 묵상할 수 있는가? 헤로데 임금처럼 우리 마음에 담아 두고 있는 어떤 죄나 상처가 있을 수 있다. 창피해서 또는 두려워서 한번도 털어놓지 못한 채 그것에 꽁꽁 얽매여 사는 사람이 있다. 매듭은 풀어야 풀리는 것이며, 풀지 않은 채 그냥 놔두면 아무리 세월이 흘러도 풀리지 않은 채 그대로 있는 법이다. 그것이 어렸을 때의 상처이든, 또는 몇 년 전의 것이든, 그것에서 해방되려면 그것을 고백해야 한다. 고백하지 않고서는 절대로 그 상처가 치유되지 않는 법이다. 예수님은 "건강한 이들에게는 의사가 필요하지 않으나 병든 이들에게는 필요하다. 나는 의인이 아니라 죄인을 부르러 왔다."(마르 2,17)라고 말씀하셨다.

내 무의식 속에 감추어 둔 비밀은 없는가? 양심에 거리끼는 것들을 고백하지 못하고 늘 불안한 마음으로 생활하고 있지는 않는가? 그것은 누구도 도와줄 수 없고, 오직 본인 자신만이 해결할 수 있는 일이다. 그 누구에게도 털어놓을 수 없었던 무거운 짐을 고해성사를 통해서 털어놓고 깨끗이 죄를 용서받을 수 있다는 것은 얼마나 큰 은총인지 모른다. 마음에 깊이 간직했던 죄를 고백한다는 것이 얼마나 심리적 정신적으로 큰 치료가 되는지 모른다. 그런 무거운 짐에서 해방되고 치유받고 싶으면 자기가 잘못한 사람을 찾아가서 자기 죄를 고백하고 용서를 청하면 될 것이다. 그렇게 함으로써 거기에서 해방될 수 있을 것이다. 아니면 잘 기억이 나지 않는 사람은 자기를 짓누르고 있는 무거운 짐이 무엇인가를 깊이 성찰해 보고 그것을 일일이 종이에 기록하여 주님께 기도한 후 태워 버리는 작업을 통해서 해방될 수도 있을 것이다.

헤로디아는 요한에게 앙심을 품고 그를 죽이려고 하였으나 뜻을 이루지 못하였다

사람이 '앙심을 품고 산다'는 것만큼 무섭고 불행한 일도 없다. 특히 여인의 앙심은 "오뉴월에 서리가 내린다."고 할 만큼 지독하다고 하지 않던가! 앙심을 품고 있으면 무엇보다도 자기 자신에게 불행하다. 왜냐하면 내가 앙심을 품고 있다는 것은 스스로 앙심이라는 감옥에 갇혀 있다는 것이다. 즉 어디를 가나 나는 그 앙심을 품고 다닌다는 것이다. 그래서 자유롭지가 못하다. 그리고 모든 것을 그 앙심과 연관시켜 생각하기에 발전하지 못하고 점점 더 불행하게 된다. 앙심을 품고 있다는 것은 무슨 뜻인가? 상대방을 죽일 생각을 하고 있다는 것이다. 자나깨나 어떻게 하면 상대방을 죽일 수 있을까 하는 생각만 하고 있다는 것이다. 이런 앙심을 품고 있으면 나중에는 그 앙심이 커져서 스스로 자신을 죽이는 불행을 맞게 된다. 우리가 앙심을 품고 있으면 남도 죽이지만 무엇보다도 자신이 먼저 죽는다는 사실을 알아야 한다. 모든 병의 치유는 마음의 평화에서부터 시작된다. 평화 대신 앙심을 품고 있다는 것은 일종의 독약을 품고 있는 것이기 때문에 절대로 치유될 수 없다.

앙심은 어떻게 해서 생기는가? 물론 외부적인 환경에서 오는 경우도 있겠지만, 대개의 경우 자기 욕심을 채우려고 하는 데에서 생긴다. 일반적으로 앙심을 품는 사람은 예외 없이 남을 생각하지 않고 자신만을 생각하는 사람이다. 세례자 요한이 헤로데에게 "동생의 아내를 차지하는 것은 옳지 않습니다."라고 여러 차례 말한 것을 헤로디아가 조금만 잘 새겨들었더라면 세례자 요한을 죽이려고 앙심을 품지는 않았을 것이다. 그러나 헤로디아는 요한 세례자의 말이 자기의 혼인을 방해하는 것이라고만 생각했기에 그를 죽이려는 앙심을 품게 된 것이다. 남의 입장을 생각하는 사람이라면 순간적인 섭섭함이 있을지라도 앙심까지 품지는 않는다. 그러나 자기 욕심만을 생각하는 사람은 그것을 이루지 못하게 한 사람에게 앙심을 품고 살아간다. 자신의 욕심의 노예가 되어 있기 때문이다.

앙심은 어떻게 없앨 수 있을까? 유일한 방법은 상대방을 용서하는 것이다. 용서한다는 것은 마음의 앙심을 떨쳐버리는 것이다. 용서할 수 있는 마음은 내가 상대방의 입장에서 그를 다시 한번 생각해 보는 것이다. 용서함으로써 은혜를 받는 사람은 누구보다도 용서해 주는 사람 자신이다.

지금까지 우리가 보아 온 예수님의 모습을 보면, 그분은 한 번도 당신 자신을 위한 삶을 살지 않으셨다. 병을 고치는 능력이나 마귀를 쫓아내는 능력도 모두 병자를 고쳐 주고, 더러운 영이 들린 이를 해방시켜 주기 위해 사용하셨다. 그러나 헤로데는 자기에게 주어진 권력을 남을 위해 사용하기보다는 자신의 안일과 욕망을 위해 사용했다. 그것이 결국 의인을 죽이는 결과를 가져왔고 스스로 죄의 노예가 되게 만들었다. 자신이 가지고 있는 능력과 권한을 남을 위해 사용하신 예수님의 삶과 자기 욕망을 채우기 위해 권력을 남용한 헤로데의 삶을 보면서 우리가 어떻게 살아야 하는가를 반성할 수 있는 기회로 삼으면 좋겠다. 우리 안에는 예수님의 모습보다는 헤로데의 모습이 더 많은 자리를 차지하고 있을 것이다. 헤로데의 모습에서 예수님의 모습으로 하나씩 하나씩 교정해 나갈 때 내 안에 도사리고 있던 앙심이 용서로 바뀔 것이고 움츠리고 있던 예수님의 모습은 더욱 확연하게 드러날 것이다. 그리고 나를 짓누르고 있는 모든 억압과 무거운 짐에서 해방되는 자유를 맛보게 될 것이다.

우선 내가 마음 안에 어떤 앙심을 품고 있지나 않는지, 그리고 그 앙심의 원인이 무엇에서 비롯되었는지를 살펴보자. 그리고 자기 욕심으로 가득 찬 생활태도에서 남의 입장을 조금이라도 생각하는 삶의 자세로 돌아서고, 나를 위해서 충고해 주는 이웃 사람들의 말에 귀 기울여 보자.

헤로디아의 앙심으로 죽은 요한 세례자의 죽음은 예수님의 죽음을 예고한다. 사실 마르코는 나중에 예수님도 당신에 대해 앙심을 품고 있는 자들로 인해 돌아가셨다는 사실을 "그는 수석 사제들이 예수님을 시기하여 자기에게 넘겼음을 알고 있었던 것이다."(마르 15,10)라고 기록하였다.

헤로데가 요한을 의롭고 거룩한 사람으로 알고

만일 우리가 요한 세례자와 같은 입장에 있다면 어떻게 했을까? 대개 하느님을 원망하고, 자신의 운명을 비관했을 것이다. 어떻게 하면 우리도 요한 세례자처럼 불의 앞에서 진리를 말하고 죽음 앞에서도 용감할 수 있을까?

마르코는 "헤로데가 요한을 의롭고 거룩한 사람으로 알고 있었다."고 기록했다. 요한 세례자에게는 다른 사람들이 자신을 어떻게 생각하든, 또 자기가 한 행동 때문에 자기에게 어떤 결과를 가져오느냐가 중요한 것이 아니라 자기가 하는 일이 의롭고 거룩한 일인가가 중요했다. 요한 세례자는 자기의 사명이 무엇인지를 잘 알고 있었고, 그 일을 위해서 살고 그 일을 위해서 죽어야 한다는 것을 잘 알고 있었다. 결국 요한 세례자의 삶은 어떤 상황에서도 굴하지 않고 의롭고 거룩한 삶을 살다가 죽음을 당하시게 될 예수님의 삶을 미리 보여 준 것이다.

우리도 자신에게 물어야 한다. 내가 하는 일은 의롭고 거룩한 일인가? 나는 의롭고 거룩한 것을 위해서 살고 죽을 각오가 되어 있는 가? 일반적으로 우리는 어떤 사람을 두고 "욕심 많은 사람, 이기적인 사람, 돈만 아는 사람, 의리를 저버린 사람, 짐승만도 못한 사람, 믿을 수 없는 사람, 거짓말하는 사람"이라고 말하기도 하고, 반대로 "참 좋은 사람, 믿을 수 있는 사람, 친절한 사람, 베푸는 사람"이라고 부르기도 한다. 하지만 우리가 남에게 '의롭고 거룩한 사람'이라는 소리를 듣는 것만큼 더 영광스럽고 아름다운 삶은 없는 것 같다. 오늘날 우리 주변에서 이런 소리를 들어 본 적이 거의 없다. 그만큼 우리 사회에서 '의롭고 거룩한 삶'을 사는 사람을 만나 보기 힘들다. 아니 어쩌면 우리 모두 의롭고 거룩한 삶에 대한 가치를 잃어버렸는지도 모른다. 적당히 타협하며 살고, 엄청난 돈을 부정하게 착취하고, 밥먹듯이 거짓말을 하고, 사람을 죽이는 폭력이 아무렇지도 않게 일어나고 있는 사회에서 의롭고 거룩한 삶을 산다는 것은 바보 같은 삶인지도 모른다. 아무 의미 없고 가치 없는 삶인지도 모른다. 하지만 이럴수록 우리 사회에는 세례자 요한처럼 '의롭고 거룩한 삶'을 사는 사람들이 더욱 필요하다. 사람들이 일반적으로 나를 무엇이라고 부르는가? 또 내 주위에 '의롭고 거룩한 사람'이라고 부를 수 있는 사람이 있는가?

헤로디아는 요한에게 앙심을 품고

헤로데 임금이 베푼 잔치는 헤로디아를 위해서 베푼 잔치가 아니었다. 그렇지만 요한에 대해서 앙심을 품고 있던 헤로디아는 자기의 욕망을 이루기 위해서 자기 딸을 시켜 매춘부가 추는 춤을 추게 했으며 또 딸에게 보상으로 주어진 선물을 자기 욕심을 채우는 데 이용했다. 앙심을 품고 있는 한 여인의 무서운 생각이 결국은 자기도 죽이고, 가족 모두를 불행하게 만들었고, 의롭고 거룩한 사람의 목숨을 빼앗았으며, 즐거워야 할 잔치를 공포와 비극의 잔치로 만들어 버렸다. 이런 모든 불행의 원인은 바로 앙심을 갖고 살아가는 데에서 비롯되었다.

우리는 여기에서 한 가지 교훈을 배울 수 있다. 즉 인간을 불행하게 만드는 길이 두 가지 있다는 것이다. 하나는 마음속에 앙심을 품고 살아가는 것이고, 다른 하나는 취중에 함부로 말을 내뱉는 것이다. 우리는 자기가 하는 말에 조심해야 한다. 헤로데의 취중 발언은 옳고 그름을 판단하기 어려운 취중에 어떤 약속을 한다는 것이 얼마나 위험한 일인가 하는 것을 보여 주는 좋은 예이다. 이것은 평소에 어떤 삶의 자세를 갖고 살아가느냐에 달린 문제이기도 하다. 평소에 의롭고 거룩한 삶을 사는 사람은 절대로 앙심을 품고 살아가지 않을 것이며 취중에 망발을 하지도 않을 것이다. 그러나 평소에 거짓된 삶, 철학이 없는 삶을 사는 사람에게는 이런 일이 얼마든지 일어날 수 있다.

임금은 곧 경비병을 보내며, 요한의 머리를 가져오라고 명령하였다

요한 세례자는 어떤 사람인가? 예수님께서 요한 세례자를 가리켜 "타오르며 빛을 내는 등불"(요한 5,35)이라고 하시고, 또 "여자에게서 태어난 이들 가운데 요한보다 더 큰 인물은 없다."(루가 7,28)라고 하실 만큼 위대한 인물이었다. 그런데 그의 최후가 너무 비참하게 끝났다. 한 아녀자가 품은 앙심 때문에 무참하게도 목이 잘렸으니, 위대한 인물의 최후치고는 너무나 불행하다. 출세를 꿈꾸었다면 얼마든지 출세할 수 있었고, 명예를 얻으려고 하였으면 명예를 얻을 수 있는 위치에 있던 사람이 이렇게 허무하게 최후를 마치다니……. 더군다나 예수님께서 그토록 칭찬하시던 사람이, 그리고 한평생 오직 의롭고 거룩한 삶을 살아온 사람이 이렇게 불행한 최후를 맞다니……. 우리가 이런 운명을 이해하고 받아들이는 것은 참으로 어려운 일이다. 그렇다면 우리가 볼 때 불행한 죽음을 맞으면서도 끝까지 '의롭고 거룩한 삶'을 산다는 것이 무슨 의미가 있는가를 잠시 생각해 보자.

교회는 "세상의 구원을 위하여 죽음을 자유로이 받아들이신 스승을 본받고 피를 흘려 스승과 동화되는 순교는 교회에서 최상의 은혜로 또 사랑의 최고의 증거로 여겨진다."(교회헌장 42항)라고 말한다. 순교라는 말은 그리스어로 '마르투리아(Marturia)'라고 하고 '증거, 증인'이라는 뜻이다. 즉 순교자란 진리를 위해서 하나밖에 없는 자기의 귀한 생명을 바쳐 가면서 증거하는 사람이다. 요한 세례자는 인간적인 면에서 볼 때는 비참하게 죽었지만, 하느님의 입장에서 볼 때는 그의 죽음이 불행한 죽음이 아니라 가장 영광스러운 죽음이요 최상의 영예로운 죽음이었다. 따라서 그의 죽음은 죽음으로 끝나는 것이 아니라 가장 영광스러운 순교자로 새롭게 태어나는 것이었다. 헤로데의 생일잔치는 새로 태어나는 요한의 순교를 위한 축하연이기도 한 것이다.

예수님께서 "행복하여라, 의로움 때문에 박해를 받는 이들! 하늘나라가 그들의 것이니. 사람들이 나 때문에 너희를 모욕하고 박해하며, 너희를 거슬러 거짓으로 온갖 사악한 말을 하면, 너희는 행복하다! 기뻐하고 즐거워하여라. 하늘에서 너희가 받을 상이 크다."(마태 5,10-12)라고 말씀하신 행복한 삶이 곧 요한 세례자의 삶이요 죽음이었다.

이 이야기는 다시 한 번 '예수님은 누구이신가?' 라는 질문을 제기하는 기회가 되었다. 그것은 열두 제자들의 파견(마르 6,7-13 참조)이 사람들로 하여금 예수님의 신원이 무엇인가 하는 의문을 갖도록 여기저기 퍼뜨리게 한 결과이다. 열두 제자의 파견 이야기 다음에 갖다 놓은 오늘 복음 이야기는 한편 증거자의 최후가 어떤 모습인가를 보여 준다. 요한 세례자는 예수님을 증거한 사람이다. 증거자라는 용어는 '어떤 것을 기억하는 사람' 이라는 뜻이다. 즉 증거자는 어떠한 어려움 앞에서도 자기 목숨까지 바쳐가면서 자기의 사명을 기억하고 그 사명을 수행하는 사람이다. 이런 의미에서 요한 세례자는 죽음 앞에서도 비겁하지 않고 두려워하지 않으며 의연하게 자기의 사명을 기억하고 증거한 사람이다. 참으로 오늘날 우리에게 좋은 귀감이 되는 사람이다.

이렇게 죽은 요한 세례자의 운명은 예수님의 운명을 예고한다. 그리고 앞으로 파견될 이들의 운명을 예고한다. 세례자 요한뿐만 아니라 우리 각자의 삶도 하나의 예고이다. 즉 내가 어떤 삶을 살았든, 즉 앙심을 품고 살았든 의롭고 거룩한 삶을 살았든, 나의 삶의 모습은 주위 사람들에게, 특히 자녀들에게 어떻게 살아야 하는지를 보여 주는 운명의 예언이다. 어떻든 인간은 죽는다. '어떻게 죽는가, 무엇을 위해서 죽는가' 하는 것은 매우 중요한 문제이다. 의롭고 거룩한 삶을 살다가 죽은 요한 세례자와 앙심을 품고 살다가 죽은 헤로디아의 삶과 죽음은 결코 같은 삶과 죽음이 아니다. 두 사람 모두 우리에게 어떤 삶을 살다가 죽어야 하는가를 가르쳐 준 선구자들이다. 순교는 비극적인 죽음으로 끝나는 것이 아니라 최상의 영예스러운 생명으로 새롭게 태어나는 것이다. 즉 순교자의 죽음은 죽음이 아니라 천상 탄생이다. 요한 세례자의 죽음은 말이나 글로 쓴 것이 아니라 증거자의 피로써 쓴 죽음과 부활에 대한 첫 번째 선포였다. 요한 세례자는 끝까지 선구자로 살다가 죽었다. 즉 그의 삶은 항상 예수님의 삶을 미리 닦는 선구자의 삶이었다.

오늘 복음을 묵상하면서 크게 부각된 점은 서로 다른 두 사람의 인생관이다. 한 사람은 정의를 위해서 죽음까지 각오하면서 옳은 일을 하다가 죽음을 맞이한 요한 세례자이고, 또 한 사람은 자신의 영달과 안전을 지키기 위해 의롭고 거룩한 삶을 사는 의인의 생명까지 앗아간 헤로데라는 인물이다.

의인인 요한 세례자의 삶은 "동생의 아내를 차지하는 것은 옳지 않습니다."라고 끝까지 정의로운 말을 했기 때문에 짧게 끝났지만, 그의 삶은 죽은 것이 아니라 오늘까지 그리고 앞으로도 계속해서 많은 메시지를 던져 주며 살아 있을 것이다. 나아가 요한 세례자는 "의롭고 거룩한 사람"이라고 단순하게 표현되어 있지만 많은 메시지를 전하고 있고, 그의 삶이 이야기될 때마다 아름답고 풍요로운 삶의 가치를 전달해 주고 있다. 반면에 헤로데는 요한 세례자가 죽을 때 살아 있었지만 살아 있는 것이 아니라 이미 죽었다. 그리고 이 말이 전해질 때마다 요한 세례자는 다시 살아나곤 하지만 헤로데는 죽고 또 죽는다.

얼핏 보기에 요한 세례자는 패자 같고 헤로데는 승자 같지만, 정말로 승리한 이는 요한 세례자이고 패배한 사람은 헤로데이다. 복음에는 죽은 이는 요한 세례자요 살아 있는 자는 헤로데로 기록되어 있지만, 정말로 죽은 자는 헤로데요 살아 있는 이는 요한 세례자이다. 우리는 이 두 사람의 삶을 보면서 역사는 진실을 말하고 있고 어떤 삶을 살았는가는 당대로 끝나지 않는다는 것을 배울 수 있다. 그리고 어떻게 사는 것이 정말로 승자이고 영원히 사는 길인가를 알 수 있다.

마르코 복음 3장 7절부터 5장 34절까지는 세례성사가 무엇인가를 가르쳐 준다면, 즉 세례성사에 대한 교육이라면, 6장 6절에서 8장 30절까지는 성체성사에 대한 교육이다. 따라서 성체성사를 가르치기에 앞서 나오는 예수님의 선구자인 세례자 요한의 죽음 이야기는 우리를 위해 죽음을 당하셔야 할 예수님의 운명을 예고하는 것이다. 즉 '의롭고 거룩한' 세례자 요한이 죽음 앞에서도 진리와 정의를 말했고, 결국 그것 때문에 죽음을 당했듯이, 예수님 또한 의롭고 거룩한 분으로서 진리와 정의를 위해 죽음을 당하시게 되리라는 것을 예고한 것이다. 성체성사는 남을 살리기 위해 자신이 죽는 것을 상징한다. 좋은 땅에 뿌려진 씨앗이 많은 열매를 맺기 위해 썩어야 하듯이, 예수님은 온 인류를 살리기 위해 한 알의 밀알로서 죽음을 당하시는 것이다. 그것이 성체성사에서 재현되는 것이다. 이제부터 마르코는 이런 성체의 의미를 이해시키기 위해 교육할 것이다. 세례성사가 예수님 안에서 과거의 것에서 죽고 그리스도 안에서 새로운 생명으로 태어나게 하는 성사라면, 성체성사는 새롭게 태어난 이 생명이 어떻게 죽어야 하는가를 가르쳐 주는 성사이다. 결국 성체성사에 참례하는 모든 그리스도인은 자기 자신이 살기 위해서 남을 죽이는 삶이 아니라 남을 살리기 위해 자신이 죽는 삶을 살아가는 사람이다. 그것이 사람 낚는 어부의 삶이기 때문이다.

기도합시다

주님, 제 마음 안에 있는 좋지 못한 악한 감정들을 몰아내 주시고, 다른 사람들을 이해하고 받아들일 수 있는 마음을 갖게 해 주십시오. 저의 좋지 못한 마음 때문에 고통을 겪는 사람들이 있다면 그들의 마음을 어루만져 주시고 마음의 상처를 치유해 주십시오. 한 번뿐인 저의 삶이 악에 물들지 않고 언제 어떤 상황에서라도 의롭고 거룩한 삶을 살다가 순교까지 할 수 있는 자세로 살아갈 수 있도록 축복해 주십시오. 우리 주 예수 그리스도의 이름으로 기도드립니다. 아멘.

12. 오천 명을 먹이시다 (6, 30 - 44)

　사도들이 예수님께 모여 가, 자기들이 한 일과 가르친 것을 다 보고하였다. 그러자 예수님께서 그들에게, "너희는 따로 외딴 곳으로 가서 좀 쉬도록 하여라." 하고 말씀하셨다. 오고 가는 사람들이 너무 많아 음식을 먹을 겨를조차 없었던 것이다. 그래서 그들은 따로 배를 타고 황량한 곳으로 떠나갔다. 그러자 많은 사람이 그들이 떠나는 것을 보고, 모든 고을에서 나와 육로로 함께 달려가 그들보다 먼저 그곳에 다다랐다. 예수님께서는 배에서 내리시어 큰 군중을 보시고 가엾은 마음이 드셨다. 그들이 목자 없는 양들 같았기 때문이다. 그래서 그들에게 많은 것을 가르쳐 주기 시작하셨다.

　어느덧 늦은 시간이 되자 제자들이 예수님께 다가가 말하였다. "여기는 황량한 곳이고 시간도 이미 늦었습니다. 그러니 저들을 돌려 보내시어, 주변의 촌락이나 마을로 가서 스스로 먹을 것을 사게 하는 것이 좋겠습니다." 예수님께서 "너희가 그들에게 먹을 것을 주어라." 하고 이르시니, 제자들은 "그러면 저희가 가서 빵을 이백 데나리온 어치나 사다가 그들을 먹이라는 말씀입니까?" 하고 물었다. 예수님께서 그들에게, "너희에게 빵이 몇 개나 있느냐? 가서 보아라." 하고 이르셨다. 그들이 알아보고서, "빵 다섯 개, 그리고 물고기 두 마리가 있습니다." 하고 대답하였다. 예수님께서는 제자들에게 명령하시어, 모두 푸른 풀밭에 한 무리씩 어울려 자리잡게 하셨다. 그래서 사람들은 백 명씩 또는 쉰 명씩 떼를 지어 자리를 잡았다. 예수님께서는 빵 다섯 개와 물고기 두 마리를 손에 드시고 하늘을 우러러 찬미를 드리신 다음 빵을 떼어 제자들에게 주시며, 사람들에게 나누어 주도록 하셨다. 물고기 두 마리도 모든 사람에게 나누어 주셨다. 사람들은 모두 배불리 먹었다. 그리고 남은 빵조각과 물고기를 모으니 열두 광주리에 가득 찼다. 빵을 먹은 사람은 어른 남자만도 오천 명이었다.

성체성사(미사)는 말씀 전례와 성찬 전례로 구성되어 있고 말씀과 성체는 그리스도인의 양식이다. 모든 신자는 말씀과 성체를 받아 먹기 위해 미사에 참례하고 받아 먹은 말씀과 성체를 전하기 위해 파견된다. 따라서 성체성사는 "그리스도교 생활 전체의 원천이며 정점"(교회헌장 11)이고 "그리스도인 공동체 생활 전체의 중심이 되고 정점"(주교교령 30)이 된다. 우리는 오늘 복음을 묵상하면서 성체성사의 신비를 신앙으로 받아들이고 이해할 수 있도록 은혜를 청하자.

사도들이 예수님께 모여 가, 자기들이 한 일과 가르친 것을 다 보고하였다

예수님은 열두 제자를 불러 더러운 영들을 쫓아내는 권한을 주시고, 둘씩 짝지어 파견하셨다(마르 6,7 참조). 지금 사도들이 예수님께 보고하는 것은 파견되어 가서 자기들이 한 일과 가르친 내용이다. 마치 해바라기가 태양을 향해 돌아가듯이 그리스도인의 모든 생활은 항상 그리스도를 중심으로 돌아가야 한다. 아침기도를 바친다는 것은 하루를 어떻게 사용할 것인가를 예수님 안에서 생각하는 것이다. 즉 그 날의 복음을 듣고 묵상하면서 우리에게 주신 하루를 어떻게 사용해서 예수님을 따르는 삶이 되게 할 것인가를 계획하고, 낮에는 아침에 계획한 것을 열심히 실천하고(생활하고), 저녁에는 아침에 예수님과 함께 살겠다며 계획한 시간들을 되돌아보면서 자기가 지낸 하루의 시간들을 예수님께 보고드리는 저녁기도로 하루 생활을 마무리하는 것이 그리스도인의 생활이다. 사도들이 예수님께 모여 가 자기들이 한 일과 가르친 것을 다 보고하였듯이, 우리도 우리가 한 일을 예수님께 보고하고, 그리고 예수님한테 새로운 가르침을 듣고 와서 실천하는 생활을 해야 한다. 신앙생활이란 늘 예수님과 관계를 맺으며 생활하는 것이기 때문이다.

너희는 따로 외딴 곳으로 가서 좀 쉬도록 하여라

예수님이 "너희는 따로 외딴 곳으로 가서 좀 쉬도록 하여라."라고 하신 이유는 무엇일까?

두 가지로 묵상할 수 있겠다. 하나는 제자들이 활동을 하고 돌아와서 육체적으로 지쳐 있는데다 음식을 먹을 겨를조차 없을 만큼 많은 사람들이 몰려오고 있으니, 조용히 쉴 수 있는 곳을 찾아 떠나라는 것이다. 즉 지친 제자들을 쉬게 하시려는 예수님의 배려이다.

제자들에게 휴식이 필요하듯이 우리에게도 휴식은 필요하다. 휴식은 여유 있는 사람이나 하는 것이 아니라 우리 모두에게 필요한 것이다. 즉 박자와 강약이 음악을 이루듯이, 일과 휴식은 우리 삶을 이루는 한 부분이며 리듬이다.

쉰다는 것은 무엇인가?

창세기는 하느님의 쉼을 이렇게 표현한다. "하느님께서는 하시던 일을 이렛날에 마무리하셨다. 그분께서는 하시던 일을 모두 마치시고 이렛날에 쉬셨다. 하느님께서 이렛날에 복을 내리시고 그 날을 거룩하게 하셨다. 하느님께서 창조하여 만드시던 일을 모두 마치시고 그 날에 쉬셨기 때문이다"(창세 2,2-3). 하느님께서 손을 떼고 쉬신다는 것은 창조를 중단하신 것이 아니라 창조하신 것들에 복을 주시는 것이다.

하느님이 쉬시는 시간에 온 만물이 우리에게 더욱 아름답고 신비스럽게 다가온다. 하느님께서 쉬시는 동안에, 아니 하느님께서 쉬시기에, 피조물은 더욱 완성을 향하여 나아간다. 그리고 우리는 대자연의 신비와 함께 하느님의 경이로움을 더욱더 찬양하게 된다. 왜냐하면 하느님께서 창조를 멈추시고 쉬시는 동안 복을 주시기 때문이다. 하느님이 창조만 하시고 복을 내려 주시지 않았다면 하느님이 창조하신 모든 피조물들은 복을 받지 못했을 것이다.

세상이 각박해지는 것은 바로 이런 쉼이 없어졌기 때문이다. 고요가 없는 곳에 쉼이 있을 수 없고, 쉼이 없는 곳에 '창조'가 있을 수 없다. 모든 초목들이 봄에 파릇파릇한 새싹을 틔울 수 있는 것은 긴 겨울 동안 충분한 휴식을 취했기 때문이다. 봄에 개구리가 나오고 온갖 곤충들이 땅 밖으로 나올 수 있는 것은 동면을 충분히 취했기 때문이다. 쉰다는 것은 우리 자신에게 재충전의 시간을 주는 것이다. 우리는 활동에만 몰두할 것이 아니라 자신과 자신이 하는 일에 복을 주는 휴식을 가질 수 있도록 배려해야 한다.

20세기의 위대한 별이었던 슈바이처는 "현대인이 하루에 단 몇

분이라도 밤하늘을 쳐다보며 우주를 생각한다면 현대 문명이 이렇게 병들지는 않았을 것이다."라고 말했다.

"너희는 따로 외딴 곳으로 가서 좀 쉬어라."라는 말씀의 두 번째 의미는 예수님께서 제자들에게 지금까지와는 다른 새로운 가르침을 주시기 위한 준비라는 것이다. 지금까지의 가르침과 훈련이 세례성사에 대한 것이었다면, 이제부터는 또 다른 가르침, 즉 성체성사에 대한 새로운 가르침을 주고자 하시는 것이다.

그리스어로 '외딴 곳'을 '에레몬(eremon)'이라고 하는데, '사막, 광야'를 가리킨다. "따로 외딴 곳으로 가서"라는 말은 '사막으로 가서'라는 말이다. 호세아서에 보면 "그러므로 이제 나는 그 여자를 달래어 광야로 데리고 가서 다정히 말하리라. 거기에서 나는 그 여자에게 포도밭을 돌려 주고 아골 골짜기를 희망의 문으로 만들어 주리라. 거기에서 그 여자는 젊었을 때처럼, 이집트 땅에서 올라올 때처럼 응답하리라. 그 날에는 ─주님의 말씀이다.─ 네가 더 이상 나를 '내 바알!'이라 부르지 않고 '내 남편!'이라 부르리라. …… 나는 너를 영원히 아내로 삼으리라. 정의와 공정으로써 신의와 자비로써 너를 아내로 삼으리라. 또 진실로써 너를 아내로 삼으리니 그러면 네가 주님을 알게 되리라."(호세 2,16-22)라는 말씀이 있다. 그 여자를 달래어 광야로 데리고 간 것이 "다정히 말하기" 위함이었듯이, "따로 외딴 곳으로 가라."라는 것은 예수님이 사랑하는 제자들과 사랑을 속삭이고자 하신다는 뜻을 담고 있는 말이다.

예수님은 제자들을 따로 외딴 곳으로 데리고 가서서 새로운 가르침을 주시고 새로운 경험을 체험하게 하고자 하신다. 그것이 무엇일까? 바로 성체성사이다.

예수님은 제자들을 "너희는 외딴 곳으로 가서 좀 쉬도록 하여라."라고 초대하셨듯이, 오늘 나를 "외딴 곳으로 가서 좀 쉬자."라고 초대하신다. 오늘 복음은 우리가 하던 일을 멈추고 예수님과 함께 외딴 곳에 가서 깊이 묵상해야 알아들을 수 있는 중요한 가르침이다.

많은 사람이 그들이 떠나는 것을 보고, 모든 고을에서 나와 육로로 함께 달려가 그들보다 먼저 그곳에 다다랐다

"모든 고을에서 나왔다."라는 말은 '자기들의 삶의 현장을 떠났음'을 의미하고, "육로로 함께 달려갔다."라는 말은 '어떠한 어려움에도 필사적으로 따라나서는 적극적인 자세'를 의미하며, "그곳에 다다랐다."라는 말은 '외딴 곳 즉 사막에 다다랐음'을 말한다. 이 장면은 마치 이스라엘 백성이 이집트를 탈출하여 가나안 땅으로 가기 위해 모세의 인도를 받아 사막을 향해 떠나는 것과 같은 모습이다. 즉 사람들 편에서 보자면 일종의 출애굽인 것이다.

예수님께서는 배에서 내리시어 큰 군중을 보시고 가엾은 마음이 드셨다

예수님은 군중이 왜 당신을 따라왔는지 잘 아신다. 군중을 보시고 가엾게 생각하시는 분, 그분이 곧 예수님이다. 예수님이 인간에게 봉사하시고 가르치시고 사랑을 베푸신 모든 행위는 바로 이 가엾이 여기는 마음에서 흘러나온 것이다.

그럼 "가엾은 마음"이란 어떤 마음인가? 가엾은 마음이란 오장육부에 고통을 느끼는 마음이다. 부모가 어린 자식이 병들어 죽어 가는 것을 보면 어느 일부분이 아픈 것이 아니라 오장육부가 아프다. 즉 온 몸이 다 아프다. 어린 자식이 먹을 것이 없어 배고파하면 부모가 자식보다 더 고통스러워하고 괴로워한다. 왜 그럴까? 자식을 사랑하기 때문이다.

가엾은 마음이란 이런 모성애를 표현하는 말이다. 예수님이 큰 군중을 보고 느끼시는 마음과 제자들이 군중을 보고 느끼는 마음은 다르다. 지금 당신을 따라온 많은 군중을 보고 느끼시는 이 가엾은 마음에서 제자들에 대한 예수님의 교육이 시작되려고 한다. 왜냐하면 군중에게 먹을 것을 주고 올바른 길을 안내해 줄 목자가 필요하기 때문에 그런 일을 하도록 제자들을 교육하고자 하시는 것이다. 예수님이 우리를 보시고 느끼시는 마음도 이런 마음이다. 예수님의 가엾은 마음이 나를 이 복음으로 초대하신다. 예수님의 이런 마음을 이해하면서 이 복음을 묵상하도록 하자.

목자 없는 양들 같았기 때문이다

예수님이 군중을 보시고 "가엾은 마음"이 드신 이유는 그들이 "목자 없는 양들 같았기 때문이다." 우리는 목자 없는 양들이 얼마나 불쌍한지 잘 모를 것이다. 양은 목자 없이는 살아갈 수 없는 동물이다. 양은 목자의 인도를 받지 않고서는 어디에 풀이 있는지를 모르기 때문에 풀을 뜯을 수가 없다. 양은 목자의 보호를 받지 않고서는 단 한순간도 평화롭게 지낼 수 없다. 한 마디로 양들에게 목자는 생명이요, 보호자요, 안내자이다. 목자 없는 양들이란 부모를 잃어버린 아이들과 같은 존재를 말한다.

고아원에 가면 아이들이 처음 보는 데도 안아 달라고 달려온다. 정상적으로 엄마의 품속에서 자란 아이들은 낯선 이를 보면 무서워서 엄마의 품속에 숨는 법이다. 그러나 고아원에 있는 아이들은 그렇지 않다. 왜 그런가? 그들은 누가 부모인지를 모르기 때문이다. 그들은 한 번도 부모의 품에 안겨 본 적이 없다. 그렇지만 그들도 엄마의 사랑을 그리워하기는 마찬가지이다. 아이들은 부모 특히 엄마의 사랑을 먹고 자라야 한다. 사랑을 먹고 자라야 할 아이들이 사랑을 받지 못하고 자라기 때문에 엄마의 사랑을 그리워하는 것이다. 그래서 누가 자기 엄마인지 모르기 때문에 아무나 보면 안아 달라고 달려드는 것이다. 그만큼 사랑에 굶주려 있다는 것이다. "목자 없는 양들"이란 바로 고아원에 있는 아이들과 같은 처지에 있다는 것이다.

군중이 예수님을 따라간 것은 그분을 잘 알기 때문이 아니다. 마치 고아원의 아이들처럼 사랑에 굶주려 있기 때문에 예수님을 보고 따라간 것이다. 이들을 바라보시는 예수님께서 어찌 가엾은 마음이 들지 않으시겠는가? 예언서에 보면 하느님 자신이 양떼를 돌보시겠다는 말씀이 있다. "하느님이 이렇게 말한다. 나 이제 내 양떼를 찾아서 보살펴 주리라. 내가 몸소 내 양떼를 먹이고, 내가 몸소 그들을 누워 쉬게 하리라. 주 하느님의 말이다. 잃어버린 양은 찾아내고 흩어진 양은 도로 데려오며, 부러진 양은 싸매 주고 아픈 것은 원기를 북돋아 주리라. 그러나 기름지고 힘센 양은 없애 버리리라. 나는 이렇게 양떼를 먹이리라"(에제 34,11.15-16).

예수님은 "나는 착한 목자이다."(요한 10,11)라고 말씀하셨듯이 모든 이의 목자이시다. 예수님을 보고 따라온 사람들은 바로 예수님의 양들이다. 우리 또한 예수님이 돌보셔야 할 예수님의 양들이다. 그동안 나는 목자 없이 헤맸는지도 모른다. 그래서 도둑으로 인해 온 몸이 상처투성이가 되었고 먹을 것을 찾지 못해 굶주리고 목말라하고 있는지도 모른다. 그러나 이제는 목자이신 예수님께로 돌아와 푸른 들판으로 가서 실컷 배불리 먹고 휴식을 취하자.

그들에게 많은 것을 가르쳐 주기 시작하셨다

예수님께서 목자 없는 양들을 보시고 "먹을 것을 주셨다."라거나 "치료해 주셨다."라고 하지 않고 "많은 것을 가르쳐 주기 시작하셨다."라고 하는 말씀에 주목하자. 우리는 이 말씀에서 두 가지를 묵상할 수 있다.

하나는 인간의 배고픔은 물질적인 배고픔이 아니라 영적인 배고픔이라는 것이다. 예수님은 이 영적인 배고픔을 어떻게 채워 주시는가? 가르침을 통해서 채워 주신다. 우리가 예수님을 믿고 따른다는 것은 우리의 영적인 배고픔을 채우기 위해 예수님한테 배우고, 배운 것을 살아가는 것이다. 예수님은 우리를 가르치는 스승이시다. 우리는 그분한테 가서 배워야 할 제자들이다. 우리는 예수님한테 모든 것을 배워야 한다. 오늘 우리 교회의 취약점 중 하나는 신자들이 신앙 여정을 처음부터 하나하나 배우고 익혀 나가는 것이 아니라 일단 세례성사를 받고 나면 더는 교육을 받을 기회도 없이 성당에만 왔다 갔다하게 된다는 점이다. 가르치는 목자도 부족하고 배우는 양들도 부족하다. 열과 성의를 다해서 양들을 가르치려고 준비하는 목자도 많지 않고 배우고자 하는 열망을 가진 양들도 많지 않다. 그러기 때문에 목자가 있어도 양들은 여전히 배고프고 목마르다. 또 목자가 양들을 먹이려고 이런저런 교육의 장을 마련해 보지만, 양들이 배우고자 하는 열의가 없기 때문에 어떤 교육이 지속적으로 이루어지지 못하고 있다. 육체적인 배고픔과 목마름도 채워져야 하겠지만 영적인 배고픔과 목마름은 더욱 가득 채워져야 한다.

두 번째로 "그들에게 많은 것을 가르쳐 주기 시작하셨다."라는 말씀은 사람들이 예수님한테 배워야 할 내용들이 많이 있음을 뜻한다는 것이다. 예수님이 사람들에게 가르쳐 주실 것은 많다. 그러나 한꺼번에 가르치실 수도 없거니와 한꺼번에 가르쳐 주신다 하더라도 우리가 알아듣지 못한다. 따라서 우리는 단계적으로 배워야 한다. 우리의 배움에는 졸업이 없다. 우리는 죽을 때까지 예수님한테 배우고 또 배워야 한다. 예수님은 지금까지도 많은 것을 가르쳐 주셨지만 이제부터 또 새롭게 가르쳐 주셔야 할 내용들이 많이 있다. 예수님은 지금 그것을 가르쳐 주고자 하신다. 이제부터 가르쳐 주고자 하시는 내용은 성체성사에 대한 것이다. 지금까지의 교육내용이 성체성사를 이해하기 위한 입문에 해당된다면, 이제부터는 그것을 바탕으로 해서 한 단계 높은 교육 즉 성체성사의 본론을 설명하시려는 것이다.

어느덧 늦은 시간이 되자

"늦은 시간"이란 단순히 시간적인 개념을 뜻하는 말이 아니다. 당신의 가르침이 무르익은 때를 말한다. 아침부터 늦은 시간까지 가르쳐 주셨으니 얼마나 많은 것을 가르치셨겠는가? 즉 늦은 시간이란, 성체성사에 대한 이론 교육을 다 마치시고, 이제는 이론이 아니라 실기를 통해 가르치실 때라는 말이다. 따라서 늦은 시간이란 이제 성체성사를 실습하기에 합당한 준비가 갖추어진 시간이다.

"어느덧 늦은 시간이 되자"라는 표현은 엠마오로 가는 제자들의 이야기를 생각하게 한다. 엠마오로 가던 제자들이 예수님께 "저희와 함께 묵으십시오. 저녁때가 되어 가고 날도 이미 저물었습니다."(루가 24,29) 하고 예수님을 붙들었다. 그래서 예수님께서 그들과 함께 묵으시려고 집으로 들어가셨다. 그리고 저녁식사를 하기 위해 식탁에 앉았을 때 빵을 들어 감사의 기도를 드리신 다음 그것을 떼어 나누어 주셨다. 그러자 그들의 눈이 열려 예수님을 알아보았는데, 그 순간에 예수님께서 그들 앞에서 사라지셨다. 이때도 예수님은 식탁에 앉아 빵을 들어 감사의 기도를 드리신 다음 그것을 떼어 제자들에게 나누어 주는 성체성사를 거행하시기 전에 낮에 예루살렘을 떠나 제자들과 함께 엠마오로 오는 길에서 성체성사에 대한 교육을 미리 하셨다. 이처럼 복음에서 늦은 시간은 예수님이 당신 자신을 드러내시는 때이고, 제자들이 예수님을 알아보는 시간이다. 우리도 이 복음을 묵상하면서 제자들이 "눈이 열려 예수님을 알아보았듯이" 성체성사의 의미를 알아보는 눈이 열려 성체 안에 계시는 예수님을 알아볼 수 있는 은혜를 청하도록 하자. 평일 미사 또는 주일 미사에 참례하는 우리가 성체성사의 의미를 알아듣기 위해 그동안 준비해 온 것은 무엇인가? 무슨 교육을 받았는가?

여기는 황량한 곳이고 시간도 이미 늦었습니다

예수님이 당신을 따라온 많은 사람들을 보시고 가엾은 마음이 드시어 많은 것을 가르쳐 주셨다. 예수님의 가르침이 얼마나 재미가 있었으면 사람들이 늦은 시간까지 이야기를 듣고 있었을까? 사람들이 처음에는 서로 서먹했겠지만 예수님이 열심히 가르쳐 주시는 것을 들으면서 많은 것을 깨닫게 되었을 것이고, 난생 처음 듣는 이야기도 있었을 것이며, 또 하느님의 나라에 대한 이야기를 들으면서 많은 감동도 받았을 것이다. 그러니까 시간 가는 줄 모르고 저녁 늦은 시간까지 예수님의 이야기를 듣고 있었을 것이다.

그런데 제자들의 입장은 전혀 다르다. "여기는 황량한 곳이고 시간도 이미 늦었습니다. 그러니 저들을 돌려 보내시어 주변의 촌락이나 마을로 가서 스스로 먹을 것을 사게 하는 것이 좋겠습니다."라고 짜증스럽게 이야기를 하고 있다. 제자들에게는 그곳이 황량한 곳이고 또 시간이 늦은 것도 걱정거리이며 예수님이 사람들을 돌려 보낼 생각은 하지 않으시고 계속해서 가르치고 계신 것도 불만이다. 그리고 사람들이 그만큼 이야기를 들었으면 이제는 돌아갈 만도 한데 돌아갈 생각은 하지 않고 계속해서 이야기만 듣고 있는 것도 못마땅하다. 아무튼 제자들에게는 그 어느 하나 만족한 것이 없다. 사람, 장소, 시간, 분위기 등 어느 것 하나 마음에 드는 것이 없고 모든 것이 못마땅하고 걱정거리이고 귀찮다.

무엇이 문제인가? 제자들이 왜 불만인가? 무엇보다 제자들에게는 예수님이 군중을 보시고 가엾은 마음이 드셨다는 그런 마음이 없는 것이다. 사실 제자들이 이곳에 온 것은 "너희는 따로 외딴 곳으로 가서 좀 쉬어라."라고 말씀하신 대로 쉬기 위해서였는데, 사람들 때문에 쉬지도 못하고 있기 때문에 화가 나 있는 상태이다. 그러니 사람들을 좋게 생각할 리가 없다. 오히려 빨리 돌려 보내고 싶은 마음으로 예수님의 가르침이 끝나기만을 기다리고 있는데, 예수님은 사람들을 돌려 보낼 생각은 하지 않으시고 계속해서 가르치고만 계시니 제자들에게 인내의 한계가 온 것이다. 그래서 참다 못해 불평을 터뜨린 것이다. 아무튼 제자들의 입장에서 볼 때는 모든 것이 못마땅하고 마음에 안 드는 것뿐이다. 그러나 정말 가장 큰 이유는 다른 데에 있다. 그것은 제자들이 자기들과 함께 계신 예수님이 누구이신지를 모르고 있다는 것이다. 그리고 자기들이 누구인지, 왜 예수님한테 부름을 받았는지, 또 예수님의 제자들이란 어떤 사람들이며 무엇을 해야 하는 사람인지를 모르고 있다는 것이다.

　제자들이 자기들과 함께 계신 예수님이 하느님이시라는 것을 알았더라면, 또 제자란 배고픈 이들에게 먹을 것을 주어야 할 사람들이라는 것을 알았더라면, 그리고 늦은 시간까지 예수님의 가르침을 듣느라고 배가 고픈 군중들에게 먹을 것을 주어야 할 사람들이 바로 자기들이라는 것을 알았더라면, 그리고 시간이 늦었으니 바로 지금이 그들에게 먹을 것을 주어야 할 때라는 것을 알았더라면, 또 그들에게 먹을 것을 주실 분은 자기들이 아니라 예수님이며, 모든 것이 가능하신 예수님이 마련하실 것이고 그분은 그런 능력이 충분히 있다는 것을 알았더라면, 그리고 군중은 목자 없는 가엾은 양들이라는 것을 알았더라면, 제자들이 그런 말은 하지 못했을 것이다. 결국 예수님을 알아보지 못하고 자기들이 누구인지를 알지 못하는 제자들의 무지함이 정말 은혜로운 곳을 황량한 곳이라고 말하고, 먹을 것을 주어야 할 가엾은 군중을 매정하게도 빈손으로 돌려 보내야 할 사람들로 잘못 생각하게 만든 것이다.

　'황량한 곳'이란 '광야'를 말한다. '광야'란 메마르고 황폐한 곳, 그래서 도무지 사람이 살 수 없는 곳을 말한다. 삶의 질을 윤택하게 해 줄 수 있는 것이라고는 하나도 찾아 볼 수 없는 삭막한 곳이다. 그래서 배고프고 목마른 곳이다. 그 어디를 둘러봐도 희망을 찾아

볼 수 없고 인간의 힘으로는 살아갈 수 없는 곳이다. 그러나 광야는 또한 하느님을 만날 수 있는 은혜로운 곳이기도 하다. 하느님께 의지하지 않고서는 살아갈 수 없는 곳, 오직 하느님의 인도를 받으며 하느님의 말씀을 듣고 거기에서 기쁨과 희망과 위로와 희망을 발견하며 살아갈 수밖에 없는 곳이다. 그래서 많은 은수자들이 세상을 등지고 하느님을 만나기 위해 광야로 나아갔다. 이런 의미에서 광야는 황량한 곳이지만 또한 하느님을 만날 수 있는 은혜로운 곳이기도 하다.

똑같은 장소에서 똑같은 것을 듣고 있지만 사람들과 제자들은 지금 서로 다른 체험을 하고 있다. 예수님의 말씀을 듣고 있는 사람들에게는 황량한 그곳이 그들의 생애에 처음으로 하느님의 말씀을 들을 수 있고 사랑을 느낄 수 있는 은혜로운 곳이지만, 아직까지 예수님을 하느님으로 알아 보지 못하는 제자들에게는 그곳이 '황량한 곳'이고, 어두운 시간이다.

광야가 은혜로운 장소로 변화될 수 있는 것은 하느님을 만날 때이다. 우리가 어디에 살든지 하느님을 만날 수 있다면 그곳이 가장 은혜로운 곳이 될 것이고 아무리 좋은 장소라고 하더라도 하느님을 만나지 못하면 그곳은 황량한 광야가 될 것이다. 사실 하느님을 만나지 못하고 살아가는 사람들에게 있어서 이 세상은 늘 '황량한 곳'일 것이다.

내가 있는 곳은 어떤가? 나와 함께 있는 사람들은 어떤 사람들인가? 내가 살고 있는 곳은 예수님의 가르침을 듣고 함께 친교를 나누며 내가 가지고 있는 것을 나누는 은혜로운 곳이어야 한다. 그런 삶을 사는 것이 성체성사에 참례하는 모든 그리스도인들의 삶이기 때문이다.

너희가 그들에게 먹을 것을 주어라

제자들에 대한 교육은 "너희가 그들에게 먹을 것을 주어라."라는 말씀으로 시작하신다. 예수님을 따라 이곳까지 따라온 군중은 어떤 사람들인가? 그들은 결코 행복한 사람들이 아니다. 그 중에는 환자도 있고, 노인도 있고, 어린이와 남자와 여인도 있을 것이다. 그들은 육적으로든 영적으로든 무엇인가를 필요로 하는 사람들이며, 자기들을 돌보아줄 목자를 찾고 있는 이들이다. 그들 중에는 남편한테, 사회로부터, 가족들과 이웃에게 버림받은 이들이 있을 것이고, 병을 앓고 있는 사람, 삶의 의미를 상실한 사람, 진리를 목말라하는 사람 등 다양한 계층의 다양한 욕구를 갖고 있는 사람들이 있을 것이다. 이런 아쉬움과 상처가 없다면, 그리고 목마름과 배고픔이 없다면, 그들이 과연 예수님을 따라왔겠는가? 예수님은 이런 사람들을 통틀어서 "목자 없는 양"이라고 표현하셨다. 그들은 비록 짧은 시간이었지만, 예수님의 가르침을 들으면서 참으로 오랜만에 가뭄에 단비를 만난 듯 생명의 말씀을 들으면서 참된 인도자이신 목자를 만난 기쁨을 맛보았을 것이다. 그렇지 않고서야 그 많은 사람들이 시간 가는 줄 모르고 늦은 시간까지 예수님의 가르침을 듣고 있지는 않았을 것이다. 그들은 시간 가는 줄도 배고픈 줄도 모르고 예수님의 말씀을 들었다. "주님은 나의 목자, 아쉬울 것 없노라. 파아란 풀밭에 이 몸 뉘어 주시고 고이 쉬라 물터로 나를 끌어 주시니 내 영혼 싱싱하게 생기 돋아라. 주께서 당신 이름 그 영광을 위하여 곧은 살 지름길로 날 인도하셨어라. 죽음의 그늘진 골짜기를 간다 해도 당신 함께 계시오니, 무서울 것 없나이다. 당신의 막대기와 그 지팡이에 시름은 가시어서 든든하외다. 내 원수 보는 앞에서 상을 차려 주시고 향기름 이 머리에 발라 주시니 내 술잔 넘치도록 가득하외다. 한평생 은총과 복이 이 몸을 따르리니 오래오래 주님 궁에서 살으오리다."(시편 22)라고 노래한 풍요로움을 체험한 사람들이다.

"여기는 황량한 곳이고 시간도 이미 늦었습니다. 그러니 저들을 돌려 보내시어, 주변의 촌락이나 마을로 가서 스스로 먹을 것을 사게 하는 것이 좋겠습니다."라고 말하는 제자들에게 예수님은 "너희가 그들에게 먹을 것을 주어라."라고 정반대되는 말씀을 하셨다. 무엇을 말하는가? 예수님의 입장에서 볼 때 그곳은 황량한 곳이 아니라 제자들이 먹을 것을 주어야 하는 장소요, 군중은 돌려보내야 할 사람들이 아니라 제자들이 먹을 것을 주어야 할 사람들이며, 때는 돌려 보내야 할 늦은 시간이 아니라 함께 음식을 나누어 먹을 시간이라는 것을 깨우쳐 주고자 하신다. 즉 그곳은 황량한 곳이 아니라 예수님이 마련해 주시는 음식을 함께 나누어 먹는 은혜로운 장소이며, 예수님의 가르침을 듣고 나서 이제는 가장 편안한 마음으로 음식을 먹을 수 있는 은혜로운 시간이며, 예수님과 함께 머물면서 그곳에 있는 모든 사람들과도 일치할 수 있는 은혜로운 곳이라는 것을 제자들에게 깨우쳐 주고자 하신다. 따라서 예수님은 제자들에게 "너희가 그들에게 먹을 것을 주어라."라고 명령하신다. 이 말씀으로 제자들이 해야 할 일이 무엇인가를 가르쳐 주신다. 제자들은 언제, 어떤 장소에 있든 항상 배고픈 이들에게 먹을 것을 주는 사람이요, 사람들을 제각기 헤쳐 보내는 사람이 아니라 서로 일치시키는 사람이라는 것을 가르쳐 주시고 훈련시키고자 하신다.

우리가 아무리 오랜 신앙생활을 했어도 '소유하는 삶'에서 '먹을 것을 나누어 주는 삶'으로 전환되지 못한다면 초보적인 신앙생활에서 벗어나지 못하는 것이다. 성숙한 신앙생활은 나누어 주는 것에서부터 시작된다. "너희는 받아 먹어라."라고 당신의 생명까지 다 내어 주신 예수님의 삶을 본받아 우리의 생명까지 내어 주는 삶을 사는 것, 그것이 우리가 지향하는 삶이고 성체성사의 삶을 살아가는 것이다. 먹을 것을 준다는 것은 단지 음식을 주는 것만을 의미하지는 않는다. 각자에게 필요로 하는 것을 주는 것을 뜻한다. 시간을 필요로 하는 사람에게 시간을 내어 주는 것, 도움을 청하는 사람에게 도움을 주는 것, 위로받기를 원하는 사람에게 따뜻한 말 한 마디를 건네고 손을 잡아 주는 것, 하느님의 말씀에 목말라하는 이에게 말씀을 전해 주는 것이 그들에게 먹을 것을 주는 것이다.

사랑에 굶주린 사람, 인정받고 싶은 사람, 인간적인 대우를 받고 싶은 사람, 자기의 이야기를 들어줄 상대를 찾는 사람 등 우리 주위에는 우리가 먹을 것을 나누어 주어야 할 사람들이 참으로 많이 있다. 이들이 나와 아무 관계없는 사람들이 아니라 바로 자신이 먹을 것을 주어야 할 사람들이라는 것을 깨달은 사람이야말로 참된 그리스도인이라 할 수 있다. 우리가 모두 이런 신앙생활을 하고 있다면 굶주리고 목마른 많은 사람들이 우리 교회로 몰려 올 것이다.

저희가 가서 빵을 이백 데나리온 어치나 사다가 그들을 먹이라는 말씀입니까?

"너희가 그들에게 먹을 것을 주어라."라는 예수님의 명령에 제자들은 "그러면 저희가 가서 빵을 이백 데나리온 어치나 사다가 그들을 먹이라는 말씀입니까?"라고 하며 당황한다. 도저히 불가능한 일이라는 반응이다. 아니 어떻게 그런 일을 하란 말인가? 말도 안 된다는 것이다. 제자들로서는 자기들과 아무런 관계도 없는 사람들, 그것도 한두 명이 아니라 남자만 5천 명이나 되는 많은 사람들에게 먹을 것을 준다는 것은 한 번도 생각조차 해 본 적이 없는 일이다.

  우리는 제자들의 태도에서 몇 가지 놀라운 것을 발견할 수 있다. 첫째는 자기들과 아무 관계가 없는 사람들에게 먹을 것을 주라는 말씀에 당황하는 태도이다. 두 번째는 그들에게 먹을 것을 주기에는 자기들이 갖고 있는 것으로는 턱도 없이 부족하다는 태도이다. 도저히 불가능한 일이라는 태도이다. 세 번째는 제자들은 예수님이 말씀하신 빵의 의미를 전혀 알아듣지 못하고 있다는 것이다. 사실 예수님이 그들에게 먹일 빵은 단순히 물질적인 빵이 아니다. 그 빵은 곧 당신이다. "나는 생명의 빵이다. 너희 조상들은 광야에서 만나를 먹고도 죽었다. 그러나 이 빵은 하늘에서 내려오는 것으로서, 이 빵을 먹는 사람은 죽지 않는다. 나는 하늘에서 내려온 살아 있는 빵이다. 누구든지 이 빵을 먹으면 영원히 살 것이다. 내가 줄 빵은 세상에 생명을 주는 나의 살이다."(요한 6,48-51)라고 말씀하신 생명의 빵이시다. 그런데 제자들은 이 점을 알아보지 못하고 있는 것이다. 이것이 지금 제자들의 영적 수준이다. 즉 무엇보다도 예수님과 함께 있으면서도, 생명의 빵이신 예수님과 함께 있으면서도 그 빵을 알아보지 못하는 것, 이것이 제자들의 한계이며 영적 수준이다. 예수님을 하느님으로 알아보지 못하는 것, 그것이 모든 문제의 원인이다. 제자들이 예수님과 함께 생활하고 있지만, 또 예수님의 많은 기적을 보았지만, 모든 것을 가능하게 하시는 하느님으로 예수님을 알아보지 못하는 것이 문제이다.

제자들이 말한 이백 데나리온은 얼마나 되는 돈인가? 한 데나리온은 하루 노동의 품삯이다. 이백 데나리온은 이백 일 동안 노동하고 받는 돈이다. 일반적으로 그 많은 돈을 자기와 아무 관계가 없는 이들을 위해 사용한다는 것은 바보 같은 짓이며 절대로 있어서는 안 되는 일이다. 성체성사는 일반 사회적인 통념이나 인간적인 계산으로는 이해가 되지 않는 논리이다. 그러면 예수님이 명령하시는 계산법은 어떤 계산법인가? 그것은 하느님의 법인 사랑의 계산법이며 논리이다. 소유의 논리로 보면 손해를 보는 계산법이고 결국 자기도 가난해지는 계산법이지만, 사랑의 논리로 보면 주고 주어도 부족하지 않는 계산법이며 오히려 주어야 풍요로워지는 계산법이다. 즉 성체성사는 이성적인 논리나 이해로 이해될 수 있는 일이 아니며, 오직 신앙의 눈, 그것도 회당장과 열두 해 동안 하혈증으로 고생하던 여인이 갖고 있던 믿음의 눈으로만 이해가 가능하고 받아들일 수 있는 사랑의 계산법이다. 성체성사는 예수님이 우리를 사랑하시기 때문에 우리를 위해 당신의 모든 것을 다 내어 주시는 사랑의 잔치이다. 우리가 성체성사에 참례한다는 것은 우리도 예수님처럼 나의 모든 것을 다 내어 주는 삶을 살겠다는 것이다. 이런 성체성사의 의미를 깨닫지 못하면 날마다 미사에 참례하면서도 한 번도 가난한 이들을 위해 자신의 것을 내어놓는 삶을 살지 못할 것이다. 자기 것을 다른 사람을 위해 내어놓는 행위가 바로 믿음의 행위이다. 그래서 마르코는 앞에서 참된 믿음이 어떤 것인가를 먼저 다룬 것이다.

성체성사야말로 신앙의 핵심이며 원천이기 때문에 믿음 없이는 이해할 수도 없고 성체의 삶을 살아갈 수도 없는, 그래서 최고의 믿음을 요구하는 성사이다. 이런 성숙한 성체성사의 삶을 산다는 것은 하루 아침에 이루어지는 일이 아니다. 투자가 없는 신앙생활, 희생이 없는 신앙생활, 배움이 없는 신앙생활은 아무리 오랫동안 하더라도 발전할 수 없을 것이고 자기 자신의 좁은 세계를 벗어나지 못할 것이다.

빵 다섯 개, 그리고 물고기 두 마리가 있습니다

예수님은 "너희에게 빵이 몇 개나 있느냐? 가서 보아라."라고 하셨다. 제자들이 가서 확인해 본 결과 "빵 다섯 개와 물고기 두 마리"밖에 없었고, 그것은 5천 명을 먹이기에는 턱없이 부족한 양이었다. 그런데도 예수님은 왜 너희가 가지고 있는 "빵이 몇 개나 되는지 가서 보아라."라고 하셨을까? 예수님은 제자들이 가지고 있는 '빵 다섯 개와 물고기 두 마리로는 군중들을 배불리 먹일 수 없다'는 점을 확인시키고자 하신 것이다. 우리는 하느님 앞에서 나의 한계와 가난과 무능력을 인정할 줄 알아야 한다. 우리 힘으로는 할 수 없지만 무엇이든지 하실 수 있는 하느님을 신뢰하면 가능하다는 믿음을 갖고 실천하는 것이 신앙인의 삶이다.

이제 제자들은 자기들의 한계가 무엇인지를 분명히 알게 된 그런 상황에서 어떻게 해야 하는지를 예수님한테 배우게 되는 중요한 시점에 와 있다. 제자들이 갖고 있다는 빵 다섯 개와 물고기 두 마리는 분명 작은 것이지만 '아무것도 갖고 있지 않다'는 것은 아니다. 이 숫자는 먹을 것을 주어야 할 사람에 비해 턱없이 부족한 숫자이기는 하지만, 나누어 줄 수 있는 최소한의 음식은 있다는 것이다. 작은 것은 아무것도 할 수 없는 부정적인 숫자가 아니라 큰일을 시작할 수 있는 긍정적인 숫자이다. 모든 것은 작은 것에서부터 시작된다. 천리 길도 한 걸음부터이고 100이라는 숫자도 하나에서부터 시작된다. 작은 것을 무시하고 큰 것만을 생각할 때 정말 아무것도 할 수 없다. 예수님도 항상 큰 것에서 시작하지 않으시고 작은 것에서 시작하셨다. 화려한 궁전이 아니라 가난한 나자렛에서 시작하셨고, 많은 사람을 당신 제자로 부르지 않으시고 열두 사람만을 제자로 부르셨다.

　나누어 주는 행위는 많은 것을 갖고 있는 사람만이 취할 수 있는 행동은 아니다. 내가 얼마나 가지고 있느냐가 중요한 것이 아니라 어떤 마음을 갖고 있느냐가 중요하다. 소유하려고만 하는 사람은 아무리 많은 것을 가지고 있어도 더 가지려고만 하지 내어놓을 생각은 하지 않는다. 반면에 나누어 주려고 하는 사람은 아무리 작은 것을 가지고 있어도 나누어 주려는 생각을 한다. 즉 소유의 원리에서 나눔의 원리로 전환하는 것이 중요하다. 기적은 소유하는 데에서 일어나는 것이 아니라 나누는 데에서 일어난다.

　빵 다섯 개와 물고기 두 마리는 분명 작은 숫자이지만 다섯과 둘을 합하면 일곱이라는 완전한 숫자가 된다. 제자들이 가지고 있는 빵 다섯 개와 생선 두 마리는 나누어 주기에 충분하고도 완전한 숫자이다. 완전한 일은 많은 것을 소유하는 데서 가능한 것이 아니라 나누는 데에서 이루어지는 것이다. 비록 작은 숫자이지만 나눔이 시작될 때 이미 완전한 일을 하는 것이고, 그것이 "하늘의 너의 아버지께서 완전하신 것처럼 너희도 완전한 사람이 되어야 한다."(마태 5,48)라는 말씀대로 완전한 사람이 되게 한다.

　우리 주위에는 나의 작은 것을 나누어 받기를 바라는 배고픈 사람들이 많이 있다. 소유의 원리에서 나눔의 원리로 전환할 때, 내가 갖고 있는 것은 비록 작다 하더라도 결코 작은 것이 아니라는 점을 깨닫게 될 것이다. 만일 예수님이 수많은 사람을 배불리 먹이기 위해서 많은 음식으로 시작하셨다면, 우리는 단 한 번도 나눔의 생활을 시작하지 못할 것이다. 우리가 갖고 있는 것은 너무 작고 빈약하기 때문이다. 이런 관점에서 볼 때 빵 다섯 개와 물고기 두 마리로 많은 사람들을 먹이기 시작하셨다는 것은 얼마나 큰 위안이며 용기를 북돋워 주는 말씀인가? 예수님은 내가 갖고 있는 것이 얼마나 빈약한가를 아주 잘 아신다. 그럼에도 "너희가 먹을 것을 주어라."라고 명령하신다. 우리가 예수님의 이 말씀을 전적으로 신뢰하고 나누어 주는 사람이 될 때 비로소 "하느님의 뜻을 실행하는 사람이 바로 내 형제요, 누이요, 어머니이다."(마르 3,35)라는 예수님의 말씀대로 하느님의 사람이라고 불릴 수 있을 것이다. 그동안 나의 신앙생활이 어떤 모습이었고 또 앞으로 어떤 모습으로 발전할 것인가를 지금 이 시점에서 다시 한 번 진지하게 묵상해야 할 것이다.

모두 푸른 풀밭에 한 무리씩 어울려 자리잡게 하셨다

예수님께서 제자들에게 군중을 풀밭에 한 무리씩 어울려 자리잡게 하시자, 군중은 백 명씩 또는 쉰 명씩 모여 앉았다. 제자들의 말대로 했더라면 하마터면 제각기 흩어져 버릴 뻔했던 사람들이 지금은 목자의 인도 아래 푸른 풀이 있는 곳으로 인도되어, 목자의 보호 아래 질서 있게 앉아 있는 것이다. "모두 푸른 풀밭에 한 무리씩 어울려 자리잡게 하셨다."라는 말은 소풍 가서, 혹은 농촌에서 일손을 잠시 멈추고 휴식을 취하거나 새참을 먹는 목가적인 풍경을 연상하게 한다. 한 사람 한 사람 모두가 소중한 사람으로서 화기애애하게 친교를 나누는 가족적인 모습이다.

  군중이 예수님을 따라오기 이전까지는 서로 아무 관계없이 살았던 사람들이지만, 지금은 예수님의 말씀에 따라 일사불란하게 움직이는 질서있는 공동체가 된 것이다. 예수님은 이들의 목자이시고 그들은 예수님의 양들이다. 이들은 자기 주장만 내세우며 서로 치고받고 하는 오합지졸이 아니라 지휘체계가 잡혀 있는 군대처럼 질서가 분명한 공동체, 그리고 예수님의 제자들이 나누어 주는 빵과 물고기를 배불리 먹으면서 서로 사랑하고 친교를 나누며 화기애애하게 지내는 사랑의 공동체, 일치의 공동체, 나눔의 공동체가 되었다. 이것이 교회요, 성찬예식을 거행하는 하느님 백성의 모습이다. 즉 소유의 경제논리에서 나눔의 새로운 경제질서로 살아가는 공동체, 세상의 것으로 배불리는 것이 아니라 예수님이 주시는 빵과 물고기로 배불리는 공동체가 바로 교회의 모습이다.

  우리는 미사에 참례하기 위해 제각기 왔다가 미사가 끝나기가 무섭게 또 제각기 흩어져 돌아가는 대형화된 본당의 모습에서 하느님을 찬미하고 가진 것을 나누고 예수님의 가르침을 듣기 위해 한 무리씩 떼를 지어 앉아 오손도손 친교를 나누는 본당으로 거듭 태어나야 한다. 신자들 사이에 서로 삶의 교류가 없는 본당은 살아 있는 본당이 아니라 죽은 본당이다. 나눔이 없는 본당에서도 미사가 집전되고 여러 단체가 운영되고 있지만, 그러한 미사에 참례하는 것은 형식적인 참례에 그치고, 그러한 단체에서 활동하거나 행사를 하는 것은 소수의 신자들에 의한 소극적이고 수동적인 활동이나 행사가 될 것이다. 나눔이 없는 공동체, 목자이신 예수님이 중심이 되지 못하는 공동체는 어떤 공동체이든 마찬가지일 것이다.

예수님께서는 빵 다섯 개와 물고기 두 마리를 손에 드시고

예수님이 "빵 다섯 개와 물 고기 두 마리를 손에 드셨다."라는 것은 작은 것을 소중하게 여기시는 모습이다. 그리고 예수님이 빵과 물고기를 손에 드신 것은 그것을 소유하시기 위해서가 아니라 베푸시기 위해서였다. 사제의 손에 들린 빵과 포도주가 미사에 참례한 모든 사람에게 나누어지는 성체의 기적이 미사 때마다 일어나듯이, 아무리 작은 것이라도 창조자이시며 모든 것이 가능하신 예수님의 손에 들릴 때 기적을 일으키는 훌륭한 재료가 된다. 지금 제자들이 가지고 온 빵 다섯 개와 물 고기 두 마리가 나눔의 기적을 위해 예수님의 손에 들려 있다.

우리도 가지고 있는 작은 것을 예수님의 손에 갖다 드리자. 그리고 나의 손은 예수님의 손이 되어 드리자. 분명히 내가 소유하기 위해 나의 손에 들고 있다면 나는 그것밖에 소유하지 못하겠지만, 나누기 위해 나의 손에 들려 있다면 그것은 엄청난 기적을 행하게 되는 기적의 재료가 될 것이다. 나의 손에는 무엇이 들려 있는가? 나는 무엇을 하려고 그것을 나의 손에 쥐고 있는가?

하늘을 우러러

예수님은 기도하실 때 자주 하늘을 우러러보셨다. 죽은 라자로를 살리실 때에도 하늘을 우러러보시며 "아버지, 제 말씀을 들어주셨으니 아버지께 감사드립니다."(요한 11,41)라고 기도하셨고, 제자들을 위해 기도하실 때에도 하늘을 우러러보시며 "아버지, 때가 왔습니다. 아버지의 아들을 영광스럽게 하시어, 아들이 아버지를 영광스럽게 하도록 하십시오."(요한 17,1)라고 기도하셨다. "하늘을 우러러

본다."라는 것은 자녀가 하늘에 계신 아버지께 청하는 자세이다. 이것은 하늘에 계신 아버지는 "무엇이든지 하실 수 있는"(마르 14,36) 분이시라는 것, 그리고 언제나 청하면 '그 청을 다 들어주신다'는 신뢰에 가득 찬 믿음에서 나오는 자세이다. 우리도 예수님이 아버지께 가지셨던 그와 같은 믿음으로 자주 하늘을 우러러보며 도움을 청하자.

또한 하늘을 우러러본다는 것은 우리의 삶의 목표를 하늘에 두고 있다는 것이다. "이제 여러분은 그리스도와 함께 다시 살아났으니 천상의 것들을 추구하십시오."(골로 3,1)라고 말씀하신 대로 그리스도인은 해바라기가 늘 태양을 바라보며 돌듯이 하늘에 계신 아버지를 바라보며 사는 사람들이다. 하늘을 우러러보는 사람은 어떤 상황에서도 절망하지 않는다. 하늘을 우러러보는 사람은 비전을 갖고 사는 사람이며 이 세상 것에 초연한 삶을 사는 사람이다. 하늘을 우러러보는 사람만이 나눔의 삶을 살 수 있다. 하늘을 우러러보는 사람만이 예수님의 가르침을 들을 수 있다. 하늘을 우러러보는 사람만이 하느님의 나라를 이해하고 볼 수 있다. 하늘을 우러러보는 사람만이 하늘에 계신 아버지를 닮을 수 있다.

찬미를 드리신 다음

예수님은 제자들처럼 "이백 데나리온 어치나 사다가 먹이라는 말씀입니까?"라고 불평하지 않으시고, 그 작은 것을 손에 드시고 무엇보다 먼저 아버지께 찬미를 드리신다. 많기 때문에 찬미를 드리신 것이 아니다. 많이 받았기 때문에 찬미하고 적게 받았다고 찬미하지 않는 것이 아니라, 우리가 받은 모든 것에 대해 아버지께 감사와 찬미를 드리는 것은 아주 당연한 일이다. 예수님은 작은 것을 가지고도 불평하지 않으시고 아버지께 찬미의 기도를 바치심으로써 우리가 늘 찬미의 생활을 하도록 일깨워 주신다. "숨쉬는 것 모두 다 주님을 찬미하라."(시편 150,6)라고 하지 않던가! 내가 무엇을 받아서가 아니라 숨을 쉬고 살아간다는 것 자체만으로도 나는 하늘에 계신 아버지께 찬미를 드려야 한다. 왜냐하면 모든 것은, 즉 나의 생명까지도 하느님으로부터 받은 선물이기 때문이다. 따라서 선물을 주신 하느님께 감사와 찬미를 드린다는 것은 인간이 갖추어야 할 가장 기본적인 태도이며, 항상 잊지 말아야 할 의무이다. 찬미할 줄 아는 마음에서 나누어 줄 수 있는 마음의 기적이 일어난다. 나누어 줄 줄 모르는 것은 찬미할 줄을 모르기 때문이다. 받은 것에 대해 감사할 줄 모르기 때문에 늘 부족함을 느끼고, 부족하다고 생각하기 때문에 나눌 줄 모르는 인색한 삶을 살아가는 것이다. 감사와 찬미를 드릴 줄 아는 데에서 풍요로움을, 그리고 풍요로움에서 나눌 수 있는 여유가 생기는 것이다.

미사성제는 감사와 찬미를 드리는 제사이다. 예수님께서 나를 위해서 당신의 몸과 피까지 다 내어 주셨기 때문에 감사를 드리는 제사요, 나를 구원하기 위해 당신의 생명까지 바치셨기 때문에 또한 감사를 드리는 제사요, 나를 일용할 양식으로 먹이시고 보살펴 주시기 때문에 하느님께 감사와 찬미를 드리는 제사이다. 생각해 보면 우리에게는 하느님께 감사와 찬미를 드릴 일이 참으로 많다. 감사와 찬미를 드리는 것을 잊어버린 나에게 감사와 찬미를 드리는 법을 가르쳐 주고 기억하게 해 주는 것이 미사이다. "감사, 감사, 아침에도 감사, 저녁에도 감사! 찬미, 찬미, 아침에도 찬미, 저녁에도 찬미!"

라는 노래가 나의 입에서 끊이지 않고 나올 때 진정으로 미사성제의 삶을 사는 것이다.

빵을 떼어 제자들에게 주시며
사람들에게 나누어 주도록 하셨다

예수님은 당신이 직접 나누어 주지 않으시고 제자들에게 "나누어 주라."라고 하셨다. "나누어 주라."는 동사는 미완료 동사이다. 미완료 시제는 시작한 행동이 끝나지 않고 계속되고 있음을 가리킨다. 제자란 예수님이 주시는 빵을 계속해서 사람들에게 나누어 주는 사람이다. 제자들이 나누어 주는 빵은 그들의 빵이 아니다. 예수님한테 받아서 사람들에게 나누어 주는 것일 뿐이다. 따라서 제자란 예수님과 사람들 사이에서 중개 역할을 하는 사람이다. '사람들에게 빵을 나누어 준다'는 것은 봉사하는 것을 말한다. 따라서 제자들이 사람들에게 계속해서 빵을 나누어 주는 봉사를 하기 위해서는 예수님에게서 나누어 줄 빵을 계속해서 받아야 한다. 빵은 제자들에게서 나오는 것이 아니라 예수님이 주시는 것이기 때문이다. 마찬가지로 교회는 배고픈 이들에게 빵을 나누어 주는 곳이어야 한다. 그 빵은 말씀이요, 따뜻한 사랑이요, 관심일 것이다. 사람들이 교회를 떠나는 이유는 빵을 받아 먹기를 바라는데 빵을 나누어 주는 제자들이 없기 때문이다. 빵을 떼어 나누어 주는 제자가 있는 교회에는 오늘도 분명히 배고픈 이들이 수없이 몰려올 것이다. 오늘 우리 교회는 빵을 떼어 나누어 주는 데 인색하기 때문에 왔던 사람들마저 떠나가고 있다. 참으로 안타까운 일이다. 평균적으로 신자의 3분의 2가 본당에 나오지 않고 있는데도, 목자들은 잃어버린 양들을 찾아 나서는 데 소극적이다.

사람들은 모두 배불리 먹었다

"사람들은 모두 배불리 먹었다."라는 말씀은 참으로 은혜로운 말씀이다. 배고픈 사람들에게 배불리 먹게 해 주는 것보다 더 큰 선물이 어디 있겠는가? 빵을 배불리 먹는다는 것은 양분을 취한다는 것이고, 거기에서 힘을 얻는다는 것이다. 예수님께서 "내가 아버지의 힘으로 사는 것과 같이, 나를 먹는 사람도 나의 힘으로 살 것이다." (요한 6,57)라고 말씀하신 대로 모든 신앙인은 미사성제에서 힘을 얻고 그 힘으로 살아가는 사람이다. 특히 하느님의 말씀은 오천 명이 아니라 오만 명, 오천만 명이 배불리 먹고도 남는다. 따라서 사제는 예수님이 목자 없는 군중을 배불리 먹이셨듯이 복음을 잘 묵상해서 미사에 나오는 모든 신자가 맛있게 배불리 먹고 돌아갈 수 있도록 말씀의 빵을 나누어 주어야 한다. 모든 그리스도인은 하느님의 말씀에 굶주려 있는 모든 사람들을 배불리 먹여야 한다. 예수님은 우리가 사람들에게 나누어 주도록 많은 것을 가르쳐 주신 것이다. 그런데 우리의 현실은 어떤가? 하느님의 말씀을 가르쳐 주는 곳도 많지 않고 배우려고 하는 신자들도 많지 않다. 나누어 주는 사람도 빈약하고 배우려는 사람도 빈약하다. 오늘 어디에 가면 "양식이 없어 굶주리는 것이 아니고 물이 없어 목마른 것이 아니라 주님의 말씀을 듣지 못하여 굶주리는"(아모 8,11) 이들이 배불리 먹을 수 있을까?

남은 빵조각과 물고기를 모으니 열두 광주리에 가득 찼다

교회는 모든 시대의 모든 사람을 언제든지 배불리 먹이고도 남을 양식을 가지고 있고, 또 그것을 나누어 주는 곳이다. 항상 먹을 양식이 가득 차서 넘치는 곳이 성찬예식을 거행하는 교회이다. 성찬예식을 거행하는 하느님의 백성은 이 세상의 빵으로 배불리는 사람이 아니다. 천상의 것을 추구하기 때문에, 그리고 하느님의 말씀을 들으면서 삶의 의미를 발견하기 때문에 배부른 것이다. 인간의 한없는 욕망이 말씀으로 채워지기 때문에 가득 차고 행복한 것이다.

열둘이란 숫자는 전체, 전원을 상징한다. 이스라엘의 열두 지파는 새로운 하느님의 백성 전체를 말하고 열두 사도는 사도 전체를 가리킨다. 열두 광주리에 가득 찼다는 것은 하느님의 백성 전체를 말한다. 차고 넘치는 곳, 그래서 배고프고 목마른 모든 사람이 언제든지 와서 먹고 마실 수 있는 곳이 곧 하느님의 교회이다. 교회란 건물이 아니라 "스승님은 살아 계신 하느님의 아드님 그리스도이십니다."(마태 16,16)라고 고백한 사람들의 모임이다. 따라서 우리는 모두 하느님의 말씀을 배불리 먹어야 하고 또 배고프고 목마른 다른 사람들을 배불리 먹여야 할 사람들이다.

먹은 사람은 어른 남자만도 오천 명이었다

사도행전을 보면, 베드로와 요한의 설교를 듣고 많은 사람들이 예수를 믿게 되었는데, "장정의 수가 오천 명 가량이나 되었다."(사도 4,4)라고 초대 교회의 숫자를 적고 있다. "먹은 사람은 어른 남자만도 오천 명이었다."는 것은 초대교회의 아름다운 모습을 표현한 것이다. "신자들은 모두 함께 지내며 모든 것을 공동으로 소유하였다. 그리고 재산과 재물을 팔아 모든 사람에게 각자의 필요에 따라 나누어 주곤 하였다. 그들은 날마다 한마음으로 성전에 열심히 모이고 이 집 저 집에서 빵을 떼어 나누었으며, 즐겁고 순박한 마음으로 음식을 함께 들고, 하느님을 찬미하며 온 백성에게서 호감을 얻었다. 주님께서는 구원받을 이들을 그들의 모임에 날마다 보태어 주셨다."(사도 2,44-47)라는 초대 교회의 모습은 언제나 모든 교회가 돌아가야 할 본래의 모습이다. 오늘 우리 본당은 어떤가? 우리 교회의 모습은 어떤가?

예수님을 따라갔던 군중이 배불리 먹었듯이, 오늘 복음을 묵상하면서 이와 같은 기적이 나에게도 일어나야 한다. 즉 이기적이고 무책임한 마음에서 나누어 주는 마음으로, 작다고 불평하던 마음에서 작은 것을 가지고 하늘을 우러러 감사와 찬미의 기도를 드리는 여유로운 마음으로, 굶주렸던 마음이 하느님의 말씀으로 배불러야 한다.

기도합시다
목자 없는 양과 같은 사람들을 가엾이 여기시어 그들을 배불리 먹이신 주님, 여기에도 배고픈 이들이 많이 있습니다. 배고프고 목마른 저를 말씀으로 배불리 먹여 주시고, 배고프고 목마른 이웃에게 나누어 주는 사람이 되게 해 주십시오. 오늘날 나눔이 없기 때문에 풍요 속에 빈곤을 느낍니다. 점점 자기만을 생각하는 이기적인 모습에서 제가 갖고 있는 작은 것을 나누어 줄 수 있는 마음을 갖게 해 주시고 작은 것을 갖고도 늘 감사와 찬미의 기도를 드릴 수 있게 해 주십시오. 모든 사람을 배불리 먹이시는 예수님의 이름으로 기도드립니다. 아멘.

13. 물 위를 걸으시다 (6,45-56)

　예수님께서는 곧바로 제자들을 재촉하시어 배를 타고 건너편 베싸이다로 먼저 가게 하시고, 그동안에 당신께서는 군중을 돌려보내셨다. 그들과 작별하신 뒤에 예수님께서는 기도하시려고 산에 가셨다. 저녁이 되었을 때, 배는 호수 한가운데에 있었고 예수님께서는 혼자 뭍에 계셨다. 마침 맞바람이 불어 노를 젓느라고 애를 쓰는 제자들을 보시고, 예수님께서는 밤 사경쯤에 호수 위를 걸으시어 그들 쪽으로 가셨다. 그분께서는 그들 곁을 지나가려고 하셨다. 제자들은 예수님께서 호수 위를 걸으시는 것을 보고, 유령인 줄로 생각하여 비명을 질렀다. 모두 그분을 보고 겁에 질렸던 것이다. 예수님께서는 곧 그들에게 말씀하셨다. "용기를 내어라. 나다. 두려워하지 마라." 그리고 나서 그들이 탄 배에 오르시니 바람이 멎었다. 그들은 너무 놀라 넋을 잃었다. 그들이 빵의 기적을 깨닫지 못하고 오히려 마음이 완고해졌던 것이다.

　그들은 호수를 건너 겐네사렛 땅에 이르러 배를 대었다. 그들이 배에서 내리자 사람들은 곧바로 예수님을 알아보고, 그 지방을 두루 뛰어다니며 병든 이들을 들것에 눕혀, 그분께서 계시다는 곳마다 데려오기 시작하였다. 그리하여 마을이든 고을이든 촌락이든 예수님께서 들어가기만 하시면, 장터에 병자들을 데려다 놓고 당신 옷자락 술에 그들이 손이라도 대게 해달라고 청하였다. 과연 그것에 손을 댄 사람마다 구원을 받았다.

예수님은 '씨 뿌리는 사람의 비유'를 설명해 주신 다음 제자들이 그 비유를 알아들었는지를 확인하기 위해 거센 바람을 일으켜 그들의 믿음을 확인하셨듯이, 빵을 많게 하는 기적을 행하신 다음에 제자들이 빵의 기적을 제대로 이해했는지 확인하기 위해 앞에서와 비슷한 시험을 하신다. 예수님의 교육에는 대충하고 넘어가는 법이 없다. 예수님은 먼저 이론으로 가르쳐 주시고, 실습을 통해 확인하곤 하신다. 이것이 예수님의 교육방법이다. 예수님은 오늘 복음을 통해서 제자들이 겪는 어려움이 무엇이고 그 원인은 무엇인지, 그리고 어려움 속에 있는 제자들을 어떻게 격려해 주시고 도와주시는지를 보여 주신다. 오늘 복음을 묵상하면서 내가 겪고 있는 모든 어려움에서 해방되고 "나다." 하시며 다가오시는 주님을 만날 수 있기를 바란다. 성체성사의 의미를 깨달은 사람은 아무리 맞바람이 불어오는 어려움을 만나도 물 위를 걸으시는 예수님처럼 초연하게 받아들일 수 있을 것이다.

예수님께서는 곧바로 제자들을 재촉하시어 배를 타고 건너편 베싸이다로 먼저 가게 하시고

예수님이 오천 명을 배불리 먹이신 기적을 행하신 후 왜 제자들을 재촉하여 그곳을 떠나게 하셨는가?

빵을 많게 하신 기적을 통해 예수님과 제자들은 갑자기 사람들로부터 존경받는 사람들이 되었다. 자칫 잘못하면 제자들의 위치는 봉사하는 자리가 아니라 존경을 받는 자리가 될 수 있는 상황이다. 제자들은 "너희가 먹을 것을 그들에게 주어라."라고 말씀하신 대로 배고픈 이들에게 먹을 것을 주는 사람이지 사람들로부터 존경받는 사람이 아니다. 따라서 예수님은 오천 명을 먹이신 기적을 통해 제자들의 교육이 끝나자마자 더는 아무런 도움이 되지 않는 그 자리를 피해 건너편으로 가게 하신 것이다. 제자들은 교육을 받아야 할 사람들이지 존경받아야 할 사람들이 아니기 때문이다.

예수님이 제자들을 재촉하시어 배를 타고 건너편으로 먼저 가게 하셨는데, 여기서 '배'는 교회를 상징한다. 배로 상징되는 교회의 모든 구성원은 사제이든, 수도자이든, 총회장이든, 반장이든, 구역장이든, 단체장이든 모두 먹을 것을 나누어 주기 위해 봉사하는 사람들이다. 그런데도 자칫 봉사하려 하지 않고 봉사받으려고 할 때가 있다. 세례성사와 성체성사에 대한 올바른 교육을 받지 못했기 때문이다. 그리고 정말로 신앙생활을 한다는 것이 어떤 생활인지를 제대로 알아듣지 못했기 때문이다.

그동안에 당신께서는 군중을 돌려 보내셨다

예수님은 무엇을 하시든 계획 없이 행동하는 분이 아니시다. 반드시 어떤 계획을 세우시고 그 계획에 따라 행동하신다. 제자들이 "여기는 황량한 곳이고 시간도 이미 늦었습니다. 그러니 저들을 돌려보내시어, 주변의 촌락이나 마을로 가서 스스로 먹을 것을 사게 하는 것이 좋겠습니다."라고 했을 때에는 "너희가 먹을 것을 주어라."라고 돌려 보내지 못하게 하시더니 이번에는 제자들을 먼저 배를 타고 건너가게 하신 다음 당신이 홀로 군중을 돌려 보내셨다.

예수님은 왜 군중을 돌려 보내셨을까? 군중을 돌려 보내시는 이유를 묵상하자.

하나는 당신이 유혹에 빠지지 않기 위해서이다. 빵을 배불리 먹은 사람들이 이제는 예수님을 왕으로 모시려 하기 때문이다. 사람들은 예수님을 억지로라도 자기들의 왕으로 모시려고 한다. 그런 의도가 순수하고 영적이라면 얼마나 좋았겠는가? 그러나 그들은 아직까지 예수님의 가르침을 알아들었기 때문이 아니라 단지 그분이 자기들에게 먹을 것을 주고 편안하게 해 주시는 능력 있는 분이시기 때문에 예수님을 자기들의 왕으로 모시려고 했던 것이다. 이것은 "당신이 하느님의 아들이라면 이 돌들이 빵이 되라고 해 보시오."(마태 4,3)라는 것과 마찬가지 유혹인 바, 지금 그런 유혹을 물리치기 위해 그렇게 하시는 것이다.

또 다른 이유는 "너희가 나를 찾는 것은 표징을 보았기 때문이 아니라 빵을 배불리 먹었기 때문이다. 너희는 썩어 없어질 양식을 얻으려고 힘쓰지 말고 길이 남아 영원한 생명을 누리게 하는 양식을 얻으려고 힘써라."(요한 6,26-27)라고 말씀하셨듯이, 아직까지 군중이 빵의 기적의 의미를 알아듣지 못하고 썩어 없어질 양식에만 관심이 있기 때문이다.

이런 이유도 있지만 예수님이 혼자서 군중을 돌려 보내신 참된 이유는 다른 데 있다. 지금 예수님의 교육 대상은 군중이 아니라 열두 제자들이다. 물론 배고픈 군중에게 먹을 빵을 주신 것은 군중이 허기졌기 때문이기도 하지만, 그것도 열두 제자들을 교육하시는 데 그 목적이 있었다. 아무튼 예수님은 지금 외딴 곳으로 가서 열두 제자들에게 성체성사에 대한 교육을 하고자 하신다. 3장에서 예수님이 제자들을 산 위에서 부르시어 "그들을 당신과 함께 지내게 하신"(마르 3,14) 이래로 예수님의 모든 가르침과 행하신 일들은 바로 열두 사도들이 앞으로 복음을 선포하는 일과 마귀를 쫓아내는 일을 하도록 만드는 데 그 목적이 있었다.

그들과 작별하신 뒤에 예수님께서는 기도하시려고 산에 가셨다

마르코 복음에 기도하시는 예수님의 모습이 세 번 나온다. 1장 14절과 6장 45절, 그리고 14장 32절이다. 공교롭게도 마르코는 세 번 다 유혹을 받으실 때 기도하시는 예수님의 모습을 전해 주고 있다. 지금 예수님이 기도하러 산에 가신 이유도 사람들이 당신을 왕으로 모시려고 하는 유혹을 물리치시기 위함이었다.

오늘 복음을 묵상하면서 예수님은 모든 순간을 철저히, 그리고 충실히 사시는 분이라는 것을 볼 수 있다. 사람들에게 빵을 배불리 먹일 필요가 있을 때는 빵을 주시고, 제자들이 유혹에 빠질 위험이 있을 때는 그 자리를 떠나게 하시고, 군중이 당신의 말을 알아듣지 못하고 썩어 없어질 빵만을 찾을 때는 그들을 돌려 보내시고, 당신 자신이 유혹에 직면하실 때는 유혹에 빠지지 않기 위해서 기도하러 산에 가셨다. 예수님처럼 매 순간을 충실히 살아간다는 것은 참으로 중요하다. 그렇게 살아가기 위해서는 늘 깨어 있어야 하고 삶의 지혜가 있어야 한다. 그것은 기도할 때만 가능하다. 기도는 한가한 사람이나 하는 것이 아니다. 기도는 해야 할 의무이기 때문에 하는 것도 아니다. 기도는 우리 생활의 양식이다. 기도는 매 순간을 충실히 살아갈 수 있는 힘을 얻게 해 주고, 하느님의 뜻에 민감하게 반응할 수 있도록 깨어 있게 해 주며, 하느님의 말씀을 올바로 알아듣는 지혜로운 사람이 되게 해 준다.

　예수님은 기도하실 때 산으로 가곤 하셨다. 마찬가지로 우리도 기도할 때는 기도할 수 있는 장소로 가야 한다. 물론 우리는 아무 데서나 기도할 수도 있지만, 하느님과 오붓하게 만나기 위해서는 다른 것에 방해받지 않고 오직 하느님만을 만날 수 있는 곳에 가서 기도하는 것이 좋다.

저녁이 되었을 때

　오천 명을 먹이신 기적을 행하신 날 저녁이 예수님과 함께 빵을 나누어 먹는 성찬예식을 거행하는 밤이었다면, 지금 이곳의 저녁은 제자들이 아주 큰 어려움을 겪는 밤이다. 일반적으로 영성가들이 말하기를, 밤은 '시련의 시간'이라고 한다. 십자가의 성 요한은 '어둔 밤'이라는 표현을 썼다. 마치 하느님이 안 계시는 것같이 느껴지는 메마름의 시간을 표현한 것이다. 또는 하느님으로부터 버림받았다고 생각될 만큼 외로움을 느끼는 시간을 표현한 것이다. 그렇지만 '어둔 밤'은 하느님께서 당신 자신을 가장 강하게 드러내시는 시간이기도 하다. 마치 슬픈 마음으로 엠마오로 가던(어두운 상태) 제자들이 예수님께서 빵을 떼실 때에 그분을 알아보았듯이, 지금 제자들이 바로 어려움을 만나게 되는 시간이지만(어둔 밤), 또한 이 시간은 예수님이 하느님이심을 드러내시게 될 은총의 때가 임박한 시간이다. 그러기에 우리는 어둔 밤을 만났을 때 실망하지 말아야 한다. 그 어둔 밤은 하느님을 만날 수 있는 시간이며 하느님의 능력을 체험할 수 있는 시간이기도 하다. 또한 어둔 밤은 곧 새 아침이 밝아오듯이 희망이 보이는 시간이기도 하다. 아무튼 지금 제자들이 맞는 저녁은 큰 시련을 맞이하고 있음을 표현하는 말이다. 즉 이제 막 큰 어려움이 시작되는 때를 말한다.

배는 호수 한가운데에 있었고

마르코는 제자들이 처한 상황이 어떤 상황인지를 비교적 상세하게 기술하고 있다. "저녁이 되었을 때"라는 시간에 이어, 이번에는 "배는 호수 한가운데에 있었고"라고 장소를 자세히 적고 있다.

"배는 호수 한 가운데에 있었고"라는 것은 제자들이 겪는 첫 번째 어려움을 표현한 것이다.

어떤 어려움인가? 예수님과 떨어져 있는 데에서 오는 어려움이다. 즉 제자들은 호수 한가운데에 있고 예수님은 육지에 계신다. 하느님과 멀리 떨어져 있음을 느끼는 외로움의 상태이다.

우리도 이런 경험을 한 적이 있을 것이다. 마치 망망대해에 나 혼자 떨어져 있다는 느낌, 또는 모든 이들로부터 버림을 받아 혼자라는 외로움을 느끼는 경험 말이다. 바로 그런 상황이 지금 제자들이 처해 있는 어려운 상황이다.

마르코는 "저녁이 되었을 때", "배는 호수 한가운데에 있었고", "예수님께서는 혼자 뭍에 계셨다."라는 표현을 통해 제자들이 느끼는 외로움이 얼마나 큰가를 표현하고 있다. 즉 시간적으로나 주위 여건으로 보나 마르코가 표현한 한 마디 한 마디는 모두 어려운 상황임을 나타내고 있다. 앞이 하나도 보이지 않는 캄캄한 밤, 어디 하나 기댈 곳이라고는 찾아볼 수 없는 호수 한가운데, 그나마 믿었던 예수님과도 떨어져 있는 상태 등이 그런 것을 나타내고 있다. 나에게도 이런 경험이 있는가? 그때 느꼈던 외로움을 나는 어떻게 극복했는가? 예수님은 어디에 계셨으며 무엇을 하셨는가? 앞에서 배는 교회를 상징하고 호수는 삶의 현장을 의미한다고 했다.

　배가 호수 한가운데에 있다는 말의 또 다른 의미는 '교회가 세상 한가운데에 있다' 는 것이다. 즉 교회는 우리의 삶의 한가운데 있다는 말이다. 교회가 우리 삶의 한가운데에 존재하는 이유는 어려운 생활을 하고 있는 우리에게 힘을 북돋워 주고, 방향을 제시해 주기 위함이다. 교회가 세상 사람들에게 빛이 되어 주고, 길이 되어 주고, 용기를 북돋워 주는 곳이 되는 것은 늘 예수님과 함께 살아가는 성숙한 믿음을 가진 이들이 있을 때 가능하다.

마침 맞바람이 불어 노를 젓느라고 애를 쓰는 제자들을 보시고

　'엎친 데 덮친 격' 이라고 제자들은 호수 한가운데에 있는데다가 마침 맞바람까지 만났다.
　두 번째 제자들이 겪는 어려움이다. 즉 두 번째 어둔 밤의 시간을 보내고 있는 모습이다. 예수님은 왜 제자들에게 이런 어려움을 당하게 하시는가? 그것은 과연 제자들이 '씨 뿌리는 비유'의 뜻을 알아들었는지, 또 빵의 기적을 알아들었는지 알아 보기 위해서이다.

　바람은 성령을 상징한다. 그러나 제자들이 만난 '맞바람' 은 성령과 반대되는 바람으로서 악령을 의미한다. 제자들이 맞바람을 만났다는 것은 악령을 만났다는 것이다. 즉 제자들이 맞바람이 불어 노를 젓느라고 애를 쓰고 있다는 표현은 예수님을 믿지 못하게 하는 여러 유혹들과 싸우고 있다는 것이다. 악령은 제자들의 사이를 갈라 놓고, 호수 저편으로 가는 것을 방해하는 장애물이다. 악령은 제자들에게 예수님을 의심하게 만들고 결국 예수님에게서 멀어지게 만드는 방해꾼이다.

오늘날 우리 교회도 맞바람을 만날 수 있다. 우리 본당에 불고 있는 맞바람은 무엇인가? 본당신부와 신자들 사이에 불고 있는 맞바람도 있을 것이고, 공동체 안에서 불고 있는 맞바람도 있을 것이다. 또한 내 안에서 불고 있는 맞바람도 있을 것이다.

제자들이 때는 저녁이고, 배는 호수 한가운데에 있고, 마침 맞바람까지 불고 있는 어려운 상황에 처해 있는데, 예수님은 제자들과 함께 계시지 않고 "뭍에 계셨다."라고 적고 있다. 아무튼 지금 제자들이 아무도 도와주는 사람이 없는데다가 예수님도 자기들을 버렸다고 생각할 수 있는 어려운 상황에서 예수님을 원망할 수도 있는 처지에 놓여 있음을 "맞바람이 불어 노를 젓노라고 애를 쓰고 있다."라는 말로 표현한 것이다.

불어오는 맞바람에 맞서 아무리 혼자 노를 젓는다 하더라도 결코 그 맞바람을 헤쳐 나갈 수는 없다. 그 맞바람을 잠재워 주실 수 있는 분은 오직 예수님뿐이시다. 예수님은 제자들을 홀로 내버려두지 않으시고 지켜보고 계신다. 예수님은 언제든지 제자들과 함께 계시며, 언제라도 도와주실 준비를 하고 계신 분이시다. 어떻게 도와주시는가?

호수 위를 걸으시어
"당신 혼자 하늘을 펼치시고 바다 등을 밟으시는 분"(욥기 9,8)이라고 구약에서 하느님의 현존을 표현했듯이, 호수 위를 걸어오시는 예수님의 모습은 하느님의 현존에 대한 또 다른 계시방법이다. 즉 예수님이 바로 하느님이심을 드러내시는 것이다. 호수는 우리의 삶의 현장을 말하고 물은 흐르는 세월을 상징한다. 호수 위를 걸어오시는 예수님은 과거, 현재, 미래를 초월하여 우리를 구원하고자 어제도 오늘도 그리고 영원히 우리의 삶의 현장으로 오시는 하느님이시다. "호수 위를 걸으시어" 제자들에게 오시는 예수님은 삶의 온갖 어려움으로 고생하며 허덕이는 인간을 구원하러 오시는 구세주이심을 드러내시는 또 다른 계시방법이다.

그분께서는 그들 곁을 지나가려고 하셨다

구약성서에 "지나가다."라는 표현이 여러 번 나온다.

"내 영광이 지나가는 동안 내가 너를 이 바위굴에 넣고 내가 다 지나갈 때까지 너를 내 손바닥으로 덮어 주겠다"(출애 33,22).

"주님께서 지나가시는데, 크고 강한 바람이 산을 할퀴고 주님 앞에 있는 바위를 부수었다"(1열왕 19,11).

이와 같이 '지나가다'라는 말은 구약에서 하느님의 출현을 의미한다. 마르코가 "그분께서는 그들 곁을 지나가려고 하셨다."라는 표현을 사용한 것은 그들 곁을 지나가시려고 하시는 예수님이 곧 하느님이심을 드러내는 표현이다.

예수님은 오늘도 내 곁을 지나가신다. 내가 무관심할 때에는 전혀 느끼지 못하지만, 하느님의 현존 속에서 살아가는 사람들에게 하느님은 늘 여러 모습으로 지나가신다. 때로는 사랑하는 사람의 모습으로 지나가시고, 때로는 아름다운 자연의 모습으로, 때로는 시원한 바람으로, 때로는 평화로운 구름의 모습으로 항상 내 곁을 지나가신다. 그리고 구걸하는 이의 모습으로, 목마른 이의 모습으로 지나가신다. 엠마오로 가던 두 제자에게 예수님은 "가까이 가시어 그들과 함께 걸으셨다."(루가 24,15)라고 하였다. 그러나 그들은 눈이 가려져서 그분을 알아보지 못했다. 예수님은 오늘도 여러 가지 모습으로 내 곁을 지나가시지만 내 눈이 가려져 보지 못할 때가 많다. 나를 바라보고 계시는 주님을, 언제든지 내가 도움을 청하기만 하면 나에게 도움의 손길을 주실 주님을 의식하지 않고 또 도움을 청하지 않는다면, 우리는 결코 우리 곁을 지나가시는 주님의 도움을 알지 못할 것이다. 우리가 더욱 큰 절망에 빠질 때 눈을 들어 내 곁을 지나가시는 주님을 바라보자.

복음서에서 예수님이 귀먹고 말더듬는 이에게 "에파타"(마르 7,34)라고 하시자 곧바로 그의 귀가 열리고 묶인 혀가 풀려서 말을 제대로 하게 되었듯이, 나의 눈과 귀와 입이 열릴 때까지 성서를 읽고 묵상해야 한다. 그리하여 늘 내 곁을 지나가시는 하느님의 현존을 느낄 때, 볼 수 있을 때, 내가 얼마나 예수님의 사랑을 받고 있는 존재인지 말로 표현할 수 없는 행복감을 느끼리라. 아마 그때 비로소 나도 다윗처럼 "인간이 무엇이기에 아니 잊으시나이까, 그 종락 무엇이기에 따뜻이 돌보시나이까."(시편 8,5)라고 감사의 노래를 부를 수 있을 것이다.

예수님께서는 밤 사경쯤에

예수님은 왜 밤 사경쯤에 나타나셨는가? 밤 사경은 어떤 시간인가? 밤 사경(새벽 3시-6시 사이)은 가장 어두운 시간이다. 밤새도록 일을 한 사람에게는 가장 지쳐 있는 시간이고 가장 견디기 어려운 시간이다. 그렇지만 밝아 올 새날과 가장 가까이 있는 시간이기도

하다. 즉 밤 사경쯤은 가장 깊은 어둠과 가장 이른 새벽의 경계에 있는 시간이다. 가장 어두운 시간이 지나면 곧 날이 밝아 오는 가장 이른 새벽의 시간이 된다. 마치 산모가 생명을 낳기 바로 직전에 가장 큰 산고를 겪지만 그 고비를 넘기면 고통은 사라지고 새 생명이 탄생한 기쁨을 맛보게 되듯이, 제자들이 가장 큰 고통을 겪고 있음을 표현하는 가장 캄캄한 밤 사경은 새 날이 막 시작되어 밝은 빛이 비추기 직전의 마지막 시간이다. 그 시간을 넘기면 어둠이 걷히고 새 날을 비추는 태양이 서서히 떠오를 것이다.

제자들의 입장에서 볼 때 '새벽 네 시쯤'은 가장 힘든 시간이다. 밤새도록 맞바람을 만나 노를 젓느라고 지쳐서 가장 힘든 시간이기도 하다. 그야말로 제자들이 영적, 육적으로 가장 많이 지쳐 있는 캄캄한 밤이다. 그러나 그때가 곧 예수님이 개입하시는 시간이기도 하다. 하느님과 가장 가까이 있는 시간이요, 하느님이 다가오시는 시간이다. 인간의 한계가 극에 달해 있을 때, 그제서야 하느님은 개입하신다. 인간은 저 밑바닥까지 내려가지 않으면 하느님을 찾지 않기 때문이다. 그래서 바오로 사도는 "나는 그리스도를 위해서 약해지는 것을 만족하게 여기며, 모욕과 빈곤과 박해와 곤궁을 달게 받습니다. 그것은 내가 약해졌을 때 오히려 나는 강하기 때문입니다." (2고린 12,10)라고 말한 것이다.

"하늘은 스스로 돕는 자를 돕는다."라는 속담이 있다. 신앙인은 가장 어두운 시간이라도 자기가 할 수 있는 모든 것을 다 해 놓고 조용히 하느님께서 개입해 주시기를 기다리는 사람이다. 자기가 할 수 있는 일은 다 해 놓고 자기가 할 수 없는 부분을 하느님께 넘겨 드리는 사람이 신앙인이다. 캄캄한 어둔 밤일지라도 절대로 실망하지 않고 희망을 갖고 기다리는 사람이 신앙인이다.

"보라. 저녁 때에 닥쳐온 두려움을. 아침이 되기 전에 사라지고 없다."(이사 17,14)라고, 또한 "그 한가운데에 하느님이 계시기에 흔들림이 없으리라. 첫새벽에 주께서 도움을 주시리라."(시편 45,6)라고 노래한 작가는 아마도 가장 캄캄한 밤 사경을 지낸 경험이 있는 사람이리라.

우리에게도 반드시 새벽이 찾아온다는 믿음을 갖자. 모든 그리스도인은 반드시 새벽이 오리라는 희망으로 살아가는 사람들이다. 내 인생에서 가장 힘들고 절망적이고 고통스러웠던 밤 사경쯤은 언제였는가? 그때 주님은 어떤 방법으로 나에게 다가오셨는가?

제자들은 예수님께서 호수 위를 걸으시는 것을 보고, 유령인 줄로 생각하여 비명을 질렀다

유령이란 무엇인가? 죽은 이의 혼이요, 이름뿐이고 실체가 없는 영이다. 제자들이 예수님을 유령인 줄 알고 비명을 질렀다는 것은 예수님을 예수님으로 알아보지 못했다는 것이다. 예수님을 유령으로 착각했다는 것이다. 루가는 "그들은 너무나 무섭고 두려워 유령을 보는 줄로 생각하였다."(루가 24,37)라고 부활하신 예수님을 보고 놀라는 제자들의 모습을 전하고 있다.

오늘날 우리가 예수님을 하느님으로 알아보지 못하고 유령인 줄로 착각하게 만드는 것들은 무엇인가? 아마도 그것들은 지금까지 예수님에 대해 잘못 교육을 받아온 신앙관이요, 그런 것들에 익숙해져 버린 우리의 고정관념일 것이다. 그리고 복음에서 계시하신 예수님이 아닌 자기 나름대로 만들어 놓은 가짜 예수가 또한 유령일 것이다. 나에게 다가오시는 예수님을 하느님으로 알아보지 못하고 유령으로 보는 잘못된 믿음 때문에 오늘도 예수님은 나에게 걸어오시지만 예수님을 주님으로 받아들이지 못하고 거부하고 착각 속에 살아갈 때가 많다.

제자들은 "유령인 줄로 생각하여 비명을 질렀다."라고 하였다. 이처럼 유령은 사람으로 하여금 공포와 두려움을 느끼게 한다. 그러나 하느님은 "어미 품에 안겨 있는 어린이"(시편 130,2)처럼 편안함을 느끼게 해 주시는 분이시다. 제자들이 예수님을 보고 유령인 줄로 잘못 생각하여 비명을 질렀듯이 우리도 예수님을 제대로 알아보지 못하고 믿지 못할 때, 많은 것 앞에서 늘 불안해하고 두려움을 느끼게 될 것이다. 예수님은 우리에게 평화를 가져다 주러 오신 분이시다. 우리 마음의 평화를 얻기 위해서도 우리는 우리에게 다가오시는 예수님의 모습을, 또 우리 가운데 현존하시는 예수님의 모습을 유령이 아닌 참 하느님으로 알아볼 수 있어야 한다. 유령으로 보는 우리의 눈을 제대로 뜨게 하기 위해서라도 우리는 복음을 올바로 알아야 한다. 복음을 알지 못하기 때문에 얼마나 많은 착각 속에 신앙생활을 하고 있는가?

용기를 내어라

"용기를 내어라."라는 말은 예수님이 두려움에 떨고 있는 제자들에게 말씀하신 첫 번째 메시지이다. 이 말은 제자들이 지금 캄캄한 어둠 속에서 호수 저편으로 건너가기 위해 노를 젓는 일을 중단하지 말고 계속하도록 격려하시는 말씀이다. 즉 "목적지에 도달하기까지 많은 어려움이 닥칠지라도 네가 지금 하고 있는 일을 멈추거나 포기

하지 말고 끝까지 계속해라. 반드시 승리할 것이다. 좋은 결과가 있을 것이다."라는 말씀이다.

가끔 우리가 지금 하고 있는 일이 비록 옳은 일이라 하더라도, 아무리 해도 끝이 안 보이고 희망이 보이지 않을 때가 있다. 그러나 우리가 하는 일이 옳은 일이라면, 아무리 커다란 어려움을 만난다 하더라도 또 희망이 보이지 않는다 하더라도 중단해서는 안 된다. '희망이 없다'고 생각하는 것은 우리의 생각일 뿐이고, 주님은 오늘도 "용기를 내어라. 힘을 내어라."라고 우리를 격려하신다. 우리는 우리의 짧은 안목으로 보기 때문에 "끝이 안 보인다."라고 말하지만, 모든 것을 보고 계시는 예수님은 우리가 와 있는 지점이 거의 막바지임을 아시기 때문에 "용기를 내어라."라고 말씀하신다. 우리는 어쩌면 고통의 긴 터널의 가장 끝자리에 와 있는지도 모른다. 예수님은 지금 나에게 "용기를 내어라."라고 말씀하신다. 아무리 어두운 캄캄한 밤일지라도 이 말씀을 듣고 용기를 내자. 누구보다 더 멀리 내다보시는 예수님께서 내가 지금 열심히 노를 젓고 있는 배가 곧 저쪽 항구에 가 닿을 정도로 아주 가까운 지점에 와 있음을 아시고 "용기를 내어라."라고 말씀하시는 것이다. 아무튼 내가 어려움에 처해 있을 때 누군가 나에게 "용기를 내어라."라고 용기를 북돋워 주는 이가 있다면, 그분은 분명 주님일 것이다.

나다

유령인 줄 알고 소리를 지른 제자들에게 주신 예수님의 두 번째 메시지는 "나다."라는 말씀인데, 이는 당신 자신을 드러내시는 말씀이다. 이 말은 의미심장하다. 부활하신 예수님께서 "바로 나다. 나를 만져 보아라. 유령은 살과 뼈가 없지만, 나는 너희도 보다시피 살과 뼈가 있다."(루가 24,39)라고 하셨다. 그뿐만 아니라, 예수님은 유다 최고 의회기관에서 "나다."(요한 18,5)란 말로써 자기 자신이 하느님의 아들이요 메시아라는 것을 공적으로 밝히셨다. 요한 복음에서는 좀더 구체적으로 "나는 세상의 빛이다."(요한 8,12), "나는 부활이요 생명이다."(요한 11,25), "나는 길이요 진리요 생명이다."(요한 14,6), "나는 생명의 빵이다."(6,35)라고 당신 자신을 계시하셨다. 이처럼 예수님은 유령인 줄로 생각하여 두려움에 떨고 있는 제자들에게 "나다."란 말씀으로 당신이 곧 하느님이심을 드러내시면서 제자들을 안심시키신다.

예수님은 오늘도 "나다."라고 말씀하시면서 어두운 밤을 지내고 있는 이들에게, 또 깊은 절망 속에 빠져 있는 이들에게 용기를 북돋아 주신다. 우리가 아무리 깊은 절망에 빠져 있더라도 용기를 낼 수 있는 것은 바로 그 밑바닥에서 "나다."라고 하시는 예수님의 소리가 들려오고 있기 때문이다. 내가 어디에 있든 또 어떤 어려움에 처해 있든 그곳에는 반드시 "나다."라고 말씀하시는 주님이 계신다. '나다'라는 말은 '있는 분이시다.'라는 뜻이다. 그러니까 내가 있는 곳에는 반드시 주님이 계신다. 그분은 있는 분이시기 때문이다. 내 존재의 근원이 되시는 분, 나를 있게 하신 분, 내 존재 자체이신 분이 바로 주님이시다. 그래서 그분은 내가 어디에 있든 나를 고아로 내버려 두지 않으신다고 하셨고 어미가 자녀를 잊을지라도 그분은 나를 결코 잊지 않는다고 말씀하셨다. '나다'라는 이 말씀은 얼마나 위로가 되는 말이며 사랑스러운 언어인가? "나다."라고 말씀하시며 나에게 다가오시는 예수님의 소리를 들어 보자. 이 소리는 나에게 가장 가까운 곳에서 들려오는 소리이다. 내 가장 깊은 속에서 들려오는 소리이다. 아니면 산의 메아리처럼 여러 사람의 입을 통해 들려오는 소리이다. "나다!" "나다!" "나다!"

두려워하지 마라

"두려워하지 마라."라는 말씀은 세 번째 메시지이다. 왜 두려워하지 말라고 하시는가? "나는 나다."라고 말씀하신 주님이 거기에 계시기 때문이다. 지금 거세게 일고 있는 맞바람은 잠시 일어났다가 사라질 것이지만, "나는 나다."라고 하신 예수님은 늘 나와 함께 있기 때문에 "두려워하지 마라."라고 하신다. 예수님은 나를 두렵게 하시는 분이 아니라 나에게서 두려움을 없애 주시는 분이시다. 아담과 하와가 죄를 지은 이후부터 가지게 된 두려움을 없애 주기 위해 주님이 나에게 오셨고, 나와 함께 지내신다.

어떤 처지에서든 두려워하지 않는 믿음은 바로 회당장과 하혈하는 여인이 갖고 있던 믿음이다. 회당장과 하혈하는 여인이 가졌던 믿음을 가지고 "두려워하지 마라."라는 예수님의 말씀을 온 마음으로 받아들이자. "두려워하지 마라, 두려워하지 마라, 두려워하지 마라."라는 예수님의 말씀을 조용한 마음으로 들어 보자. 시편 작가는 "죽음의 그늘진 골짜기를 간다 해도 당신 함께 계시오니, 무서울 것 없나이다. 당신의 막대기와 그 지팡이에 시름은 가시어서 든든하외다."(시편 22,4)라고 노래하지 않았던가! 내가 나의 존재를 받쳐 주시는 주님을 모시고 있다면, 일시적으로 일어나는 맞바람은 곧 멈출 것이고 어둠과 두려움도 사라질 것이다. 우리 안에서 거센 바람이 일어나는 까닭은 주님을 모시고 있지 않기 때문이다.

그들이 빵의 기적을 깨닫지 못하고
오히려 마음이 완고해졌던 것이다

"그들이 빵의 기적을 깨닫지 못하고"라는 말은 그동안 제자들이 겪은 모든 고통의 원인을 말해 준다. 즉 제자들이 겪은 모든 고통은 결국 빵의 기적을 알아듣지 못했기 때문이다. 예수님을 하느님으로 알아보지 못했기 때문에 생긴 어려움이었다. 결국 오늘 복음은 제자들이 빵의 기적을 제대로 알아들었는가를 시험해 보기 위한 것이었음을 밝히시는 말씀이다. 결국 그들은 불합격했다. 제자들이 깨달아야 할 빵의 기적이란 오늘날 무엇을 말하는가? 그것은 성체성사의 기적을 말한다. 즉 오늘날 우리에게 당신 자신을 빵으로 내어 주시는 성체의 의미를 깨닫지 못할 때 우리의 믿음은 아직 초보 단계를 벗어나지 못한 것이다. 오늘 복음은 성체성사를 제대로 알아듣는다는 것이 얼마나 어려운 일인가를 보여 준다. 그리고 예수님을 믿는다는 것이 무엇인지 제대로 모를 때 얼마나 큰 고통을 겪게 되는지를 가르쳐 준다.

예수님이 제자들의 시련을 통해서 그들을 깨우쳐 주고자 하신 것은 빵의 기적을 올바로 알아듣게 하시려는 것이었다. 왜냐하면 빵의 기적을 올바로 알아들을 때에 비로소 제자들이 목자 없는 양들을 가엾이 여기고 그들에게 먹을 것을 주는 사람이 될 수 있기 때문이다.

기적이 일어난다고 해서, 또는 기적을 보았다고 해서 우리의 믿음이 더 성숙해지는 것이 아니다. 기적은 하나의 표지일 뿐 믿음의 대상은 아니다. 기적을 통해서 더욱 굳은 믿음을 갖게 되는 사람도 있고 또 제자들처럼 "오히려 마음이 완고해"질 수도 있다. 우리의 믿음의 성숙은 기적에 있는 것이 아니라 하느님의 말씀을 듣고 실행하는 데에 있다.

기도합시다

주님, 제가 살기가 어려워 앞이 보이지 않는 캄캄한 밤을 지나고 있을 때, 제가 혼자라는 외로움을 느낄 때, 그때가 당신을 만날 수 있는 은총의 시간임을 깨닫게 해 주십시오. 당신의 현존마저 전혀 느끼지 못하고 신은 죽었다고 외칠 때 살짝 저에게 다가오시어 "용기를 내어라. 나다. 두려워하지 마라."라고 말씀해 주시는 당신의 소리를 들을 수 있게 해 주십시오. 모든 불행의 원인이 되는 저의 완고한 마음을 부드럽게 해 주시어 저를 위해 빵이 되신 당신의 신비를 알아듣게 해 주십시오. "용기를 내어라. 나다. 두려워하지 마라."라고 오늘도 저를 격려해 주시고 용기를 북돋아 주시는 예수님의 이름으로 기도드립니다. 아멘.

참고 도서 목록

1. SILVANO FAUSTI S.I, RLCORDA E RACCONTA IL VANGELO(La catechisi narrtiva di Marco). EDITRICE ANCORA MILANO
2. Joachini Gnilka, MARCO. Citta della editrice
3. INNOCENZO GARGANO, LECTIO DIVINA su il Vangelo di Marco. edizioni dehoniane
4. INNOCENZO GARGANO, LECTIO DIVINA. Edizioni Dehoniane Bologna
5. Jean Radermakers. Lettura Pastorale del Vangelo di Marco. Edizioni Dehoniane Bologna
6. T. Beck-U.Benedetti .Una Comunita Legge il Vangelo di Marco Edizioni Dehoniane Bologna
7. Bruno Maggioni. IL RACCONTO di MARCO. Citta della Editrice.
8. Carlo Maria Martini. LA GIOIA DEL VANGELO. EDIZIONI PIEMME.
9. Carlo Maria Martini. I' itinerario spirituale dei Dodici. borla.
10. Carlo Maria Martini. RITROVARE SE STESSI. EDIZIONI PIEMME.
11. 「마르코가 전하는 하느님의 아들 예수 그리스도」(이영헌, 생활성서사, 1992년)
12. 「마르코 복음서」(페데리코 바르바로, 크리스챤 출판사, 1996년)
13. 「마르코 복음 해설」(허진호, 양업서원, 1998년)
14. 「신약성서 첫걸음」(발터 키르히쉴래거, 성서와 함께, 1997년)
15. 「성서와 그 주변 이야기」(박상래, 바오로 딸, 1997년)

믿어야 할 예수

지은이 : 유광수
펴낸이 : 이봉하
펴낸곳 : 말씀학교
주소 : 서울 강북구 송중동 103-36
등록 : 제9-00092호 2001. 6. 7
교회인가 : 2003. 1. 20
1판 1쇄 : 2003. 1. 25
1판 10쇄 : 2012. 6. 5
DWS 2

취급처 : 성바오로보급소
전화 : 9448--300, 986--1361
팩스 : 986--1365
통신판매 : 945--2972
E-mail : bookclub@paolo.net
http://www.paolo.net

값 10,000원
ISBN 978-89-89754-02-2

말씀학교 소재지
600-801 부산시 중구 대청동 4가 81-1 가톨릭센터 8층
양은철 안드레아 신부 010-9333-6260